教育部基础教育课程教材发展中心
《基础教育课程》杂志社组编

基于核心素养教学改进的落地导引

总 主 编　付宜红
本册主编　李文辉

西南大学出版社

图书在版编目（CIP）数据

基于核心素养教学改进的落地导引 / 李文辉主编. — 重庆：西南大学出版社，2022.6
名师工程
ISBN 978-7-5697-1136-3

Ⅰ.①基… Ⅱ.①李… Ⅲ.①素质教育—教学研究 Ⅳ.①G40-012

中国版本图书馆CIP数据核字（2022）第072716号

基于核心素养教学改进的落地导引
JIYU HEXIN SUYANG JIAOXUE GAIJIN DE LUODI DAOYIN
李文辉 主编

责任编辑：	赖晓玥
责任校对：	王传佳
出版发行：	西南大学出版社（原西南师范大学出版社）
地　　址：	重庆市北碚区天生路2号
邮　　编：	400715　市场营销部电话：023-68868624
网　　址：	http://www.xdcbs.com
经　　销：	新华书店
印　　刷：	重庆紫石东南印务有限公司
幅面尺寸：	170 mm×240 mm
印　　张：	19.5
字　　数：	361千字
版　　次：	2022年6月　第1版
印　　次：	2022年6月　第1次印刷
书　　号：	ISBN 978-7-5697-1136-3
定　　价：	68.00元

若有印装质量问题，请联系出版社调换
版权所有　翻印必究

foreword 序

本丛书是由教育部基础教育课程教材发展中心《基础教育课程》杂志社策划编辑的系列教师读本。丛书中提炼的主题以及精选的文章聚焦当前教育重点、热点话题，体现了《基础教育课程》杂志的办刊理念，浓缩了《基础教育课程》杂志近年来的出刊精华，汇聚了全国一流专家学者、特级教师，以及教育行政、教研人员的科研成果与实践智慧。

课程是国家意志的体现，基础教育课程承载着国家对人才培养的目标、期盼与路径设计。2004年，由教育部主管、教育部基础教育课程教材发展中心主办的《基础教育课程》杂志创刊，时任国务院副总理李岚清同志亲笔题写刊名。当时的杂志从教育部为各课程改革实验区编发的《基础教育课程改革通讯》改编而来。十几年来，杂志秉承"专业引领、服务实践"的办刊理念，以全面贯彻新时期党和国家教育方针，坚守素质教育阵地，弘扬课程改革主旋律，落实立德树人根本任务为宗旨，聚焦基础教育课程改革的推进，记录、跟踪改革发展历程，权威发布并深度解读国家基础教育改革及课程教材建设相关政策文件，提炼报道地方及学校改革经验和动态，宣传推广基础教育课程教材、教学教研及评价领域最新成果。如今，《基础教育课程》杂志已成为国内一流的课程教学专业期刊，是国家课程教材专业研究机构——课程教材研究所指定期刊，全国中文核心期刊，中国人民大学复印报刊资料重要转载来源，为中国核心期刊（遴选）数据库、中国学术期刊网络出版总库全文收录。

近年来，《基础教育课程》杂志聚焦教育部主责主业，依托国家教材委员会、教育部基础教育课程教材专家咨询委员会，国家课程方案、各学科课程标准以及中高考命题改革等权威专家力量，在学生核心素养发展、国家课程方案、课程标准、新教材解读以及教学研究、考试评价制度改革、深度学习教学改进、高中育人模式变革等方面做了系列重点报道，已成为地方、学校执行国家课程方案，探索育人模式变革，落实立德树人根本任务的高端交流与展示平台。为使期刊近年来策划组织的相关重大选题和文章发挥更大的辐射作用，在西南大学出版社的支持下，我们策划编撰了此丛书。

此丛书共有两个系列，分别是"基于核心素养的新时代课程建设系列"和"基于核心素养的教学改进系列"。"基于核心素养的新时代课程建设系列"包含《新时代的劳动教育》《新时代的校本课程建设》《新时代的主题教育课程》和《新时代的教研工作》四个分册。"基于核心素养的教学改进系列"涵盖《基于核心素养教学改进的落地导引》《基于核心素养的大单元和大概念教学》《基于核心素养的深度学习》《基于核心素养的项目式学习》《基于核心素养的跨学科学习》《基于核心素养的任务驱动与问题解决式学习》及《基于核心素养、着眼未来的学习》等热点教学策略。此外，"基于核心素养的教学改进系列"还聚焦普通高中新课程标准（2017年版2020年修订）和新高考，涉及语文、数学、英语、思想政治、历史、地理、物理、化学、生物9个学科的新课标、新教材及其对应的新教学策略与教学设计和考试评价等内容。

有别于名家、名师的个人专著，本丛书具有作者众多，研究视角多样，案例丰富、典型，特别是导向前瞻，既有理论指导性又有实践可操作性等鲜明特点，希望能为广大教师在落实立德树人根本任务，构建"五育"并举的学校课程体系，开展基于核心素养的教学以及探索新中高考改革的路上提供切实的引导与帮助！

基础教育课程杂志社主编　付宜红

Preface 前 言

自 2016 年《中国学生发展核心素养》发布以来，广大教育工作者围绕其框架、内涵、价值、实施等做了大量的理论研究和实践探索。2017 年 12 月，教育部发布《普通高中课程方案（2017 年版）》及各学科课程标准。2022 年 4 月，教育部发布《义务教育课程方案（2022 年版）》及各学科课程标准。上述课程方案和课程标准提出"发展学生核心素养""凝练课程所要培养的核心素养""坚持素养导向"等目标，其中《义务教育课程方案（2022 年版）》在课程实施方面提出了"统筹校内外教育教学资源，将理念、原则要求转化为具体育人实践活动"等要求，在教学改革方面提出了"准确把握课程要培养的学生核心素养，明确教学内容和教学活动的素养要求，培养学生正确价值观、必备品格和关键能力"等要求，在教育评价方面提出了"强化素养导向，注重对正确价值观、必备品格和关键能力的考查，开展综合素质评价"等要求，为核心素养落地提供了路径指引。

首先，要围绕核心素养确定课程内容。学校课程实施方案是学校课程内容的"指南针""指挥棒"，是连接教育理念与育人实践的"桥梁"。学校的课程内容围绕核心素养来设置，是核心素养落地的前提与基础。

基于核心素养教学改进的落地导引

因此，要促成三级课程分工协同，形成育人合力；要注重对学生爱国情怀、社会责任感、创新精神和实践能力等核心素养的培育，精选课程内容，为学生未来发展奠基。

其次，要围绕核心素养开展教学活动。教师在教学实施过程中以培养学生核心素养为导向，是核心素养落地的关键与核心。课堂是教育教学的主阵地，教学活动只有落实了素养导向，才能真正将课堂教学目标落到到培养学生正确价值观、必备品格和关键能力上。因此，教师制订教学目标、改革教学过程和教学方法均要与核心素养相对应，将核心素养培育扎实落实在具体的教育教学活动中。

最后，要围绕核心素养开展评价活动。评价是"牛鼻子""风向标"，教学评价是核心素养落地的重要保障。教学评价应着力评价观念、方式方法的改革，注重采用过程性、增值性、发展性、综合性评价等评价方式，注重开展综合素质评价。要凸显素养导向，注重对学生正确价值观、必备品格和关键能力的考查。同时要注重提高学生自我评价、自我反思的能力，引导学生合理运用评价结果改进学习，注重培育学生"勤于反思"等必备品格以及"自我管理"等关键能力。

为落实好当前新课标、新教材、新教学、新评价等对教师的新要求，《基础教育课程》杂志相关人员走访课改名家，征集一线优秀学科教研员、特级教师等的科研与教学成果，刊发介绍了大量针对核心素养研究与实践的文章。本书遴选其中精华部分，精心编排，奉献给读者。

全书共分五章。第一章"核心素养的概述"，主要从核心素养的构建、核心素养的指标、核心素养的内涵和价值、核心素养的思考、核心素养与知识、实践者的认识等方面呈现核心素养相关的理论思考，厘清了核心素养的基本概念及内涵，是全书的引领章节。

第二章"核心素养的落地探索"，包括"学科核心素养与核心素养的关系""核心素养的落地路径"两部分内容，从宏观理论层面为核心素养落地提供了路径探索。

第三章"核心素养的理念转型"，包括"基于核心素养的课程观""基于核心素养的教学观""基于核心素养的学习观"等内容，从学校、教师、学生等不同视角呈现理念的具体变革路径。

第四章"指向核心素养的教学实践"，从小说阅读、小学数学、历史与社会、高中历史、化学教学等教学角度提供了具体的实施策略。

第五章"指向核心素养的评价改进"，主要从学业质量标准、考试评价等角度呈现如何围绕核心素养开展评价活动。

  本书在编排上力求做到从理论到实践，从课程到教学再到评价，全方面呈现核心素养研究的新发展，深入浅出、层层递进，既有理论内涵的介绍与剖析，又有实践应用的策略与方法，期待能够为广大教师的教学实践提供参考。

李文辉

2022 年 5 月

目 录

第一章 核心素养的概述

第一节 核心素养的构建 / 1
　　立德树人与核心素养 / 李文辉　1
　　回到原点的教育追问和反思 / 林崇德　3

第二节 核心素养的指标、内涵和价值 / 12
　　核心素养框架及指标体系 / 12
　　核心素养的内涵 / 崔允漷　褚宏启　余文森　靳建设　周文胜　16
　　核心素养的价值 / 王　湛　钟启泉　梅德明　齐　华　21

第三节 核心素养的思考 / 25
　　如何理解核心与全面的关系 / 齐　华　25
　　核心素养要处理好五大关系 / 郑云清　26
　　核心素养超越了传统的"双基"和三维目标 / 梅德明　28
　　核心素养来自三维目标又高于三维目标 / 余文森　29

第四节 核心素养与知识 / 32
　　素养与知识、技能、能力的区别 / 崔允漷　32
　　活的知识是如何形成的？ / 吕立杰　33
　　以科学探究为例看素养与知识的关系 / 杨向东　34
　　怎么使知识的学习成为素养？ / 余文森　38
　　"知识"内化为核心素养的 N 种路径 / 吴怡超　40

第五节　实践者的认识 / 47

我的核心素养观 / 庄惠芬　47

核心素养及学科教学培养之我见 / 倪志刚　51

核心素养重在落实 / 周文胜　57

核心素养促学校重构课程 / 孙先亮　59

第二章　核心素养的落地探索

第一节　从核心素养到学科核心素养 / 61

学科核心素养与核心素养的关系 / 余文森　61

学科核心素养（高中）的具体内涵 / 62

依据学生发展核心素养体系确定学科核心素养 / 王云生　85

学科核心素养的抬升与降落
　　——以美术学科为例 / 尹少淳　87

学科核心素养不能只从学科出发 / 杨德军　94

英语学科核心素养之文化意识：实质内涵与实践路径 / 章策文　95

思想政治学科核心素养应厘清的"五个关系" / 马明贵　100

第二节　核心素养的落地路径 / 105

指向学科核心素养的教学即让学科教育"回家" / 崔允漷　105

"135"行动落地核心素养 / 任学宝　110

三个方案落地核心素养 / 齐　华　113

五项措施落地核心素养 / 孙先亮　115

核心素养在学校的落地 / 张　帝　116

核心素养在高中的落地 / 卢　臻　119

芬兰的核心素养落地路径探析 / 殷建华　韦洪涛　124

第三章 核心素养的理念转型

第一节 基于核心素养的课程观 / 133

　　课程改革落地核心素养 / 靳建设　133

　　基于核心素养的综合学习系统构建 / 吕文清　135

　　基于核心素养的校本课程实施体系构建 /

　　　　仲小敏　金如委　张立岩　141

　　课程基地：凸显核心素养的培育优势 / 马　斌　144

第二节 基于核心素养的教学观 / 151

　　深度学习是核心素养培育与发展的基本途径 / 郭　华　151

　　教学何以"回家" / 卢　臻　157

　　如何将"学科素养目标"转化成"课堂教学目标" / 唐少华　163

　　中学历史学科核心素养的目标化分解 / 於以传　168

　　教学目标设计四部曲 / 国赫孚　179

　　教学目标：教育价值观和专业知识结构的映射 /

　　　　卢　臻　刘笛月　白真真　李　俊　185

　　探索课堂转型，落实学科核心素养的培养 / 王云生　191

　　转变教学方式方法 / 靳建设　192

　　实验教学如何改进？ / 李正福　何　龙　193

　　改进试卷讲评 / 赵万田　201

　　加强和改进教研工作 / 李爱杰　205

第三节 基于核心素养的学习观 / 210

　　项目式学习：培育核心素养的重要途径 /

　　　　贺　慧　张　燕　林　敏　210

　　重构学习单元，促进核心素养落地 / 程　菊　213

　　真实性学习：综合实践活动课程涵育核心素养的新视角 / 张　嘉　220

　　"学会学习"的内涵及培养策略研究 / 汤明清　吴荣平　226

第四章　指向核心素养的教学实践

小说阅读教学的变与不变 / 徐思源　233
理解数学核心素养 践行深度学习 / 付　丽　孙京红　238
历史与社会教学关键问题解决策略 / 牛学文　242
高中历史"了解—理解—见解"学习模式实践探索 / 刘　强　246
以深度学习促核心素养发展的化学教学 / 胡久华　250

第五章　指向核心素养的评价改进

让考试评价走上育人之路 / 成尚荣　261
制定学业质量标准，落实和测评学生学科核心素养形成和发展 /
　　王云生　262
核心素养视域下语文考试评价内容与方式的变革 /
　　李　倩　辛　涛　263
指向核心素养的小学科学质量监测试题命制 / 李佳涛　崔　鸿　270
高中物理新课标中学业质量水平体系的构建与实施 / 曹宝龙　274
思想政治理论课主观性试题评价指标优化探索 / 王小叶　282
重视表现性评价，推动素养导向的教学 / 齐　华　292

第一章

核心素养的概述

对于核心素养的理解与实践,通常我们可以聚焦为"为什么""是什么""怎么做"这三个具有内在逻辑的子问题。具体而言,"为什么"要解决:核心素养的概念为什么要提出?它能解决什么问题?它是如何归纳、提炼、形成的?"是什么"要解决:核心素养的概念和内涵是什么?它包括哪些分析维度?它有什么价值和意义?它与"素质教育""三维目标""综合素质评价""知识"等概念是什么关系?本章将聚焦上述"为什么"和"是什么"两个问题进行阐述。

第一节 核心素养的构建

立德树人与核心素养

李文辉[①]

培养什么人、怎样培养人、为谁培养人,历来是党和国家办教育必须面对和思考的根本问题。党的十八大以来,以习近平同志为核心的党中央,要求全面贯彻党的教育方针,坚持教育为社会主义现代化建设服务、为人民服务,把立德树人作为教育的根本任务,培养德智体美劳全面发展的社会主义建设者和接班人。党的十八届三中全会通过了《中共中央关于全面深化改革

---

① 李文辉,教育部基础教育课程教材发展中心、课程教材研究所博士后。

基于核心素养教学改进的落地导引

若干重大问题的决定》，指出"深化教育领域综合改革。全面贯彻党的教育方针，坚持立德树人，加强社会主义核心价值体系教育，完善中华优秀传统文化教育，形成爱学习、爱劳动、爱祖国活动的有效形式和长效机制，增强学生社会责任感、创新精神、实践能力"。将"立德树人"置于"全面发展"之上，这是以习近平同志为核心的党中央继承、丰富和发展党的教育方针的集中体现，是党的教育理论创新的最新成果（张志勇，2017）。

作为教育根本任务的"立德树人"如何落地落实？作为学校教育重要组成部分的课程、教材、教学、评价等环节又承担着什么样的具体任务呢？

"学生发展核心素养"一词第一次出现在我国的教育政策文件中，是在2014年3月30日教育部发布的《关于全面深化课程改革落实立德树人根本任务的意见》中，意见明确提出"研究制订学生发展核心素养体系和学业质量标准。要根据学生的成长规律和社会对人才的需求，把对学生德智体美全面发展总体要求和社会主义核心价值观的有关内容具体化、细化，深入回答'培养什么人、怎样培养人'的问题。教育部将组织研究提出各学段学生发展核心素养体系，明确学生应具备的适应终身发展和社会发展需要的必备品格和关键能力，突出强调个人修养、社会关爱、家国情怀，更加注重自主发展、合作参与、创新实践"。从该政策文本中，我们可以理清核心素养的基本内涵。

其一，"承上启下"的"桥梁""纽带"。研制核心素养是为了对"总体要求""有关内容"等宏观要求进行具体阐述，是"宏观"的具体化、细化，是"总体要求"的落地。核心素养的研制可以使我们具有明晰的"中观目标"，这一目标能够上接"总体要求"，下连各个学科、各个学段、各类工作的"微观目标""具体实践"，是两者的"桥梁"和"纽带"。

其二，核心素养回应了"立德树人""全面发展"等总体要求。"总体要求""有关内容"等宏观要求的具体内涵至少包括：落实立德树人根本任务、培养学生德智体美劳全面发展、践行社会主义核心价值观、全面深化课程改革等，这些"总体要求"如何落地？如何衔接教育内容？核心素养需要作出回答。

其三，核心素养具有阶段性、终身性。要根据"学生的成长规律""适应终身发展"来"提出各学段的学生发展核心素养体系"，要依据学段划分，要着眼终身发展需求，提出分阶段的不同要求。核心素养不仅适用于求学阶段，更要满足终身学习和发展的需要。

其四，核心素养具有社会性、时代性。要根据"社会对人才的需求""社会发展需要"，提出具有时代性的中国方案。核心素养要回应社会和时代的需

2

其五，核心素养反映了个人需求和社会需要。核心素养是适应个人终身发展和社会发展所需要的关键素养，具有个体和社会两个维度，既要注重"个人修养""自主发展"，更要强调"社会关爱""家国情怀"和"合作参与""创新实践"，具备这些素养，学生才能在自我实现的同时促进社会发展。

其六，核心素养是必备品格和关键能力。"必备""关键"对应"核心"，突出其重要性，表明其是21世纪人们生存、生活、工作、就业的最关键素养；"品格""能力"对应"素养"，说明其属性，强调素养不仅仅是知识、能力、技巧、态度，还应包含更加重要的"品格"和"价值观"。

回到原点的教育追问和反思

林崇德[1]

什么是学生发展核心素养

核心素养（Key Competencies）是学生在接受相应学段的教育过程中，逐步形成的适应个人终身发展和社会发展需要的必备品格和关键能力。核心素养具有六个基本特点：第一，核心素养是所有学生应具有的最关键、最必要的基础素养；第二，核心素养是知识、能力和态度等的综合表现；第三，核心素养可以通过接受教育来形成和发展。第四，核心素养具有发展连续性和阶段性。第五，核心素养兼具个人价值和社会价值。第六，学生发展核心素养是一个体系，其作用具有整合性。

构建学生发展核心素养指标体系的目的

首先，研究学生发展核心素养，本质上是对"面向未来教育要培养什么样的人？如何培养人？"这一问题的反思与追问。党的十八大把"立德树人"作为教育的根本任务，要求培养德智体美全面发展的社会主义建设者和接班人；党的十八届三中全会又提出要全面贯彻党的教育方针，坚持立德树人，加强社会主义核心价值体系教育。因此，要将党和国家的教育方针具体化、细化，这是提出学生发展核心素养的缘起之一。其次，研究核心素养是顺应

---

[1] 林崇德，北京师范大学资深教授、博士生导师，教育部心理健康教育专家指导委员会主任。

世界教育改革发展趋势、大力提升我国教育国际竞争力的迫切需要。21世纪各国国力竞争将会由表层生产力水平竞争转化为以深层人才为中心的竞争。核心素养需要解决两大问题：一是个人自我发展，二是社会健康发展，即个体发展和个体的社会性发展。研究学生发展核心素养符合当前国际趋势，目前国际上很多国家都把培养学生的核心素养放在教育改革的首位，甚至提升到国家发展的战略高度。再次，研究核心素养是全面实施素质教育、深化教育综合改革、着力提高教育质量的迫切需要。从现实情况来看，目前基础教育改革最重要的应是重视顶层设计。之前我们提出要实施素质教育，但提法很抽象，对于如何具体落实并没有细致研究过，现在教育部提出将核心素养作为更好地全面实施素质教育的一个抓手，这就使得实施素质教育有了一条明确路径。

学生发展核心素养在未来教育改革发展中的功能

未来，核心素养在教育改革发展中的功能主要体现在四个方面：第一，指导课程改革。学生发展核心素养是课程设计的依据和出发点。基于核心素养的顶层设计，可以指导课程的变革与推新，建立基于核心素养的新课程体系，并指导各学段和各学科课程目标之间做好垂直衔接与横向整合。第二，指导教学实践。核心素养明确了"21世纪应该培养学生什么样的品格与能力"，可以指导教师在日常教学中更好地贯彻落实党的教育方针，克服目前存在的"学科本位"或"知识本位"现象，促进教师的专业发展。第三，引导学生学习。学生发展核心素养反映了未来社会的需求和期望，可以帮助学生明确未来的发展方向，学生需要朝着这一目标不断地努力。第四，指导教育评价。学生发展核心素养是检验和评价教学效果、学习结果乃至教育质量的主要依据。

学生发展核心素养体系总框架的构建过程

学生发展核心素养体系的研究是一项群策群力、具有科学实证性的研究。2013年6月，受教育部委托，我们开始此项研究。由北京师范大学牵头，与华南师范大学、山东师范大学、河南大学、辽宁师范大学共同组成联合攻关项目组，共有96名研究人员参与，根据学生核心素养研究总体设计，进行6个子课题研究，形成学生发展核心素养体系总框架。具体分工为：山东师范大学牵头负责小学生核心素养的研究、辽宁师范大学牵头负责初中生核心素养的研究、华南师范大学牵头负责高中生核心素养的研究、河南大学与北京师范大学牵头负责大学生核心素养的研究。

我们首先确立了研究的目标，即确定结构领域—遴选具体指标—界定主要表现—提出建议。研究遵循科学性、时代性、民族性三条基本原则。科学性即基于学生身心发展规律，采用科学的程序和方法；时代性即面向未来，反映时代需求；民族性即立足国情和现实需要，传承优秀传统文化。在完成项目顶层设计后，6个子课题组同时开展细化研究。子课题1是通过概念的历史演变与国际比较确定学生核心素养概念的内涵，并形成《学生核心素养的基础理论研究》子报告。同时，其他子课题从五个方面对学生发展核心素养进行了支撑性研究：

第一，学生核心素养的教育政策研究。党的教育方针的核心是培养德智体美劳全面发展的人，核心素养是党的教育目标的落实和具体化。我们梳理了1957年以来至2013年党的十八届三中全会这一时期党和国家提出的重大教育方针和政策。从中我们发现：这些教育政策和方针都注重思想道德教育，培养全面发展的人；围绕"德、智、体"主线，具体内容随社会发展而变化；体现德育为先、能力为重，强调社会责任感、创新精神、实践能力等。此研究形成《学生核心素养的教育政策研究》子报告。

第二，学生发展核心素养的国际比较研究。我们分析比较了经济合作与发展组织（OECD）、联合国教科文组织、欧盟等3个国际组织，美国、加拿大、英国、法国、芬兰、匈牙利、澳大利亚、新西兰、新加坡、日本等10个国家，中国台湾、中国香港两个地区的核心素养研究，文献梳理40余万字，发现存在"成功生活""终身学习""个人发展""综合取向"等四种不同价值取向，四种取向虽不尽相同，但都最终指向培养"全面发展的人"，均重视自主发展（自主性）、社会参与及互动（社会性）、文化学习（工具性，强调人类智慧文明成果的掌握与运用、精神生产工具的使用等）三大领域。此研究形成《学生核心素养的国际比较研究》子报告。

第三，基于核心素养的传统文化分析。为了在核心素养体系中体现中华优秀传统文化继承与创新的精神，我们系统梳理了中华传统文化思想关于人才培养的素养要求，分析了能够体现中华民族普遍认同和广泛接受的道德规范、思想品格和价值取向。厘清传统文化中关于修身成德的思想以及传统教育的人才培养内容与要求，包括家国情怀、社会关怀、人格修养、文化修养等四个方面。此研究形成《基于核心素养的传统文化分析》子报告。

第四，基于学生核心素养的课标分析。分析义务教育阶段19门学科和普通高中教育阶段16门学科的课程标准中对于学生核心素养的要求。此研究形成《基于学生核心素养的课标分析》子报告。

第五，核心素养的实证调查研究。了解不同社会群体对我国学生核心素养的意见和看法。我们先后在北京、广东、河南、山东和辽宁开展了48场焦点小组访谈，共涉及575位专家；进行了33次个别访谈，涉及12大群体的著名人士；进行了566名专家的问卷调查。之后对访谈内容进行文本转录，形成了约351万字的文本材料，基于访谈文本进行编码分析，编码体系包含健康与安全、知识基础、学习与发展、与人交往、公民意识共五个大项。此研究形成《学生核心素养的实证调查研究》子报告。

在这些支撑性研究的基础上，我们进一步明晰核心素养体系建构的理论思考和指标遴选依据。核心素养体系的建构，首先要全面贯彻党的教育方针，落实立德树人根本任务，即要以培养全面发展的人为核心，以增强学生的社会责任感、创新精神和实践能力为重点。其次要全面贯彻落实社会主义核心价值观，即要以实现社会价值和个人价值为目标，体现学生应该具有的国家、社会、个人层面的信念和价值要求，以文化修养的不断积累和自主发展能力的不断提升为支撑条件，最终要反映在学生的社会参与及互动过程中。

在研究过程中，项目组共召开了50余次总项目及子课题研讨会，整合研究成果，构建出学生发展核心素养体系的总框架。在此基础上，我们又进行多轮意见征询，征询130余人次的学科专家、课标组专家、课程教材专家、教育学和心理学专家的意见，修改完善总框架，并于2014年5月在教育部专家咨询委员会和专家工作委员会会议上，进一步征询全体与会专家的意见和建议，继续完善指标体系。整个研究的思路与方法如下（图1）。

正是在6个课题组严谨、科学的研究和社会各界人士的诚挚关切和参与之下，我们形成了《学生发展核心素养体系总框架报告》（最终建议稿），并将中国学生发展的核心素养确定为三个方面，即社会参与、自主发展、文化修养。这三方面的关系可以概括为：培养全面发展的人，首先，要求尊重人作为独立生命个体的存在性，因而要求培养学生能够发展其身体、心理、学习等方面的素养；其次，人的社会性要求个体必须处理好个体与群体、社会、国家，乃至于国际之间的关系，也就是社会参与；最后，要实现个体的自主发展和社会参与，必须以一定的工具或符号为媒介，如语言、数学等，这就是我们所强调的文化修养，也就是文化性或工具性。文化修养是个体自主发展和参与社会的必要基础，自主发展和社会参与则是促使个体适应社会和实现个人价值的重要前提与根本保证。各领域之间紧密联系、相互促进、互为基础、互相补充，在不同情境中整体发挥作用；领域内的具体指标也紧密关联、循序渐进，从而构成一个严谨且具有前瞻性的结构体系。

第一章 核心素养的概述

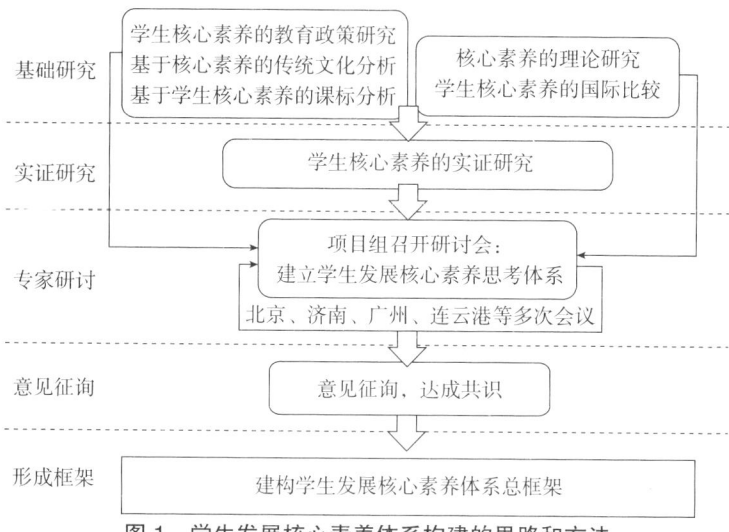

图 1　学生发展核心素养体系构建的思路和方法

国际上对学生发展核心素养的相关研究

国际上对核心素养的研究，尽管采取的价值取向略有差异，例如，OECD 主要从全人发展的角度关注核心素养，欧盟从终身学习的角度关注核心素养，美国从职场需求的角度关注核心素养，新加坡则从培养个体和教育公民的角度关注核心素养，但从各国际组织和国家所建构的素养框架来看，其内在的逻辑都呈现出一个共同的趋势，即都关注和重视发展人的"自主发展"（个人素养）、"社会参与"（社会素养）和"文化修养"（文化素养）三个领域的核心素养。

例如，OECD 在其《核心素养的界定与遴选：行动纲要》中，将核心素养划分为"自主行动、在社会异质群体中互动和互动地使用工具"三个维度。其中，"自主行动"关注的是个体自主规划、发展与行动等方面的素养；"在社会异质群体中互动"关注的是如何处理好与他人、团队甚至社会的关系，以更好地参与社会；"互动地使用工具"则主要关注如何掌握和使用各种文化工具符号（表 1）。

表 1　OECD 的核心素养框架（2005）

素养分类	关键素养
互动地使用工具	1. 互动地使用语言、符号与文本 2. 互动地使用知识与信息 3. 互动地使用科技

（续表）

素养分类	关键素养
在社会异质群体中互动	1. 与他人建立良好关系 2. 团队合作 3. 控制与解决冲突
自主行动	1. 在复杂的大环境中行动 2. 设计并执行个人计划或人生规划 3. 保护及维护权利、利益、限制与需求

欧盟于2005年正式发布《终身学习核心素养：欧洲参考框架》，该素养框架包括母语沟通能力、外语沟通能力、数学和科技基本素养、数字（信息）素养、学会学习、社会与公民素养、创新与创业精神、文化意识与表达八项素养指标。进一步分析这些核心素养指标的内涵可以发现，其中学会学习、创新与创业精神主要涉及"自主发展"方面，社会与公民素养涉及"社会参与"方面，其他五项则主要属于"文化修养"方面。

2012年，联合国教科文组织发布了贯通幼儿园、小学和中学的核心素养指标体系——《作为学习结果的核心素养草案：幼儿、小学和中学》，提出了包括身体健康、社会情绪、文化艺术、文字沟通、学习方式与认知、数字与数学、科学与技术七个方面的核心素养指标。如果进一步思考其指标框架，可以发现，身体健康、学习方式与认知主要涉及"自主发展"领域，社会情绪主要涉及"社会参与"方面，其他四个指标则属于"文化修养"方面（图2）。

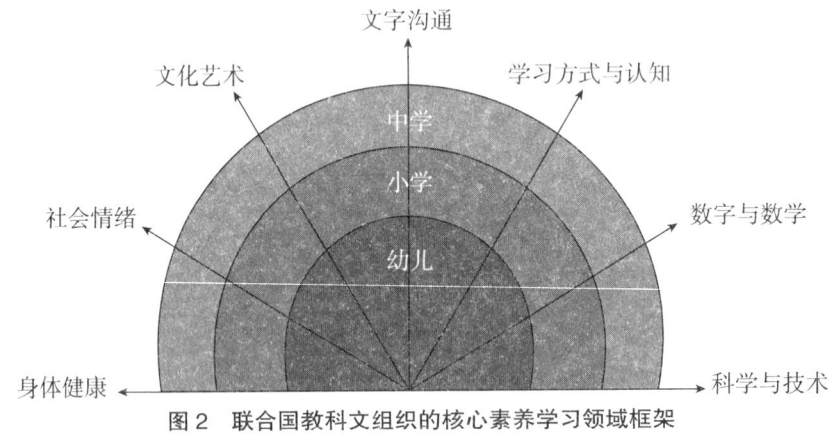

图2 联合国教科文组织的核心素养学习领域框架

再如，美国21世纪技能联盟提出的核心素养框架中，主要包括来自三个领域的11个核心素养指标，具体为"学习和创新素养"（创造力与创新、批判思维与问题解决、交流沟通与合作）、"信息、媒体与技术素养"（信息素养，媒体素养，信息、交流与技术素养）、"生活与职业素养"（灵活性与适应性、主动性与自我导向、社会与跨文化素养、创作与责任、领导与负责）。从这11个具体指标的内涵来看，实际上也主要涉及了"自主发展"（创造力与创新、批判思维与问题解决、灵活性与适应性、主动性与自我导向）、"社会参与"（交流沟通与合作、社会与跨文化素养、创作与责任、领导与负责）和"文化修养"（信息素养，媒体素养，信息、交流与技术素养）三个方面（图3）。

图3 美国的21世纪能力框架

新加坡的核心素养框架以价值观为核心，主要强调跨学科的核心素养，共包括三个层次的14项核心素养指标。在这14项指标中，自我意识、自我管理、自我决策、批判与创造思考主要涉及"自主发展"方面，价值观素养（尊重、诚信、关爱、抗逆、和谐、负责）、人际关系、社会性意识、公民能力/全球意识/跨文化素养主要涉及"社会参与"方面，信息与沟通则主要涉及"文化修养"方面（图4）。

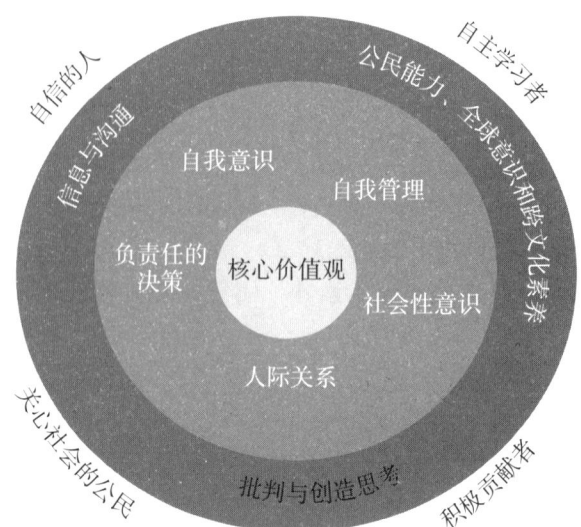

图 4　新加坡的 21 世纪核心素养框架图

日本国立教育政策研究所于 2013 年发布了日本学生的 21 世纪型能力框架，主要包括基础能力（语言技能、数量关系技能、信息技能）、思维能力（解决和发现问题的能力、创造力、逻辑思维能力、批判思维能力、元认知、适应力）、实践能力（自律、建立人际关系的能力、社会参与力、可持续发展的责任）三个领域的素养指标。其中，思维能力主要涉及"自主发展"方面，实践能力主要涉及"社会参与"方面，而基础能力则主要属于"文化修养"方面（图 5）。

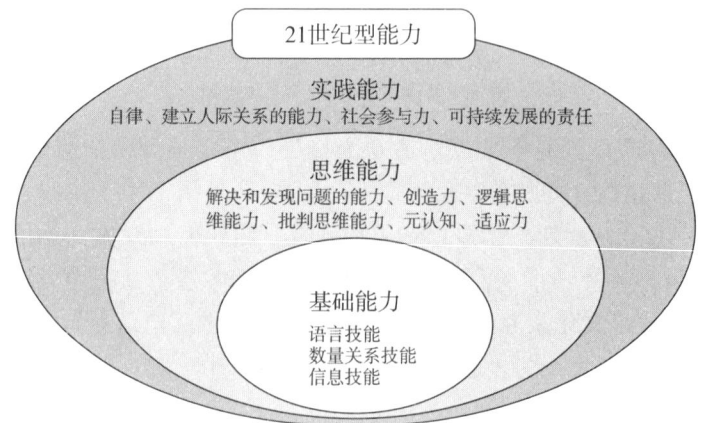

图 5　日本 21 世纪型能力框架

核心素养的提出对教师专业化发展的新要求

2014年9月9日,第三十个教师节到来前夕,习近平总书记来到北京师范大学与师生座谈,在讲话中,他勉励教师要做有理想信念、有道德情操、有扎实学识、有仁爱之心的好老师。新时期的好教师应该是"四有教师","四有教师"懂得教育规律,能够在传授知识的过程中培养学生的关键能力,同时培养学生的必备品格,这正是培养学生发展的核心素养。将来教育部发布关于学生发展核心素养的政策文件以后,我们的教育教学都将围绕核心素养来进行。从全球经验来看,核心素养已逐渐成为一套有系统规划、有实践操作经验的完整育人目标体系。接下来的关键环节就在于实践落实。我认为,核心素养的落实关键在校长,主体在教师,只有校长和教师才能够去落实核心素养;没有校长,没有教师,那核心素养根本不可能得到落实,所以,在《中国学生发展核心素养》文本正式出台之前,我们在校长、教师和社会各界中广泛征求意见。今后,教育部门还要广泛组织校长、教师学习核心素养,通过对学生发展核心素养的认识,引发我们对应该培养什么样的人、如何培养人的问题进行思考,并让此成为教师专业发展的重要部分。

基于核心素养教学改进的落地导引

第二节　核心素养的指标、内涵和价值

学生发展核心素养主要是指学生应具备的，能够适应终身发展和社会发展需要的必备品格和关键能力。研制中国学生发展核心素养，根本出发点是将党的教育方针具体化、细化，落实立德树人根本任务，培养全面发展的人，提升21世纪国家人才核心竞争力。核心素养研究课题组历时三年集中攻关，以科学性、时代性和民族性为基本原则，以培养"全面发展的人"为核心，经教育部基础教育课程教材专家工作委员会审议，最终形成研究成果。2016年9月13日上午，中国学生发展核心素养研究成果发布会在北京师范大学举行，会上公布了中国学生发展核心素养总体框架及基本内涵。

核心素养框架及指标体系

中国学生发展核心素养以培养"全面发展的人"为核心，分为文化基础、自主发展、社会参与三个方面，综合表现为人文底蕴、科学精神、学会学习、健康生活、责任担当、实践创新六大素养，具体细化为国家认同等十八个基本要点。

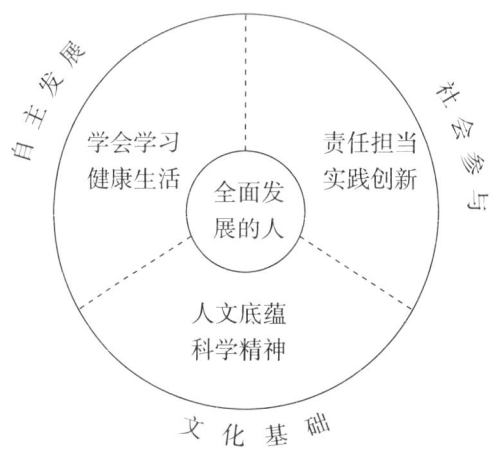

图1　中国学生发展核心素养框架

文化基础、自主发展、社会参与三个方面构成的核心素养框架充分体现了马克思主义关于人的社会性等本质属性的观点，与我国治学、修身、济世的文化传统相呼应，有效整合了个人、社会和国家三个层面对学生发展的要求。责任担当等六大素养均是实证调查和征求意见中社会各界最为关注和期待的内容，其遴选与界定充分借鉴了世界主要国家、国际组织和地区核心素养研究成果。六大素养既涵盖了学生适应终身发展和社会发展所需的品格与能力，又体现了核心素养"最关键、最必要"这一重要特征。六大素养之间相互联系、相互补充、相互促进，在不同情境中整体发挥作用。为方便实践应用，将六大素养进一步细化为十八个基本要点，并对其主要表现进行了描述。根据这一总体框架，可针对学生年龄特点进一步提出各学段学生的具体表现要求。

文化基础

文化是人存在的根和魂。文化基础，重在强调能习得人文、科学等各领域的知识和技能，掌握和运用人类优秀智慧成果，涵养内在精神，追求真善美的统一，发展成为有深厚文化基础、有更高精神追求的人。

1. 人文底蕴

主要是学生在学习、理解、运用人文领域知识和技能等方面所形成的基本能力、情感态度和价值取向。具体包括人文积淀、人文情怀和审美情趣等基本要点。

（1）人文积淀。重点是具有古今中外人文领域基本知识和成果的积累；能理解和掌握人文思想中所蕴含的认识方法和实践方法等。

（2）人文情怀。重点是具有以人为本的意识，尊重、维护人的尊严和价值；能关切人的生存、发展和幸福等。

（3）审美情趣。重点是具有艺术知识、技能与方法的积累；能理解和尊重文化艺术的多样性，具有发现、感知、欣赏、评价美的意识和基本能力；具有健康的审美价值取向；具有艺术表达和创意表现的兴趣和意识，能在生活中拓展和升华美等。

2. 科学精神

主要是学生在学习、理解、运用科学知识和技能等方面所形成的价值标准、思维方式和行为表现。具体包括理性思维、批判质疑、勇于探究等基本要点。

（1）理性思维。重点是崇尚真知，能理解和掌握基本的科学原理和方法；尊重事实和证据，有实证意识和严谨的求知态度；逻辑清晰，能运用科学的思维方式认识事物、解决问题、指导行为等。

（2）批判质疑。重点是具有问题意识；能独立思考、独立判断；思维缜密，能多角度、辩证地分析问题，做出选择和决定等。

（3）勇于探究。重点是具有好奇心和想象力；能不畏困难，有坚持不懈的探索精神；能大胆尝试，积极寻求有效的问题解决方法等。

自主发展

自主性是人作为主体的根本属性。自主发展，重在强调能有效管理自己的学习和生活，认识和发现自我价值，发掘自身潜力，有效应对复杂多变的环境，成就出彩人生，发展成为有明确人生方向、有生活品质的人。

1. 学会学习

主要是学生在学习意识形成、学习方式方法选择、学习进程评估调控等方面的综合表现。具体包括乐学善学、勤于反思、信息意识等基本要点。

（1）乐学善学。重点是能正确认识和理解学习的价值，具有积极的学习态度和浓厚的学习兴趣；能养成良好的学习习惯，掌握适合自身的学习方法；能自主学习，具有终身学习的意识和能力等。

（2）勤于反思。重点是具有对自己的学习状态进行审视的意识和习惯，善于总结经验；能够根据不同情境和自身实际，选择或调整学习策略和方法等。

（3）信息意识。重点是能自觉、有效地获取、评估、鉴别、使用信息；具有数字化生存能力，主动适应"互联网+"等社会信息化发展趋势；具有网络伦理道德与信息安全意识等。

2. 健康生活

主要是学生在认识自我、发展身心、规划人生等方面的综合表现。具体包括珍爱生命、健全人格、自我管理等基本要点。

（1）珍爱生命。重点是理解生命意义和人生价值；具有安全意识与自我保护能力；掌握适合自身的运动方法和技能，养成健康文明的行为习惯和生活方式等。

（2）健全人格。重点是具有积极的心理品质，自信自爱，坚韧乐观；有自制力，能调节和管理自己的情绪，具有抗挫折能力等。

（3）自我管理。重点是能正确认识与评估自我；依据自身个性和潜质选择适合的发展方向；合理分配和使用时间与精力；具有达成目标的持续行动力等。

社会参与

社会性是人的本质属性。社会参与，重在强调能处理好自我与社会的关系，养成现代公民所必须遵守和履行的道德准则和行为规范，增强社会责任感，提升创新精神和实践能力，促进个人价值实现，推动社会发展进步，发展成为有理想信念、敢于担当的人。

1. 责任担当

主要是学生在处理与社会、国家、国际等关系方面所形成的情感态度、价值取向和行为方式。具体包括社会责任、国家认同、国际理解等基本要点。

（1）社会责任。重点是自尊自律，文明礼貌，诚信友善，宽和待人；孝亲敬长，有感恩之心；热心公益和志愿服务，敬业奉献，具有团队意识和互助精神；能主动作为，履职尽责，对自我和他人负责；能明辨是非，具有规则与法治意识，积极履行公民义务，理性行使公民权利；崇尚自由平等，能维护社会公平正义；热爱并尊重自然，具有绿色生活方式和可持续发展理念及行动等。

（2）国家认同。重点是具有国家意识，了解国情历史，认同国民身份，能自觉捍卫国家主权、尊严和利益；具有文化自信，尊重中华民族的优秀文明成果，能传播弘扬中华优秀传统文化和社会主义先进文化；了解中国共产党的历史和光荣传统，具有热爱党、拥护党的意识和行动；理解、接受并自觉践行社会主义核心价值观，具有中国特色社会主义共同理想，有为实现中华民族伟大复兴中国梦而不懈奋斗的信念和行动。

（3）国际理解。重点是具有全球意识和开放的心态，了解人类文明进程和世界发展动态；能尊重世界多元文化的多样性和差异性，积极参与跨文化交流；关注人类面临的全球性挑战，理解人类命运共同体的内涵与价值等。

2. 实践创新

主要是学生在日常活动、问题解决、适应挑战等方面所形成的实践能力、创新意识和行为表现。具体包括劳动意识、问题解决、技术应用等基本要点。

（1）劳动意识。重点是尊重劳动，具有积极的劳动态度和良好的劳动习惯；具有动手操作能力，掌握一定的劳动技能；在主动参加的家务劳动、生产劳动、公益活动和社会实践中，具有改进和创新劳动方式、提高劳动效率的意识；具有通过诚实合法劳动创造成功生活的意识和行动等。

（2）问题解决。重点是善于发现和提出问题，有解决问题的兴趣和热情；能依据特定情境和具体条件，选择制订合理的解决方案；具有在复杂环境中行动的能力等。

（3）技术运用。重点是理解技术与人类文明的有机联系，具有学习掌握技术的兴趣和意愿；具有工程思维，能将创意和方案转化为有形物品或对已有物品进行改进与优化等。

基于核心素养教学改进的落地导引

核心素养的内涵

核心素养指什么？（崔允漷）[1]

到底什么是核心素养？世界各国可能用词不一样，如OECD用胜任力，美国用21世纪技能，日本用能力等，但回答的问题是一样的，都是在回答"培养什么样的人才能让他顺利地在21世纪生存、生活与发展"的问题。我们在研究世界各国及相关国际组织关于核心素养的定义的基础上，明确界定核心素养是个体在知识经济、信息化时代面对复杂的、不确定的现实生活情境时，运用所学的知识、观念、思想、方法，解决真实的问题所表现出来的关键能力与必备品格。这不是我们通常所说的解题能力，也不是指能做某一件生活小事，而是个体在未来面对不确定的情境中所表现出来的真实问题解决能力与必备品格，它是通过系统的学习而习得的，是关键的、共同的素养，具有连续性与阶段性。

什么叫核心？核心是相对外围而言的，有两层意思：一是关键，是指个体在21世纪生存、生活、工作、就业的最关键素养。二是共同，是指课程设计所面对的某一群体所需要的共同素养。"双基"、三维目标、核心素养都是一个整体，是育人目标、学科育人价值在不同教育阶段的具体体现。但是，当我们设计课程的时候，需要将上述育人目标进行分解，需要具体化，尽管这一过程会失去一些教育功能，但为了课程的设计、教学与评价，这种功能的丧失是不得已的事情，是课程设计、教学与评价必须付出的代价。

（本文节选自《如何理解核心素养》）

如何理解核心素养？（褚宏启）[2]

要理解核心素养这一概念，把握核心素养的本质，需要关注以下几点：

第一，核心素养是"关键素养"，不是"全面素养"。核心素养不是面面俱到的素养"大杂烩"，而是全部素养清单中的"关键素养"。从此意义上讲，核心素养是素质教育、三维目标、全面发展、综合素质等中间的"关键少数"素养，是各种素养中的"优先选项"，是素质教育、三维目标、全面发展、综合素质等的"聚焦版"。

第二，核心素养要反映"个体需求"，更要反映"社会需要"。在以人为

---

[1] 崔允漷，华东师范大学课程与教学研究所所长。
[2] 褚宏启，北京教育科学研究院副院长。

16

本的权利时代，核心素养要反映个体发展的需要，为个体过上成功的生活做准备。在核心素养指标的遴选方面，从全球范围来看，国际组织、一些国家和地区在核心素养的选取上都反映了经济社会发展的最新要求，强调创新与创造力、信息素养、国际视野、沟通与交流、团队合作、社会参与及社会贡献、自我规划与管理等素养，内容虽不尽相同，但都是为了适应21世纪的挑战。从这个意义上看，核心素养是适应个人终身发展和社会发展所需要的"关键素养"，只有具备这些素养，学生才能成功地适应社会，在自我实现的同时促进社会的发展。

第三，核心素养是"高级素养"，不是"低级素养"，甚至也不是"基础素养"。学生生存与发展，需要多种素养。但是，面对21世纪的挑战，这些素养的重要性并不是平列并重的，需要有先后顺序。这些优先选项是什么呢？创新能力、信息素养、合作能力、社会责任、交流技能等排在前列。核心素养之所以是"高级素养"，还有两个原因：（1）核心素养是跨学科的，高于学科知识；（2）核心素养是综合性的，是对知识、能力、态度的综合与超越。

第四，核心素养要反映"全球化"的要求，更要体现"本土性"的要求。在全球化背景下，各国的学生核心素养会有一定的甚至相当的共性，如对信息素养的要求；但因为国情差异，特别是各国发展面临的关键问题不同，核心素养的厘定和培育，也需要有内容差异和程度差异。在新的国内外形势下，核心素养是对素质教育、三维目标、全面发展、综合素质等的聚焦强化版和升级转型版。核心素养为教育教学改革提供了重点更突出、焦点更集中的教育目标，为转变学生学习方式、教师教学方式、政府和学校的管理方式指明了方向。

（本文节选自《如何理解核心素养》）

品格和能力是核心素养的要点（余文森）[①]

2014年，"核心素养"首次出现在《关于全面深化课程改革 落实立德树人根本任务的意见》中，并被置于深化课程改革、落实立德树人根本任务的首要位置，成为修订课程方案、课程标准和研制学业质量标准的重要依据。

教育部在该文件中，明确把核心素养的内涵界定为"学生应具备的适应终身发展和社会发展需要的必备品格和关键能力"。为什么是能力和品格？这是因为能力（关键能力）是一个人做事的根基，是成功人生（智慧人生）的

[①] 余文森，福建师范大学教授。

基石；品格（必备品格）是一个人做人的根基，是幸福人生（道德人生）的基石。能力是人作为主体最引以为傲的一种本质力量，其中内蕴着人的创造性、能动性与内发性；品格则是人作为主体最富有人性的一种本质力量，其中内蕴着人的道德性、精神性与利他性。

大哲学家罗素曾指出："智慧不足和道德缺陷是人类灾难的两大根源。"一个真正的人必须是"德、才"的和谐统一。套用现在时髦的话语可以说，能力是一个人的硬实力，品格是一个人的软实力。一个人有多大的能量，一个人能走多远，一个人能成就多大的事业，甚至一个人能拥有多强的幸福感，都取决于他的实力，取决于他的硬实力和软实力。从心理学的角度讲，能力是人的智力因素（智商，其中最核心的因素是创造力），品格是人的非智力因素（情商，其中最核心的因素是坚毅力），智力因素（智商）和非智力因素（情商）的结合才构成一个人完整的内心世界、精神世界，缺一就不是一个健全的人。

"倘若借用《红楼梦》中的一副对联——'世事洞明皆学问，人情练达即文章'来表述，那么，'世事洞明'的学问功底（智商）与'人情练达'的人格修炼（情商）的融合，正是我们所要追寻的核心素养基本内涵的一种概括。"[1] 从文化的角度讲，能力指的是人在科学维度上的素质（科学精神）；品格指的是人在人文维度上的素质（人文情怀）。一个健全的人必须同时具备科学精神和人文情怀。

总之，能力与品格是人的两种最宝贵的精神财富。一方面，它们具有相对的独立性，表现在它们有各自的内涵、特点和形成机制；另一方面，它们又具有内在的关联性，表现在内涵上相互交叉，在形成上相互促进。在核心素养的形成上，我们强调两者的互动和融合。

从核心素养的实际表现而言，它指的是个体在面对复杂的、不确定的现实生活情境时，能够综合运用所学的（跨）学科观念、思维模式和探究技能，结构化的（跨）学科知识和技能，世界观、人生观和价值观在内的动力系统，分析情境、提出问题、解决问题、交流结果过程中表现出来的综合性品质。按照林崇德先生的说法："核心素养是所有学生应具有的最关键、最必要的基础素养；核心素养是知识、能力和态度等的综合表现；核心素养可以通过接受教育来形成和发展；核心素养具有发展连续性和阶段性；核心素养兼具个人价值和社会价值；学生发展核心素养是一个体系，其作用具有整合性。未来基础教育的顶层理念是强化学生的核心素养。"[2]

（本文节选自《核心素养导向的教学观重建——访福建师范大学余文森教授》）

参考文献：

[1] 钟启泉. 基于核心素养的课程发展：挑战与课题[J]. 全球教育展望，2016（1）:3-25.
[2] 林崇德. 对未来基础教育的几点思考[J]. 课程·教材·教法，2016（3）:3-10.

核心素养是本次深化课程改革的逻辑起点（靳建设）[①]

新一轮课程改革的实质是育人模式的改革，学生发展核心素养是深化课程改革的最根本、最核心、最关键、最活跃要素。发展学生核心素养也是本次深化课程改革的逻辑起点，统领教育各个环节。

培养和发展学生的核心素养，是国家发展战略，尤其是国家人才发展战略在教育改革领域的主要体现和具体要求，同时，也是培育和践行社会主义核心价值观这一根本任务在教育领域落实的重要措施和必要途径。广大教师和教育工作者要精心研读和分析《中国学生发展核心素养》总体框架和基本要点，准确把握核心素养对深化课程改革的统领性、对学生发展的支撑性，是核心素养落地的基础。核心素养与深化课程改革有着直接的、深度的关联。它规定了课程改革的方向与宗旨，是课程改革的核心目标，是课程规划、课程设置、教材编写、教育教学、考试评价、课程保障等的根本依据。

综观当今世界各国、各地区和国际组织针对核心素养体系的研究及框架构建，"学会学习""学会交流与沟通"是核心素养的关键内涵之一，其实质就是培养学生的学习品质、学习能力并促进学生的身心健康，而且要使这三者互相渗透与融合。

核心素养关注的是全面发展的人。发展学生核心素养是课程改革的关键。课程管理、课程建设、课程目标、课程实施、课程评价、课程资源开发与应用等，均指向学生的全面发展，课程、教材、教学都是为了学生的学习和发展而存在的，课程、教材、教学的价值意义当然也必须体现在学生的学习和发展上。核心素养是落实立德树人根本任务的一个重要举措，而立德树人这一根本任务的落实也就是要建构具有中国特色的育人模式。落实学生发展核心素养，就是要探索新的育人模式，全面贯彻立德树人根本任务。

（本文节选自《把握核心素养内涵 深化课程教学改革》）

---

① 靳建设，甘肃省教育科学研究所党委书记兼副所长，教育部基础教育课程教材专家工作委员会委员，全国中小学教育督导评估专家。

基于核心素养教学改进的落地导引

核心素养重在"核心"(周文胜)[①]

就全球范围来看,关于素养和核心素养概念的界定,虽然各有说法,但内涵方面其实大同小异,因为大家关注这一问题的背景和目的是相同的。无论是经济合作与发展组织(OECD)发布的"八项核心素养",还是美国的"21世纪技能",抑或是日本的"21世纪能力",都在传递一个共同的思考:人类能够预见的未来充满"无法预见",为了帮助学生适应新世纪的社会变革,教育必须为他们做好"关键"准备,提供"关键"支持。也正是基于此,在《中国学生发展核心素养(征求意见稿)》中,"核心素养"被定义为"学生应具备的适应终身发展和社会发展需要的必备品格和关键能力"。从价值取向上看,它反映了学生终身学习所必需的素养与国家、社会公认的价值观。从指标选取上看,它既注重学科基础,也关注个体适应未来社会生活和个人终身发展所必备的素养。

许多教师都有这样的疑问,素养和素质有什么区别?素质教育被素养教育取代了吗?

首先需要明确的是,素质教育是相对于应试教育的一个教育概念,分别代表着两种截然不同的教育价值取向,而实施素质教育是《中华人民共和国义务教育法》明确的、不可动摇的教育方向。作为教育概念,素养和素质并无不同,但在汉语语境中,人的素质还包括先天禀赋,而素养更强调教育影响,正所谓"养之有素"。素质教育是在倡导方向,宣称价值主张,并没有界定学生发展的关键时期所必需的关键能力、必备品格。"核心素养"概念的提出,为素质教育在实践操作层面探索了路径,其实质就是在回答"什么素质是重要的"。因此我们对素养的关注应该聚焦到核心素养的"核心"领域,不必纠结于"素质""素养""能力"这些词的区别。对于一线教师来说,需要理解的是为什么提出"核心素养"、什么是"核心素养"、如何"为核心素养而教"。

(本文节选自《课程改革再出发:为核心素养而教》)

[①] 周文胜,上海真爱梦想公益基金会课程研究院副院长。

核心素养的价值

核心素养回答了哪些根本问题？（王湛）[①]

中央历来高度重视立德树人。党的十八大报告强调，把立德树人作为教育的根本任务，培养德智体美全面发展的社会主义建设者和接班人。落实好中央新的更高要求，推动新时期立德树人工作，首先要回答和解决好"立什么德、树什么人""如何立这样的德、如何树这样的人"这个根本问题。

核心素养反映了课程改革的现实需求。思考为什么要研制核心素养这一问题，需要我们用更加宽广的视角来审视。放眼国际，经济合作与发展组织、联合国教科文组织、美国、新加坡、日本以及我国台湾地区等纷纷启动相关研究，建构起符合本国或本地区实际情况的核心素养体系，作为课程改革和人才培养顶层设计的关键一环。从我国自身国情看，党的教育方针、立德树人根本任务、社会主义核心价值观等，这些都是上位的、总体的、宏观的要求，在新时期，如何找准着力点，把这些内容和要求核心素养的价值与意义落细落小落实，这是当前在理论、政策和实践层面亟待解决的一个关键问题。另外，伴随着课程改革的深入推进，面对着新的矛盾和问题，有必要进行全面总结和系统反思。因此，研制核心素养，作为新形势下立德树人的切入点和突破口，引领新一轮课程改革，可以说，具有很高的理论价值，同时也具有极强的实践指导意义。

核心素养体现了新时期育人要求。学生发展核心素养的内涵，主要是指学生应具备的、能够适应终身发展和社会发展需要的必备品格和关键能力。从本质属性看，核心素养指向"中国"的学生，而不是"国外"的学生。这要求首先要坚持正确的政治方向和价值导向，必须彰显中国特色。目前的研究成果，系统落实了党的教育方针和社会主义核心价值观的基本内容和要求，全面传承了中华优秀传统文化，充分体现了民族特点，具有中国特色。从主体性上看，核心素养直接指向"学生"这一鲜活、生动的主体，而不是其他群体。目前的研究成果，在结构脉络上，基于"全面发展的人"这个出发点，以文化基础、自主发展、社会参与三大方面为内在主线，具体化为六大素养，聚焦社会责任感、创新精神、实践能力这些当前人才培养中的关键着力点和薄弱环节，突出强调培养有高尚精神追求、有生活品质、有责任担当的人，

[①] 王湛，国家教育咨询委员、教育部基础教育课程教材专家工作委员会主任委员。

最终落脚点又指向培养"全面发展的人"。这充分反映了新时期经济社会发展对人才培养的新要求，全面体现了先进的教育思想和教育理念，具有鲜明的时代性。

核心素养提升了教育方针对教育实践的指导性。核心素养会发挥什么样的作用，这将最终体现核心素养的价值和意义。关于核心素养，有这样一个基本定位——它是承上启下的桥梁和纽带。具体来说，上承总体宏观要求，以党的教育方针、社会主义核心价值观等为基本遵循，把有关内容和要求具体化、细化、实化，全面体现其根本性质、丰富内涵和实践要求；下启教育教学实践，指导课程教材修订、教学实施、考试评价等人才培养各领域各环节，进一步明晰人才培养的关键环节、重点领域、主攻方向。目前的成果，在六大素养基础上，为便于操作和实践，又进一步细化为若干基本要点，使其有更具体的价值导向，可转化为实实在在的要求，便于遵循和践行。可以说，核心素养重点是从中观层面深入回答"立什么德、树什么人""如何立德、如何树人"这些根本问题。

（本文节选自《如何理解核心素养》）

"核心素养"赋予传统"基础素养"以新时代的内涵（钟启泉）[①]

根据当代学习科学的研究和梳理，基础素养的界定经历了三个发展时期：第一个时期，素养就是技能。"三基"（读、写、算）就是典型的代表。第二个时期，把基础素养看成是学校所传递的知识。比如，联合国教科文组织提出的"功能性扫盲"，就把懂电脑作为在信息时代生存的必要知识和技能。再如，一些发达国家在经济竞争的背景下推动了"教育竞争"，都在研究早期的核心素养，诸如法国的共同文化、德国的关键能力、美国的核心知识、日本的基础学力等。第三个时期，把基础素养看成是社会文化的创造。这就是今天的基于PISA（国际学生评估项目）的三大素养（语文素养、科学素养、数学素养）发展成关键能力、核心素养、21世纪能力等。说法不一，但实质相同，其基本的诉求只有一个，就是培养"真实性学力"。真实性学力不是虚假的应试能力，因此需要有真实性学习来支撑，这就需要课程的改革和课堂的转型。过去把学校的教育功能归于"知识的传递"，已经远远不适合时代发展的需要，今天学校的功能应该是"知识的建构"。一个是传递，一个是建构，这就意味着学校教育的转型。

---

① 钟启泉，华东师范大学终身教授。

核心素养是对当今时代的公民素养的高度概括。它凸显了学校教育的根本目的和课程教学的改革方向。作为一个教育工作者，一定要时刻认识到我们的教育教学，不能归结为知识的堆积、技能的训练，而首先是人格品质和关键能力的培养。所以当务之急就是克服急功近利、急于求成的狂躁心理，回归常识、回归常态、回归正轨。

(本文节选自《如何理解核心素养》)

核心素养在今后教育改革中将发挥重要作用（梅德明）[①]

研究和提炼学生发展核心素养是深化课程改革、贯彻党的教育方针、落实立德树人根本任务、培育和践行社会主义核心价值观的重大举措。在国民教育的各学段着力培育学生的核心素养，是提高国民素质、培养全面发展的社会主义事业建设者和接班人的必要途径和有效举措。研制学生发展核心素养并在教育教学中以此为纲，一以贯之，对在复杂多变的全球化时代实现中华民族伟大复兴的中国梦具有积极的现实意义和深远的历史意义，无论是于个人还是于社会，无论是于家庭还是于国家，在我国教育的各个学段倡导核心素养教育，受益的是当前，惠及的是未来。

在未来的课程和教学改革中，核心素养的培养和发展将始终处于学校教育的中心地位，是各个学科能否将立德树人根本任务真正落到实处的关键，其重要性再怎么强调都不会过分。譬如，在未来的外语学科的课程改革中，核心素养既是课程内容的纲要，也是教学环节的主线；既是学生发展的目标，也是教师价值的追求；既是学习活动的导向，也是学业质量的标尺；既是教材编写的依据，也是教师培训的指引。

(本文节选自《对核心素养若干问题的思考——访上海外国语大学梅德明教授》)

核心素养的最大价值是立足未来（齐华）[②]

有些教师觉得核心素养对小学生而言针对性不强，或者认为核心素养如何与小学基础性的教育教学内容结合是个难点。在我看来，这是认识上的误区。核心素养设计的不是某个学段的学生形象，而是指向学生终身学习与发展的需要。核心素养最有价值的恰恰是其未来价值，小学教师要展望学生初

[①] 梅德明，上海外国语大学教授，博士生导师，中国学术英语教学研究会副会长，教育部基础教育课程教材专家工作委员会委员。

[②] 齐华，河南省郑州市二七区教学研究室主任，特级教师。

中、高中乃至大学的发展需要，找到小学教育的起点；中学教师要回望学生小学阶段的素养基础，找到中学教育的起点。落实核心素养，一定要打通学段壁垒，站在学生终身发展的角度，用"以终为始"的思维方式整体设计每个学段的具体课程活动。

（本文节选自《以"三个方案"落地核心素养》）

第三节 核心素养的思考

如何理解核心与全面的关系

齐 华[①]

有人曾问：核心素养能作为教育目标的全部吗？强调核心素养是否有利于学生的全面发展？我认为，在探讨这些问题之前，有必要先探讨对"核心"与"全面"的理解。核心素养结合了现阶段社会发展、个人发展对教育的共性需求，坚持个人终身发展与社会发展价值的统一、融合，从对人、对学习、对学校教育的多角度分析而提出的具体化的教育目标，这些必备品格与关键能力，本身就兼顾了品格与能力，方法与态度，价值观、精神长相、行为习惯，身体与心理等多个维度，它使教育从知识意义转向素养意义。再者，学生的全面发展是个相当模糊的概念，"全面"的范围是不可界定的，从学生个体的角度讲，任何学校教育都无法满足学生的所有需要。因此，不必刻意对立"核心"与"全面"。

核心素养有六大素养十八个基本要点，但它是个类概念，不是一个素养对应某门学科的关系，更不能直接把核心素养等同于学科核心素养。首都师范大学的石鸥教授认为，"核心素养是跨学科素养，任何核心素养都不是一门单独的学科可以完成的，任何学科都有其对于核心素养发展的共性贡献与个性贡献"。教育部明确提出：要坚持系统设计、整体规划育人各个环节，统筹各学段，统筹各学科，统筹课标、教材、教学、评价、考试等环节……实现"全科育人、全程育人、全员育人"的目标。但同时，也应认识到这个"整体"并非"整齐"，相同的素养目标遇到不同的学生，必须因人而异，分层界定。核心素养并非相同的尺子，而是学校教育应致力的共性方向，但这个共性必须要在尊重个性的基础上，使其弱的素养变强，强的素养更优，独特的素养彰显。

[①] 齐华，河南省郑州市二七区教学研究室主任，特级教师。

基于核心素养教学改进的落地导引

核心素养要处理好五大关系

郑云清[①]

2016年9月,《中国学生发展核心素养》总体框架正式发布。文件对"核心素养"的内涵进行了界定:主要指学生应具备的,能够适应终身发展和社会发展需要的必备品格和关键能力。为了更好地贯彻落实"核心素养"这一新课程理念,我们要处理好以下几个方面的关系:

处理好品格与能力的关系

素养的关键词是品格和能力。因此,我们首先必须厘清界定什么是品格,什么是能力。所谓品格,指一个人的人品和人格。人品即道德品质,是指个体依据一定的社会道德准则和规范行动时,对社会、对他人、对周围事物所表现出来的稳定的心理特征或倾向;人格在心理学上也叫个性,是一个人与社会环境相互作用表现出的一种独特的行为模式、思维模式和情绪反应的特征,包括性格与气质两个部分。性格是一个人稳定的个性心理特征,从内在本质上表现了人的特征,而气质则赋予人格外在的色彩和标记。所谓能力,是为顺利完成活动而在个体身上经常稳定地表现出来的个性心理特征,直接影响活动的效率与效果。在一定程度上,品格赋予能力以价值判断。一个有能力的人才有可能让自己的良好品格发挥更大的作用,产生更好的经济效益、社会效益和生态效益。

处理好知识、技能与能力的关系

在我国的学校教育教学实践中常常会出现两个极端,一个是"知识对学生的发展(有时等同于考分)发挥着决定性影响",因此一直把传授知识作为主要的目标,认为知识是一切的基础,掌握知识最重要;另一个是"在这个知识激增的时代,最重要的不是掌握知识,而是要发展学生的素质和能力",片面强调"知识降位",割裂知识与能力的内在逻辑联系,将课堂完全变成了展示场,使学生的表现欲远远超过好奇心和求知欲。而事实上,能力是在掌握知识、技能的过程中形成和发展起来的,知识越多,技能越强,就越有利

[①] 郑云清,福建省教研室主任,中学特级教师。

于能力的发展。反过来，能力的高低又影响掌握知识、技能的速度和质量。同时，知识、技能和能力三者的发展是不同步的，并非所有知识技能都可以转化为能力，只有那些广泛运用和迁移的知识技能才能转化为能力，离开了具体实践既不能表现人的能力，也不能发展人的能力。

处理好学生发展核心素养与学科核心素养的关系

从基础教育阶段任务来看，学生发展的核心素养是主体，是本质，学科核心素养则是载体，是为学生发展核心素养服务的。但如果将学生发展核心素养与学科核心素养进行对应、匹配可知，目前，学科核心素养更多的是各自从学科本质角度，突出聚焦文化基础这一维度，写得详细具体可操作，而对于学生社会参与维度相对泛化，特别是对学生自主发展维度更是虚化。这里不能陷入两个误区：一个误区是各学科教师只要完成了学科核心素养培养任务，学生发展核心素养各个方面就会自然而然形成；另一个误区是将基础教育阶段的学科核心素养任意拔高为大学阶段的学科专业素养，从而将面向全体学生的普及型的学科文化知识当成了促进学生个性发展的学科专业知识。因此，教师在学科教育教学过程中不能只关注学科核心素养，只管自己的一亩三分地，而要本着全员、全科、全程的育人理念，有意识关照渗透培育学生发展核心素养各个维度的内容，并把握好学科核心素养的专业性。

处理好教书育人、立德树人教育理念继承与发展的关系

需要澄清的是，不能说以前我们的教育就只关注知识，不关注素养。从古至今，我国的教育传统始终强调传道、授业、解惑，强调格物致知、学以致用，追求修身养性、成人成才、德才兼备，只不过时代不同，所强调的必备品格、关键能力有所侧重。新课改前我们更强调品格中的思想政治内容，能力中的记忆力和理解力要求，而现在我们更关注品格中的公民道德与责任，能力中的实践能力和创新能力。以地理为例，1987年国家教委《全日制中学地理教学大纲（修订本）》指出，"应使学生进一步受到爱国主义、国际主义、辩证唯物主义和历史唯物主义的思想政治教育以及有关的国情、国策教育，还要对学生进行科学的资源观、人口观和环境观的教育"；"地理知识教育、智力发展和能力培养、思想政治教育三者是统一的"。2003年教育部《普通高中地理课程标准（实验）》中指出，"课程目标从知识与技能、过程与方法、情感态度与价值观三个维度来表述，这三个维度在实施过程中是一个有机的整体"。而教育部新修订的《普通高中地理课程标准（2017年版）》则基于学科本质及特殊教育价值提出"人地协调观、综合思维、区域认知、地理实践力"四个学科核心素养，与时俱进，关注时代进步所需要的学科核心内涵，将学科原有的三维目标整合化和具体化。

处理好教育的理想性与现实性关系

在一定程度上说，应试教育的盛行不是我们教育工作者的原罪，而是我们教育工作者不得不承受的结果，其根源则是整个社会的文化生态、价值取向与舆情导向。我们的教育应该说始终是将德育为先、能力为重、全面发展作为追求的理想境界。可为什么无法很好地落地？关键在于没有切实可行的保障机制。考试评价技术手段的改进程度和教育督导管理的问责程度，决定了核心素养的落实程度。为此，我们不能叶公好龙，要为教育保住底线，秉持教育良知持之以恒地抓好学校，特别是品牌学校的办学行为规范，树真教育典型以净化区域教育环境，促进区域教育生态良性循环。同时，更多地通过开发和改进命题技术与评价手段，不断完善考试招生制度。在一定意义上可以这么说，考试评价改革能走多远，教育的理想就能走多远。

核心素养超越了传统的"双基"和三维目标

梅德明[①]

学生发展核心素养是指学生在接受学校教育的过程中，逐步形成和提升的符合个人发展和社会发展需要的必备品格和关键能力。它体现了教育的育人价值和学科的育人功能，是贯彻党的全面发展教育方针、落实立德树人根本任务的育人指标，也是学生成才的评价标准。

提出学生发展核心素养不是全盘否定，更不是根本颠覆过去提出并产生相当影响力的"双基"目标和三维目标，而是在传承这些教育理念有益内涵的基础上，以发展眼光和国际视野完善并提升这些理念，使"知识"和"技能"的学习和掌握有了正确的价值取向和有效的发展路径，使"情感态度价值观"的形成不再成为空中楼阁或标签。学生发展核心素养旨在融合"知识与技能""过程与方法""情感态度价值观"，使之相互渗透，协调发展，因而更突出了学生的整体协调发展。

[①] 梅德明，上海外国语大学教授，博士生导师，中国学术英语教学研究会副会长，教育部基础教育课程教材专家工作委员会委员。

以往提出的"双基"目标强调的是知识和技能的获得，忽视了情感态度价值观教育的重要性。之后提出的三维目标虽然增加了"过程与方法"和"情感态度价值观"这两个维度，但在实际教学中，往往只见知识与技能的培养，例如，在英语教学和评价中，关注的仍然是语法知识、词汇量和听说读写技能，"情感态度价值观"难以有机融入教学和评价。三维目标因操作性差而难以取得应有的教育效果。

学生发展核心素养超越了传统的"双基"和三维目标，它强调的是知识、能力与价值观的有机融合，以核心素养为发展目标的教育，形成的是整合的、跨学科的、可沉淀的、可迁移的综合素养，融合了认知性素养和非认知性素养，可伴随学生一生，使其终身受益。因此，学生发展核心素养既可解决"双基"的偏向问题，也可强化三维目标的整体表现。

核心素养来自三维目标又高于三维目标

余文森[①]

从形成机制来讲，核心素养来自三维目标，是三维目标的进一步提炼与整合，是通过系统的学科学习之后获得的；从表现形态来讲，学科核心素养又高于三维目标，是个体在知识经济、信息化时代，面对复杂的、不确定的情境时，综合应用学科的知识、观念与方法解决现实问题所表现出来的关键能力与必备品格。显然，三维目标不是教学的终极目标，教学的终极目标是能力和品格。

从"双基"到三维目标再到核心素养（关键能力和必备品格），知识（"双基"）的地位和作用似乎被不断地弱化，很多人为此提出质疑：知识难道就不是素养了？没有学科知识哪来学科素养？这个问题实际上就是知识与素养的关系问题。劳厄曾说过："教育无非是一切已学过的东西都忘掉后所剩下来的东西。"忘掉的东西就是所学的具体知识和内容，而剩下来的就是所谓的能力品格（素养）。

知识是学校教育活动得以展开的一个"阿基米德点"，教学活动离不开知识，没有了知识，教学活动便成为无源之水、无本之木。但是，教学决不能止于知识，人的发展更不限于掌握知识，教学的根本目的和人的发展的核心

---

① 余文森，福建师范大学教授。

基于核心素养教学改进的落地导引

内涵是人的素养的提升，即教学是基于知识，通过知识的学习来提升人的素养的一种教育活动。当前教学存在的突出问题是作为工具、媒介、手段、材料的知识反倒变成了教学的目的，知识被绝对化、神圣化了，教育成了"为了知识的教育"，而能力和素养却被弱化、边缘化了，"有知识没能力缺素养"就成为我们教学最突出最致命的问题。从教育思想的角度讲，我们要把"为了知识的教育"转化成为"通过知识获得教育"，知识是教育活动中促进学生发展的一种文化资源和精神养料。

那么，究竟如何才能把学科知识转化为学科素养呢？我认为，学科知识只是形成学科素养的载体，学科活动才是形成学科素养的渠道。学科知识是不能直接转化为素养的，简单的复制、记忆、理解和掌握是不能形成素养的。学科活动意味着对学科知识的加工、消化、吸收，以及在此基础上的内化、转化、升华。其中，三维目标中的"过程和方法"起着重要的作用。

但是，"过程和方法"毕竟也不是素养本身，而是素养形成的桥梁。本次高中课程标准修订用"学科活动"来统整三维目标中的"过程和方法"以及学习方式中的"自主、合作、探究学习"，目的是强化学科教学的学科性，聚焦学科核心素养的形成。教师在设计和开展教学时必须以学科核心素养为导向，充分体现学科的性质和特点，使学科教学过程成为学科核心素养的形成过程。一位物理教研员反映："深入物理课堂听课，你往往会有一种感觉，好像物理课与其他学科没有什么两样：不做实验，或以讲代做，一旦检测学生实验，其实验技能的缺陷便暴露无遗；新授课与习题课一样，题海茫茫苦作舟……物理课的特点在哪？物理课的特点就在于'物'和'理'。'物'即事实证据，必须以实验为基础；'理'即理性思维，要以思维为中心。通过实验，创设情境，观察表象，通过理性思维抽象出具体的理论，再通过具体的原生态问题，得到建构和升华……显然，把活生生的物理仅肢解为知识，而又把知识的获得归结为习题的训练，这样的物理是没有魅力的。"[1]这样的物理课背离了物理的本质和特性，不只是没有魅力的问题，关键是不能形成物理学科素养。

情感、态度和价值观在三维目标中最能体现"以人为本"的目标。从学科核心素养的角度来看，我们要强调两点：第一，情感、态度、价值观要体现并聚焦于学科的精神、意义、文化，反映学科之情、之趣、之美、之韵、之神，从而与"学科知识""学科活动"融为一体，这样才能形成学科核心素养。第二，要在"内化"上下功夫，只有把情感、态度和价值观内化为学生的品格，转化为学生的精神世界，使学生成为一个精神丰富的人，有品位的人，情感、态度和价值观维度的目标才有终极的意义。"若失品格，一切皆失。"没有内化为品格，就没有素养的意义。

学科核心素养是学科和教育的有机融合。从三维目标走向核心素养，是学科教育高度、深度和内涵的提升，是学科教育对人的真正的回归。学科核心素养意味着学科教育模式和学习方式的根本变革。

参考文献：
[1] 何蓁. 中学物理高效课堂的思考 [J]. 当代教育论坛，2012（4）:83–86.

第四节　核心素养与知识

素养与知识、技能、能力的区别

崔允漷[1]

学科核心素养是学科教育在全面贯彻党的教育方针、落实立德树人根本任务、发展素质教育中的独特贡献，是学科育人价值的集中体现，是学生经过学科学习之后逐步形成的关键能力、必备品格与价值观念。它是知识与技能、过程与方法、情感态度与价值观三维目标的整合与提升。

怎样理解知识、技能、能力与素养的关系？下面用开车来举个例子。交通规则是知识，移库是技能。知识、技能要变成能力需要有真实的情境，所以需要路考，路考检验的是知识技能在真实情境中的应用水平，这就是能力。

有了能力不一定有素养。什么是驾驶素养？仍以开车来举例，安全驾驶就是关键能力，礼貌行车就是必备品格，尊重生命就是价值观念。从能力到素养，一定需要学习者主体的反思，是主体发挥主观能动性的结果。因此，素养是靠学生自己悟出来的，不是靠教师教出来的。教师教的知识、技能或能力是学习的阶段性目标，是通向素养的手段，其本身不是目的。

现在国内考驾照越来越严格，我们的知识技能和能力越来越强。但驾驶素养依旧不是人人都具有。比如，遇到黄灯怎么办？如果是具有生命价值观的人，他就知道，到了黄灯必须要停下来或做好启动的准备。再如，交通规则没有告诉你在没有红绿灯的十字路口如何开车，这是非常考验一个人的驾驶素养的。有驾驶素养的人，会主动刹停，先观察，再做决定；没有驾驶素养的人，没有生命价值观的人，就会快速行驶（没有交通规则不涉及此知识）。所以，素养不是不要知识，也不是不要技能或能力，但是知识多不一定有素养，能力强也不一定有素养。这就是价值观跟知识与技能的关系。我们提倡课程育人，就是说，教师不只是教学生学会读书（知识与技能），还要教

---

[1] 崔允漷，华东师范大学课程与教学研究所所长。

学生学会做事（能力），更要教学生学会做人（素养）。这就是我对核心素养与知识技能的关系的理解。

活的知识是如何形成的?

吕立杰 [1]

什么样的知识才是活的知识？美国"21世纪学习框架"中提到，学科课堂要使学生形成一定的学科观念和思维方式。学科观念和思维方式，通俗来讲，就是让学生学会像学科专家一样思考。学生在形成知识的过程中，如果可以像学科专家那样思考，就可以选择、处理、调用并建立自己前后连贯的知识体系，从而形成稳定地看待世界，看待自然界，看待人类社会的观点与思考方法。这就是我们说的活的知识。那么，课堂上怎么才能使学生学会思考，形成"活"的知识呢？

对于学科教师来说，第一，找到学科关键问题，挖掘关键问题背后的学科本质，挖掘关键问题背后的课程潜能是很重要的，这是教师拟定教学目标的前提。第二，学生怎样在课堂学习中获得知识的增长呢？所有知识的获得一定始于原有的认知经验，新的知识就是在原有经验基础上生长出来的，课堂教学的起点就是设置情境引发认知冲突或者将学生的知识结构中与新知相关的部分连接起来，使新知与原有的知识、经验形成共振。第三，活的知识的获得还需要学生像学科专家那样思考，感受知识的意义，探究问题的结论。

以我们看到的一堂小学数学展示课为例，授课教师结合了最新的教学方式——iPad进课堂，用信息技术支撑课堂教学。其中，教师设置了一个引入环节，请学生拿出iPad，自行搜索概念。本节课的重点就是学习这个关键的数学概念，学生在还没有去感受概念含义、没有去感受概念价值的时候，就先得到了一个语言生涩的定义，这样做虽然形式新颖，但学习的起点没有与学生原有经验相连接，学习的过程虽然也离不开这个关键概念，但实际上是教师领着学生证明这个概念。证明一个概念正确对学生而言只是知道了一个新知识，但不一定愿意调用这个新知识去思考问题，因为学生对新知识理解的深度不够，也没有感受到新知识的价值。当然，知识的形成过程中，自主的探究与有条理的训练都是必要的，有哲学家把两者的调节艺术地比喻成

---

[1] 吕立杰，东北师范大学教育学部部长、教授、博士生导师。

"教育的节奏"。

如果说一个人素养的形成首先来源于生活,生活中的某种经验,经过反复磨炼形成个性化的习惯、品格、能力以及处理问题的方式与策略等,那么,学生在学校教育中形成的一定的素养,就应该是在有意识设计的经验中形成的,这些经验依托学校开展的某个活动,更可能依托课堂教学,在某个学科体系的关键领域中,经过引导、体验、探究、规范化的练习,从而帮助学生获得一系列优质特性。

以科学探究为例看素养与知识的关系

杨向东[1]

有学者认为,不能只关心核心素养的培养,否则就会忽视学科知识的学习。这种看法是值得商榷的。我们以科学探究能力为例,对核心素养和学科知识的关系尝试进行探讨。

什么是科学探究能力?如果一个学生能够从生活中找到值得探究的科学问题,能够形成解决问题的方案;能够实施方案,获取证据,反思和检验证据收集是否完备,方案是否需要修改;能够根据探究问题,结合收集到的证据和已有理解,形成自圆其说、有理有据的论证和解释,在这个过程中所表现出来的综合性品质,就是我们所说的科学探究能力。

这样一种理解下的科学探究能力需不需要学科知识或技能(此处是科学知识和技能)呢?试想,学生需要什么才能够从生活中找到值得探究的科学问题?除了一般意义上的提出问题的能力,学生需要能够理解:当前的情境是什么,蕴含着什么样的问题,这个问题是否属于科学问题,该科学问题和哪些领域(知识、原理、理论)有关?基于已有科学知识和方法,该问题是否值得研究以及能否开展实际的探究?因此,从生活中提出值得探究的科学问题,需要学生具备与当前情境有关的,能够被学生用来理解和分析当前情境,明确问题性质和实质内涵的具体领域的知识、观念和思维方法。从这个意义上讲,科学探究能力的形成需要以具体科学领域的知识和技能为基础。它需要的是学生自己形成的、能够用来分析情境和提出问题的、灵活的、结构化的学科知识和技能,不需要的是我们现在用机械重复操练的方法让学生

---

[1] 杨向东,华东师范大学教育学部教授,博士生导师。

"夯实"的碎片化的学科知识和技能。只有当学生具备了组织化和结构化的领域知识、概念和方法，他们才能真正深刻地理解情境，提出和解决问题，也才能促进核心素养的发展。

因此，核心素养的培养并不是不需要学科知识和技能了。恰恰相反，核心素养导向下的教学对学科知识和技能的要求反而是提高了。例如，在科学探究能力的培养中，学生需要根据当前探究的问题，制订一个具有可操作性的实施方案。试想，完成这一任务，和回答当前考试中常见的实验有什么原则、有哪几种实验方法等问题，哪种情况对学生相关知识和技能的要求高呢？显然是前者。仅仅知道实验原理，了解实验的种类和设计程序，并不能确保学生制订出符合具体探究问题的实施方案。后者需要学生能够选择和组织相关学习知识、实验原理和探究方法，根据当前特定需求和条件审慎选择和组织，能够灵活运用和整合。类似的，在实际探究过程中，学生需要随时判断探究方案的实施情况，反思和检验所获得资料或数据的必要性和合理性，修改和调整探究方案，等等。之后，学生需要整合探究问题、已有假设、资料或数据结果、相关原理或理论，形成自圆其说、基于证据的论证和解释。所有这些都和当前特定的探究问题及其所涉及的相关领域知识、技能、思维方式和探究模式有着不可分割的关系。

正确理解核心素养和学科知识之间的关系，需要我们重新理解什么是学习。美国教育心理学家德伯劳科曾将学习概括为如下四个维度的整合：（1）从事实到概念，到关系，再到结构；（2）从事实到方法，到学科方法论，再到学科本质观；（3）从知道到理解，到应用，再到综合；（4）从有限迁移到中等程度迁移，再到全面的迁移。第一个维度是我国中小学教师最为熟悉的学科知识和技能。然而，此处的提法有两点值得反思。首先，讲到学科知识和技能，教师往往局限于学科的概念以及阐述概念和概念之间的关系的原理层面。而如前所述，核心素养的培养需要让学生形成结构化的知识和技能体系。其次，概念和原理的学习不是从教师讲解或定义的背诵开始，而是从事实入手，通过让学生与源于现实世界的真实情境互动，实质性地形成概念和掌握原理。

第二个维度即我国基础教育当前所提的学科过程与方法。值得反思的是，当前对学科方法的理解多停留在零碎的技能层面，而对深层的学科思维方法和探究模式关注不够，更别提对学科本质的理解了。此外，学科方法的学习也不是从教师讲解开始的，依然需要从事实入手，让学生在解决情境化任务过程中潜移默化地形成方法，发展思维方式。对于学科过程和方法，这一点尤其重要。这是因为学科过程和方法属于程序性知识，是无法用语言讲解清楚的。举例来说，我们每天都用筷子吃饭。但是你是否意识到，当用筷子把菜夹起来的时候，回到什么地方，你的嘴巴开始张开？事实上绝大多数人是不知道的。这是因为用筷子吃饭属于动作技能，是程序性知识，是自动化的。美国著名教育心理学家加涅将我们思考一个问题如何解决的技能称之为智慧技能，同样属于做事的程序性知识。学习程序性知识最好的方式就是做中学。试想，培养一个铁匠最好的方法是什么？不是去读有关打铁的知识，而是将其直接送到铁匠铺里去做学徒，在两三年的时间里，徒弟跟着师傅天天打铁。其实，针对每一块原料，打造不同的工具，具体的打铁过程都有细微的差异。原料的材质，煅烧的温度和时间，锻打的程度，淬炼的时机和程序等，都需要结合特定情境具体分析和判断。什么时候我们给徒弟一块新的原料，他能够根据原料的特性，打造出一件符合用户要求的合格工具，我们才可以说他掌握了打铁的方法。学科过程和方法的学习也是同样的道理。学生在学习物理的时候，教师需要创设基于现实世界的真实情境，指导学生从日常经验出发，逐渐过渡到学会用物理思维方式和探究模式来分析情境和提炼问题，解释和论证问题。在这一过程中，学生会逐渐意识到物理是用怎样的方法分析现实世界中的各种现象的，明白物理概念何以形成以及为何形成，知道如何用物理的概念体系和符号系统把一个原本是生活现象的情境转化成一个物理现象或模型，采用怎样的套路，遵循怎样的原则去解释和论证问题。如果在一段时间的物理学习中，教师能够创设一系列不同的任务情境，学生就会像学习打铁一样，潜移默化地理解和掌握物理思维方式和探究模式，逐渐意识到"物理的"形成和解决问题的方法和原则。类似的，如果生物、化学等科学学科的学习都采用类似的方式，学生就在与各种各样情境的互动过程中，逐渐意识到化学和生物等领域思考和解决问题的共性，形成"科学方法论"。当学生能够掌握科学是如何思考和解决问题的，就能够深刻地理解科学（学科）的性质，意识到科学所能解决问题的范畴和边界，反思科学的价值和不足，学科本质观自然就孕育在其中了。

生活中存在各种各样不同复杂程度的情境。通过改变情境的结构化程度以及解决其中蕴含的任务所涉及的因素多少和关系，可以创设各种复杂程度的情境化任务。简单的、结构良好的情境可以让学生相对容易地提炼特征，形成概念。复杂的、不良结构的情境需要学生整合相关的概念、原理、理论、思维方法和探究模式才能深刻理解。因此，教师通过创设各种各样的情境，设置不同复杂程度的情境化任务，可以引导学生从情境中形成概念，学会用概念分析和理解情境，逐渐过渡到综合不同的学科知识、技能、思维方法、探究模式、价值观念，理解复杂的、开放性的现实情境，能够提炼问题，论证和解释问题。从知道如何形成概念，到能够综合各个方面分析复杂情境，体现的正是德伯劳科所讲的第三个维度。这个进程在学生探究能力上表现为能够从思考和解决有限迁移的、相似的情境化任务，到不断整合迁移程度较远的任务，直到能够直面现实生活中跨学科的、复杂的、陌生的、没有固定答案的任务，即所谓的全面的迁移——第四个维度。

以图1的方式整合上述四个维度，可以形成如下对学习的理解。所谓学习，是个体在和各种各样的情境持续互动的过程中不断解决问题、创生意义的过程。在这一过程中，情境是学习发生的载体。情境通过活动，并和活动一起促使个体获得知识、发展观念。在广义上，情境即是个体存在于其中的日常生活。所谓真实情境，即是个体所处的各种日常实践。当学生能够综合在不同学科（领域）中形成的结构化知识和技能、学科思维方式和探究模式，以及各（学科）领域所孕育的价值观念，去解决现实生活中复杂的、开放的、陌生的、没有固定答案的问题和任务时，我们就看到了高水平的素养表现。这种表现显然和各（学科）领域知识、技能、方法、思维、观念的学习是密切相关的。

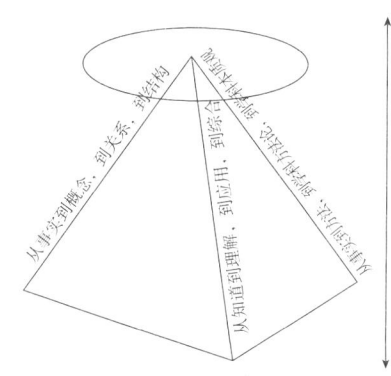

图 1　核心素养、情境与学科知识的关系

按照这种思路，我们可以给核心素养作一个界定。核心素养是个体在面对复杂的、不确定的现实生活情境时，能够综合运用（跨）学科观念、思维模式和探究技能，结构化的（跨）学科知识和技能，世界观、人生观和价值观在内的动力系统，在分析情境、提出问题、解决问题、交流结果过程中表现出来的综合性品质。在这个意义上，核心素养是"知识和技能""过程与方法""情感、态度、价值观"的三维目标的整合。这种整合发生在具体的、特定的任务情境中。教育或教学的功能就在于选择或创设合理的情境,通过适当的活动引发学习,促进学生核心素养的发展。

怎么使知识的学习成为素养?

余文森[1]

提出素养,不是不要知识,而是要知道怎么使知识的学习最终转化为人的素养。

要使知识转化为素养,必须经过三种学习:一是完整的学习,二是原生态的学习,三是体现学科本质的学习。首先,完整的学习也是系统化的学习,这里体现的是学习的本性、共性。所有学科的学习都必须体现学习本身的规律性,不论哪个学科的学习都要经历学习本身的完整过程。其次,学习是每个学生个人的学习,学生是学习的执行者、参与者,学习需要整个生命的参与,学生的生活、经验、情感、思维、精神都要参与到学习中来。因为,素养就是外在的知识和人内在的所有东西产生化学反应的结果,这就要求学习要体现学习者的个性,原生态学习就是指个人在学习。再次,我们现在学习毕竟还是分学科进行,学科是学习的对象,基于学科本质的学习,体现了学科的特性和价值,这也是深度学习,只有通过这种学习才能形成学科核心素养。通过这三种学习,知识才能转化为素养。

完整的学习体现学习的本性,只有完整的过程才能构成真正的学习。日本教育家佐藤学先生认为,学习是一种完整的对话实践,包括与文本、客观世界对话,跟老师、同学对话,以及跟自我对话。传统的儒家观点认为,完整的学习要经历五个环节,即学、问、思、辩、行,只有这样才能培养知行合一的真君子,汲取的是知识,学成的是一个有教养的人。为什么一定要进行完整的学习?就像人吃饭,一定要经过完整的消化过程,才能把食物转化为我们需要的营养素,一定要通过咀嚼、吞咽、消化、吸收,这个过程缺一不可。所以教学不能贪图方便,不能走捷径。这一学习的过程以认知心理学的观点来看,就是信息输入、信息加工、信息输出的过程。就像工厂,原材料进来,有价值的产品出去。现在的许多课堂,教师很会"剪辑",一些教师可能认为通过"剪辑"可以去掉很多不必要的环节,教学效率大大提高,这

---

[1] 余文森,福建师范大学教授。

其实是不行的。只有通过完整的学习，才能实现知识向素养的转化。我把学习过程划分为阅读、思考、表达三环节，倡导一种认知加工式的学习，这样的学习培养的核心就是阅读力、思考力和表达力。

除了学习的本性，我们还要看到，学习是一个一个具体的人在学习，所以不同的班级呈现出的学习情况肯定是不同的，这就需要原生态的学习。学习不是一个简单的知识传递—接受的过程，它需要每个人的参与。外在知识只有和学生的内在世界产生化学反应，才能转化为学生的素养。这个参与包括学生的生活、思维、经验、情感、个性等，是全面的参与。重点有三个方面：第一，学生的经验必须参与。不论哪一学科，如果不能联系学生生活，都很难实现素养的形成。现在的课堂教学强调情境化，而最重要的情境就是学生已有的生活经验。没有经验怎么会有理论，没有生活怎么会有科学呢？教学肯定要从学生最熟悉的生活开始。学习过程就是从经验到理论、从生活到科学的过程。第二，学生思维必须参与。这个思维是本真的思维，独立的、个性化的思维。即，学生的思维不能被教师或者教材替代，也不可以是一个"好学生"替代所有学生。有时候学生的想法、思考、观点看似"幼稚""怪诞""偏离主题"，却反映了学生真实的个性化的思考。如果学习缺少学生的真正参与，就算教材写得再好，教师讲得再棒，都没有用，都形不成素养。学习最本质的东西就是学生的参与。第三，除了经验参与、思维参与，情感也需要参与。课堂教学必须尊重学生的情感需求和倾向。

体现学科本质的学习就是用学科的方式学习学科，用地理的方式学地理，用数学的方式学数学。每个学科都有自己的特性，所以，学习必须彰显这种学科的特性。从教学角度来看，每一门学科的教学必须体现该学科特有的精气神，语文学科的教学要讲究语文学科的精气神，要注重人文气息的熏陶，让学生感受文学、文字的魅力；数学也有数学的精气神，它强调逻辑严谨，体现缜密的思维。这样的学习才会体现学科特性，触及学科本质，从而形成学科核心素养。

基于核心素养教学改进的落地 导引

"知识"内化为核心素养的N种路径

吴怡超[①]

有人把"知识"和"素养"对立起来,认为素养的提升似乎与知识无关。其实,杜威对学生的"经验"知识就非常重视,他说,今天比以往任何时候都在更大程度上要依赖自然科学和社会科学的事实和原理的知识。[1]杜威对"经验"的强调,并不以牺牲知识教学为代价。雅斯贝尔斯也曾说,大、中、小学教师都有责任维持秩序和形式,以使世界的精神财富流传下去。[2]这里的"精神财富"多指人类社会千百年来积累下来的各学科各门类的方法知识。

关于知识的内涵至今没有统一明确的界定。本文所指的"知识"除人类在实践中认识客观世界(包括人类自身)的成果外,也包括方法类知识等。一旦掌握了科学的方法,就能够自己搜寻更有用的知识,从而"学会学习"。我们要做的是,如何让知识学习真正为素养提升奠定坚实的基础。下面笔者结合课堂教学和习题编制的日常实践,尝试从三条路径谈"融知识入素养"的具体做法。

一、以"问题"为支架,固化知识的理解和习得

教师的教学应更多地着眼于激发学生的问题意识,培养学生探究问题的能力;让学生带着问题走进教室,带着更多的问题走出教室,让问题成为教与学之间的支架,逐步在探究的过程中理解和习得方法知识。

1. 尊重学生问题生成,促进知识的理解和习得

不可否认,当前大多情况下,确定课堂教学内容的主动权依然掌握在教师手上,学生大都只是扮演了"学"的角色,课堂所学内容未必就是适合学生学习发展需求的。如果用学生的先行学习来设计课堂教学内容,会更有效地促进深度学习。教师"教"的真正价值在于为学生的发展提供支持,而不是一味展现自身能力;教师在课前应对学情做好充分了解,并将其体现在课堂教学中。

以《紫藤萝瀑布》为例,课堂教学以解决学生问题为主线,激发学生学习热情,发挥非智力因素对知识学习的促进作用。

---

① 吴怡超,浙江省温州市实验中学教育集团中学高级教师。

"疑者，觉悟之机也"，"学贵有疑"，质疑是探究知识的开始，也是开启新知的基础。课堂教学第一个环节，出示学生提问（图1），共14人提出相关问题。

> 1. 作者开头"我不由得停住了脚步"和刀尾"我不觉加快了脚步"体现了作者怎样的情感？
> 2. 整篇文章都表达了作者怎样的思想感情？
> 3. 作者描写了自己眼前的紫藤萝瀑布，并且还回忆了十多年前的紫藤萝，这两者有什么不同，表达了作者什么样的感情？

图1 学生提问

这个问题暗含了比较阅读的思维，基于班级内不少学生的阅读困惑，课堂以此为学习起点。根据学生问题，要求比较阅读第2~6段和第8段，先进行圈点勾画（或批注），再把板书补充完整（表1）。

表1 《紫藤萝瀑布》比较阅读表

比较内容	第2~6段	第8段
紫藤萝花的特点		
作者"我"的情感		

在这个环节的学习过程中，学生逐步理解和习得用比较的方法知识去阅读分析不同年代的紫藤萝之间的异同之处，以拓宽视野，加深理解。同时，也为运用比较阅读的方法学习本单元自读课文《一棵小桃树》做好铺垫。

紧承上一环节的学习，出示学生阅读过程中的另一处困惑（图2）。图中第二个问题很有思维含量，它可以分解成两个小问题：

（1）藤萝是植物却要用"流"这个词？

（2）为什么紫藤萝能流进人的心底？

尊重学生的问题，针对他们的困惑点引导学生理解文中"我"和"花"的关联点，习得本课托物言志的手法，从而逐步走向文本纵深处。

课堂教学只有尊重学生的自主质疑，才能促进知识的理解和习得。教学组织从个体生命自我意识、自主成长、自觉建构的方式以及主体生存发展的实然状态去把握、落实学习的价值和意义，我们期待的"好的学习"才有可能发生。

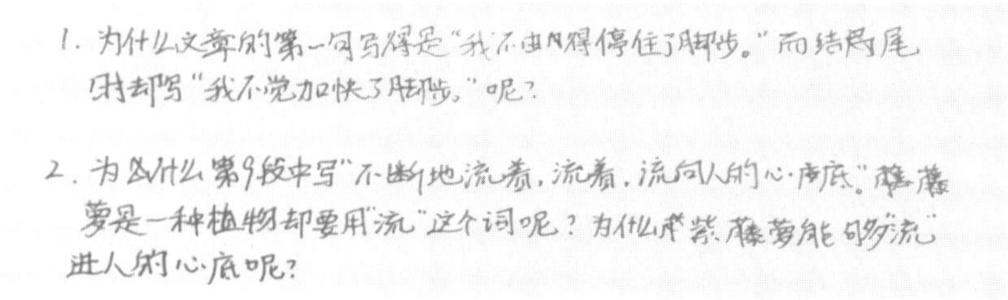

> 基于核心素养教学改进的落地导引

1. 为什么文章的第一句写得是"我不由得停住了脚步。"而结尾时却写"我不觉加快了脚步。"呢?
2. 为什么第9段中写"不断地流着,流着,流向人的心底"。紫藤萝是一种植物却要用"流"这个词呢?为什么紫藤萝能够流进人们心底呢?

图 2　学生提问

2. 运用"个"方法,固化知识的理解和习得

统编教材有 5 个渠道体现知识体系和能力点,分别为:单元导语;思考、拓展题;综合性学习、写作、名著选读;每个单元的一两块"补白";教师用书中的列表。每个单元内有教读课和自读课,教读课理解习得"个"方法,自读课运用"个"方法加以固化,是语文教学之要务。比如,《紫藤萝瀑布》作为统编教材的教读课,教师关注学情,激发阅读兴趣,在教师引领下让学生理解习得"比较阅读""托物言志"等"个"方法,之后,在《一棵小桃树》等自读课中加以运用固化。教读课中,比较阅读关注了遣词造句、布局谋篇、景物特点的比较探究;自读课中,可以运用这一"个"方法举一反三,关注同一题材不同文本、课文与原稿、教读文与自读文之间的比较探究以达到固化知识的功效。

需要注意的是,"个"方法的理解、习得和运用不应该是教师"满堂灌"、学生"死记硬背"的内容,而应该是学生在学习过程中自然而然"发现、生长"的结果。如果教师只是硬塞给学生枯燥的概念,那这些概念只能称其为"符号",而非知识。"符号"是机械僵化的内容,不是本文所指的方法知识,它不具备知识本身的价值和意义。真正的知识,是学生"站在前人的肩膀上",通过体验、演绎等促进"语言建构与运用""思维发展与提升"等核心素养的发展,从而内化为个体生长的力量。

二、以"任务"促合作,深化知识的运用和迁移

良好的学习任务设计会促进小组合作学习的积极性,自然也能影响知识运用和迁移的有效性。开放性的、挑战性的任务比封闭性的任务能更有效地提升合作学习的品质和深化方法知识的成效。开放性的学习任务能激发学生的想象力,能够促进多元"声音"的产生,自然也能有效促进学生的多元理解。所以,适切的任务设计对于知识的运用和迁移非常重要。

1. 关注学生合作体验，推进知识的运用和迁移

自读课主要是让学生自己读，把教读课学到的方法运用到自读课中，学习过程以合作的方式让学生自己去体验。比如，一位教授教学《一棵小桃树》，布置了下面这个课堂学习任务，要求小组合作学习：

（1）选择一处，揣摩上下文中对小桃树的描写，联系"我"的句子，体验并朗读描写中的情感。

（2）小组交流，达成共识，并合作朗读。

在这一学习任务的设计中，教师着重引导学生学习运用"比较阅读"这一方法，让学生自己合作体验，紧扣"我"和小桃树之间的联系进行探究。开放的任务设计激发了学生自主合作学习的热情，学生比较阅读的内容丰富多彩，联系了小桃树和"我"儿时的梦、成长的经历、对奶奶的回忆、哀伤以及希望等，在小组合作学习的分享交流中，多元"声音"兼容，多样解读并存，加速推进了"比较阅读"方法知识的运用和迁移。

2. 归结"类"方法，深化知识的运用和迁移

笔者在编制《说和做——记闻一多先生言行片段》一课的习题时，关注了"细节描写"这一知识的引入介绍，这源于教材"思考探究"中"本文在叙述中注意通过细节描写来展现闻一多的人物形象"的启发。"细节描写"作为初中学段的重点学习内容，如何引导学生深入理解习得并学会迁移运用？"类"方法的归结值得一试，即从不同文本中归"类"出共性和规律来深化这一方法知识。以下为教读课《说和做》中关于"细节描写"这一知识的学习任务设计（图3）。

5.精读第三段，回答问题。

（1）读书时，我们总是"于细节处见精神"，参照示例，找出细节，发现精神。

> **知识卡片**
> 细节描写是指抓住生活中的细微而又具体的典型情节，加以生动细致的描绘，它具体渗透在对人物、景物或场面描写之中，是刻画人物精神的最重要方法。

【示例】细节：一个又一个大的方格竹纸本子，写满了密密麻麻的小楷，如群蚁排衙。

精神："群蚁排衙"运用了比喻，生动形象地写出了小楷字写得多而工整，侧面衬托闻一多先生勤奋刻苦和治学严谨的态度。

图3 《说和做》中关于细节描写的学习任务设计

再来看自读课《回忆鲁迅先生》中同一写法这一知识的运用和迁移（图4）。

基于核心素养教学改进的落地导引

学习任务三

语文课堂上，老师邀请几位同学上台开展"发现鲁迅"自读课微沙龙活动，下面是同学们交流内容的节选部分，假设你身处其间，请把对话补充完整。

【甲】在我看来，萧红的回忆是最贴近鲁迅心灵的，她以女性特有的细腻感觉，捕捉日常生活琐事，为我们提供了许多独特又具体可感的细节。从细节看人，是非常重要的方法。谁愿意谈谈给你印象最深的细节是什么？从中你发现了一个怎样的鲁迅？

【乙】鲁迅把白天大量的时间用来陪客人，便只能彻夜工作。文中用汽车的"嘟嘟"声来衬托_____，用窗户和灯泡的光衬托_____，这里着重写先生"坐着"，发现鲁迅_____。

图 4 《回忆鲁迅先生》中关于"细节描写"的运用和迁移

因为有了教读课中关于"细节描写"这一知识的任务设计，自读课中"从细节看鲁迅"的学习任务也就变得顺畅自然，两者既互为呼应，又逐步推进，"类"方法的归结有效深化了知识的迁移运用。

这些任务设计往往体现了习题的序列性、连贯性，降低了习题的难度，激发了学生的兴趣，能给予学生知识方法上有效的指导，切实促进语文素养的提升。其实，学习任务中对知识的运用，并不在于知识的确定性和稳定性，而在于它的运用和发展。很多知识的固化习得和深化运用，往往隐含在完成学习任务的过程中。需要关注的是，知识本身固然重要，但相比之下使学生掌握分析知识、选择知识、更新知识、运用知识的能力更为重要。

三、以"全景"育思维，内化知识的创新和生长

在教与学的过程中，学生能习得并恰当运用一定的知识是我们的教学目标。在此基础上，为了让学生更深入地理解所学知识，教师应为学生提供"全景立场"，即不同的甚至相互冲突的观点，让学生通过比较，形成自主性判断，发展自己的思维。这些思维包括批判性思维、创造性思维等，从知识到能力，从语言到思维，螺旋上升，逐步形成支持学生深度学习的语文核心素养。

"全景立场"中，学生在认识世界的同时，学会批判、比较、包容、接纳，学会自主表达自己的立场、观点，这些都是我们教学上更惊喜的收获。随着分析、评价、创造等高阶思维能力的养成，知识的创新和生长就有了更多可能。由此，笔者在名著阅读课中做了一些尝试，下面以课外整书阅读和课内片段阅读的"全景立场"为例谈高阶思维的培养对知识创生的促进。

1. 提供"全景立场"，培育知识的创新和生长

在阅读教学中，为学生提供"全景立场"，尽可能多地提供不同的甚至相

互冲突的观点，可以促进学生比较、判断，培养批判性阅读思维能力，以期培育新知识、新观点的生长。下面是笔者在《西游记》整书阅读教学中所做的尝试，大致流程如下。

（1）课前学习任务：请你就读者立场评价《西游记》是一个 _____ 的故事。

（2）课堂学习：请尽量多的学生就课前任务发表看法，适时板书关键词并小结。学生提炼出的关键词如下：神魔奇幻、造反叛逆、成长哲学、励志故事、英雄传奇、江湖好汉、执着勇敢、见义勇为、团结有责任感、征服的渴望、大无畏、有英雄气概的……

以上阅读结果很能代表大多数学生对《西游记》的认知。

再接着，引导学生开展批判性阅读，发现《西游记》故事的"特别之处"，并布置了一项小组合作学习任务：跳读第6、32、34、74、75、76、85回，发现故事的特别之处（可着眼于某个细节，亦可立足于发现规律）。要求：①提炼关键词并板书；②表达观点；③紧扣人物和情节具体表述。

此处小组合作学习的时间尽量充分，由各组提炼出一个关键词，派代表上台板书。请学生回答时尽量开放，《西游记》广博精彩，鼓励学生从不同角度谈见解，言之成理就可以了。结果学生呈现出与之前阅读迥然相异的新结论、新观点：

童心、游戏、非逻辑的想象、顽皮机智、喜剧、欢乐、情义、委屈、愚钝、爱面子、充满野性、天真烂漫、调皮任性、童话精神……（内容类）意外、紧张、对比、一波三折……（方法类）这种阅读活动的目的在于促进学生精读作品，深读作品，真正沉浸到作品中去。每一个学生在相异的观点面前，只要能沉浸在文本中，必能唤醒和激发思想的动能乃至本能，批判性阅读必能就此展开，知识的创新和生长也就水到渠成。经过日常教学中这样一个个"全景立场"的打开，评判分析论证过程的推进，批判性阅读这一思维方式才能慢慢"融"进学生的生命里，知识的创造性生成也便纷至沓来。

2. 注重开放评价，内化知识的创新和生长

随着课改的深入，大家越来越认识到开放性评价对于培养阅读能力的重要性，阅读者对作品的独立反思及在此基础上所做出的自主性和批判性表达尤显珍贵。无论是日常习题的编制，还是学业成绩的评定，都要着眼于语文学习对学生终身发展的意义，力求体现态度与习惯、过程与结果、听说读写思能力的全面整合。当前，语文学科的评价方式日渐丰富，如笔者在教读课《邓稼先》一课的作业编制中有类似的呈现：

再读文章第三、四部分,回答下列问题。

(1)朗读句子,写出下列加点词在语段中的作用。

(2)[甲][乙]中的奥本海默和邓稼先,同是领导制造原子弹的科学家,虽有历史人物的共性,但更有各自的个性。你更欣赏谁?请写出理由。

我更欣赏_____,他_____。

学生要学会自主表达自己的看法,并利用文本材料加以解释分析,这是一种方法知识上的延伸和内化。教与学的实践中存在很多"会思考"但"不愿思考"的学生,我们应该着力培养学生积极开放的心态和勤于思考、独立思考、质疑探究等习惯,帮助他们内化知识,促进创新和成长。

当我们对知识教学或命题注重开放评价的时候,课堂教学和作业编制不再是单纯的"填鸭""记忆"和"机械检测",而是能够真正将"知识"内化到学生的认知结构当中去的教学行为。当然,将"知识"内化为核心素养的路径不只前文提及的几种,相信更多的实践探索会带来更多的可能。

参考文献:

[1](美)杜威.学校与社会:明日之学校[M].赵祥麟,任钟印,吴志宏,译.北京:人民教育出版社,2004.

[2](德)雅斯贝尔斯.什么是教育[M].邹进,译.北京:三联书店,1991.

第五节　实践者的认识

我的核心素养观

庄惠芬[1]

近日重读怀特海的《教育的目的》，发现封面上写着这样一句话："学生是有血有肉的人，教育的目的是为了激发和引导他们的自我发展之路。"确实，自我发展才是最有价值的智力发展，我们都生活在一个数字化的时代，数据、符号、图表、模型逐渐成为重要信息，越来越多的创想已经逐步变成现实，儿童的人格发展、思维方式、价值判断以及解决问题的能力，无时无刻不在影响着他们未来的生活。

因此，从美国"21世纪的技能"、日本"21世纪型能力模型"、新加坡21世纪素养的结构模型、联合国核心素养的学习领域框架，到全世界都聚焦"核心素养"，到大家纷纷对"素养和素质有何区别""核心素养与学科核心素养是否有交叉""核心素养与关键能力的关系"等问题争论不休的时候，我想说的是我们似乎没有时间去思考这么多的名词解释，这么多的概念界定，这么多的争论不休。

此前，教育部组织专家制定并修改完善《中国学生发展核心素养》总体框架，而作为一线校长的我们真正要思考的是：这些核心素养如何在学校的教育教学中落地？如何在儿童的日常生活中滋长？如何将这些文本的要求化为儿童鲜活成长的力量？星河小学基于此前的办学思路，在深入思考上述问题的基础上形成了"核心素养发展12345模式"。

一、一个中心：儿童成长中的"儿童"是谁

我认为儿童是独特而精彩的自我，儿童是上帝派给我们的天使，儿童是最美好的事物的中心。每一个人对儿童的不同理解意味着每一个人都对儿童有不同的认识。儿童立场有着丰富的内涵，但其特质与核心是如何看待儿童

---

[1] 庄惠芬，江苏省常州市武进区星河小学校长。

和对待儿童。只有真正认识儿童和发现儿童,才能坚守儿童立场。

"儿童是大自然最美好的杰作。"他们的起点非零,拥有其自身发展的全部凭借,具有与生俱来的语言、思维、学习、创造的本能。儿童是天生的学习者,潜能无限,是教育教学中最重要的学习资源。要相信每个孩子都有自己的天赋,也许他学习不好,也许他看起来不是那么出类拔萃,但是要坚信孩子一定有自己独特的地方,每个孩子都可以很优秀,没有什么比让孩子拥有温馨幸福的爱和回忆更重要,真诚的充满智慧的爱会成为孩子有所成就的最根本原因,爱会让孩子充满自信,会激发孩子无穷的潜力,同时这份幸福也能温暖父母的每一天。

二、两个特性:内隐性和统摄性

1. 内隐性:核心素养是无形之物

素养是人的内在之物,核心素养是指个体在日常核心学习过程中积累的核心经验基础上对核心"体验""反思""提炼""感悟"所形成的结果,并将这种结果内化为自我的"核心头脑"和"核心品质"。作用于分析和解决核心具体问题以及其他一些现实问题,形成自我的思维方式、核心模型与核心能力,并不断转化为一种内在的、稳定的、整体性的"核心"要素,促进儿童父母生命成长。

2. 统摄性:核心素养是有形之魂

核心素养是导向性的,是在为好念头、好思路、好猜想提供方向,是素养产生、发展的根源,是解决问题的向导。核心素养是具有统摄性的,对核心知识与能力、核心思想与方法、核心思维与经验具有强大的凝聚力,举一纲而万目张,如果说核心能力是素养的结晶,那么核心素养往往起到结晶核的作用。当然,核心素养也是一般的、必需的、个体的,是在学习、生活、生产和创造中必不可少的、起到积极作用的。核心素养也是关键性的,是核心学习的灵魂,这些特征表现在日常的生活之中。

三、三组体系:目标体系、课程体系、评价体系

1. 学校的价值选择:从学业至上走向儿童中央

《教学勇气:漫步教师心灵》的作者帕尔默说:教学就是无止境的相遇。那么在这不断的相遇过程中如何让孩子留下难忘的回忆,如何汲取一生的素养,如何获得人生的力量,这是我们需要思考的问题。学校的课程育人目标体现着学校的教育哲学与价值追求。星河小学对所有的教师、学生、家长进行意见征集和需求分析,"办一所人人有好奇心、个个有创造力的创想学校"

的办学愿景成了大家共同的价值追求,"每一个孩子都是银河中最闪亮的星星"是我们对孩子最基本的认识,并直接诉诸学校的培养目标。那么,在小学阶段这一目标体现为怎样的样态呢?结合对家长、学生、教师等的广泛调研,我们确定了培养"星河娃"的四个关键价值取向:端行、好学、健美、乐创。根据星河小学学生的实际,国家课程的要求与学校核心追求的融合,将"星河娃"的核心素养具体化为普适目标与个性目标。

2. 课程的价值选择:从整体设计走向整体实践

课程是学校办学的核心,体现着学校办学的价值追求,建构课程就是对学校办学内涵的提升,课程实施水平体现着学校办学水平。为了使"星河娃"不仅达到甚至高于国家课程标准中的各项要求,而且使自我的个性化发展需求得到充分满足,我们界定了学校课程的核心概念,经过对家长、学生、教师等的调研和专家的多次指导,以心理学与脑科学、神经科学、人类学作为理论工具,以活泼的儿童为中心,提出了"儿童创想课程"的课程结构模型;同时,围绕"每个孩子都是银河中最闪亮的星星"的育人目标,"端行""好学""健美""乐创"的核心素养和"好奇心""想象力""创造力"三个关键目标,在高质量实施国家课程的基础上,通过对学科核心知识、关键能力的梳理和统整,根据课程目标,分解为核心课程群、协同课程群、支撑课程群。其中科学领域、人文领域、艺术领域的课程是儿童创想课程体系中的"核心课程"。学校旨在通过课程结构的创新实施,积极探索小学生认知规律和身心发展规律,培养具有智慧之脑、健康之体、审美之眼、创造之心、责任之肩的当代小学生。

3. 评价的价值导向:从学科知识走向个体素养

护照伴行。《创想护照》从课程目标的五个维度致力发展学生的个性和学力,赋予"学习"以全新的价值。"护照"即"身份证明"和"通行签署手续",人手一本的创想学院电子护照,是一本包含了学生创造活动任务指导、创造课程参与记录、创造成果展示、创造性评价功能的手册,他们用这本护照记录下自己的成长历程。

分段创生。在评价过程中,学校根据学生的年龄特征、智能差异和学习风格,根据课程的内容特征、表现形式和涉及领域,设计了丰富的评价活动方式:低年级采用观察记录、面谈采访、表演展示、创想小卡片等形式;中年级采用问卷调查、问题解决、对话日志、自编报刊、创想档案袋等形式;高年级采用模拟表演、项目活动、个人网站、课题报告、学习档案等形式。

学期创意素养考核让学生的多元智能得到立体评价,让考核评价成为奇妙的旅程。星河小学努力将儿童培养成心灵自由、拥有无限创造力的"超级星星"（super star），努力使学校成为孩子们自由成长的臂膀，成为他们终生难忘的地方！

四、四梁八柱：四维驱动、八方着力

华东师范大学钟启泉教授认为，基础教育的使命是奠定每一个儿童学力发展的基础和人格发展的基础，而人格发展的研究是首要的。此外，除了关注人格的培育，很多国家都在寻求国民教育基因改造的关键DNA，把强调"国民核心素养"的课程视为国民教育发展的基因，而学力模型研究就是要寻求国民教育基因改造的关键DNA，法国的"共同文化"、德国的"关键能力"、美国的"核心知识"、日本的"基础学力"、国际学生评估项目（PISA）的语文素养、数学素养、科学素养等研究，都是学力模型研究的适例。同时，儿童的发展还需要有着自己的文化修养和审美情趣，要有健康的身体、美好的心灵。而实现自主发展的关键，则是拥有良好的思维能力：批判性思维、逻辑思维、系统思维、发现问题的能力、适应力，以及解决实际问题的能力。于是，我们梳理出一个简约易懂的核心素养发展模型，从四个维度驱动、八个着力点，融入学校的教育实践中。人格结构：家国情怀、社会责任；学力模型：会学善思、问题解决；修养模型：身心两健、学会审美；能力结构：思维能力、实践能力。

五、五项机制：做、学、思、创、行

一体素养，是长期训练和实践中所获得的技巧或能力，也指平日的品行、气质等修养。核心素养，是在众多的素养要素中处于中心位置，最基本、最重要、最关键、能起到决定作用的素养；是在学习的过程中形成的一种稳定的个性心理特征。儿童核心素养的培育不是空中楼阁，而是伴随着每天的学习、每天的课堂、每天的生活展开，它必定要通过学科的实施得以培育和发展。儿童的素养培育不能停留在模型建构和口头要求，而需要在儿童不断的探索、体验、学习、思辨以及自我创造中形成。因此，我们提出了做、学、思、创、行一体的机制和策略。

做：儿童的头脑嵌入身体，而身体又是嵌入情境中的。核心素养的培育，要善于营造儿童探索、体验的场域，找到儿童研究、实践的动力泵；注重让儿童在动手做的过程中不仅仅获取知识，更多的是获得人文的情怀、思维的绽放、能力的增长、实践的力量！

学：儿童核心素养的培育中必然伴随着系统的学习、知识体系的构建、思想方法的习得、核心价值的引领等；需要基于核心素养的要求，通过学习目标的确立、学习素材的选择、学习活动的设计、学习过程的展开，让儿童

理解、分享、感悟和再创造。

思：核心素养的积淀是一个内化的过程，只有给学生创造思考的机会和时间，对学生思考的过程给予高层次的评定，承认其创造性，才能真正激发儿童学习的动机。核心素养的培育是一个元认知不断提升的过程，要善于启发学生通过反思自己的学习，可以自行调节学习策略，选择学习方法，培养学生的自我调控意识和能力。

创：立足学习本质和儿童学习本性出发，打造"有限开放、无限发展"的学习平台；构建"智能交互、打破边界"的课堂模式；打开"对话交互、共建共享"的学习时空；形成"主动学习、创想无界"的学习模式；构建"主题贯穿、立体开放"的课程模型……把儿童的创造赋予意义。

行：儿童核心素养的形成最终要体现在他的行动中，他的行为中。这意味着让儿童实现动手、动脑、动口的协同，让儿童的世界、儿童的生活、儿童的心灵成长能按照发展阶段的严格顺序发生数次结构性转变。因此，需要给儿童创设学以致用、持续发展的机会和平台。同时，在这样的过程中使儿童具有稳定的核心素养，让其在未来的生活、工作中发挥重要作用。

儿童核心素养的培育要求教师充分考虑儿童的个性特征，尊重儿童在教育活动中的主体地位，让儿童的身心向四面八方打开。基于核心素养的课程建构，应该让儿童找到支点、找到支撑，用想象扇动思维的翅膀，让儿童自在地站立、自如地行走、自由地奔跑、自主地建构。

核心素养及学科教学培养之我见

倪志刚 [①]

"核心素养"这一概念近年来广受关注。特别是2016年9月我国"学生发展核心素养"框架体系发布之后，"核心素养"一词更被广为热议，并引出了"学科核心素养""教师核心素养"等一系列概念。不难理解，这是因为涉及了"学生发展核心素养"培养的途径和对象，其相互间有着一定的逻辑关系。本文就此略陈己见。

[①] 倪志刚，上海市徐汇区教育学院副院长。

基于核心素养教学改进的落地导引

一、核心素养的本质是学生的全面发展

受教育部委托研究并得到教育部认可发布的"学生发展核心素养",是以科学性、时代性和民族性为基本原则,以"立德树人"、培养"全面发展的人"为重要理念而确定的。其文化基础、自主发展、社会参与三大领域以及人文底蕴、科学精神、学会学习、健康生活、责任担当、实践创新六大素养,是每一位学生适应未来社会发展所应具备的共同素养,也是每一位学生适应个人终身发展所应具有的必备品格和关键能力,符合当今教育发展的趋势和中国教育改革的现状。

1. 提出核心素养是教育理念创新

进入 21 世纪以来,为适应经济全球化的发展,一些国际组织和欧美、亚太国家及地区,都在思考"培养什么样的人"和"怎么培养人"的问题,相继建立了学生发展的"核心素养"模型。

2006 年 12 月,欧盟(EU)通过了关于核心素养的建议案,提出的核心素养包括:母语、外语、数学与科学技术素养、信息素养、学习能力、社会与公民素养、创业精神以及艺术素养等八个领域。2013 年 2 月,联合国教科文组织(UNESCO)发布报告《走向终身学习——每位儿童应该学什么》,基于人本主义的思想提出了基础教育阶段的核心素养,包括:身体健康、社会情绪、文化艺术、文字沟通、学习方法与认知、数字与数学、科学与技术等七个维度,使人的情感、智力、身体、心理诸方面的潜能和素质都能通过学习得以发展。[1]

美国在 2002 年就制订了《"21 世纪素养"框架》,从三项技能领域给出了若干核心素养:(1)学习与创新技能领域,相关的素养有批判性思维和问题解决能力、创造性和创新能力、交流与合作能力;(2)信息、媒体与技术技能领域,包括的素养有信息素养、媒体素养、信息交流和科技素养;(3)生活与职业技能领域,包括的素养有灵活性和适应性、主动性和自我指导、社会和跨文化技能、工作效率和胜任工作的能力、领导能力和责任能力。[2]

尽管表述有所不同,但有着诸多本义相同或含义相近的关键词,如语言(强调了人际交流方面的素养)、技术(突出了现代科技方面的素养)、社会(体现了公民意识方面的素养)、文化(凸显了人文情怀方面的素养)等,这些既顺应了社会、科技和教育发展的趋势,体现了现代教育理念,也显示出教育回归本真,由知识为本位向以人的发展为本位的转变,能够促进学生在 21 世纪更好地生存、生活与发展。

2. 核心素养与素质教育一脉相承

相对于域外提出的"核心素养",我国除了具有上述特征外,还特别强调

了自主、健康、责任、实践、创新等，这与我国自20世纪90年代开始，广泛、持续开展的"以培养学生创新精神和实践能力为重点"的"素质教育"理念是一脉相承的。既然如此，有何必要再提"核心素养"呢？这就需要理解其与"素质教育"的异同。

首先，"素养"与"素质"是有质性区别的，"素养"是指一个人的修养，包括了人的品德、品行和品格。知识、技巧和能力是可以通过自身修炼、外在教化养成的，是可以通过努力而丰富拓展、提升发展的。"素质"则是以人的某些生理基质和心理功能为基础，通过活动逐渐发展的、稳定的、并能长期发挥作用的基本品质。"素养"与"素质"的区别主要在于："素养"主要形成于后天的养育环境和教育活动，"素质"则除此以外，还含有先天的、遗传的因素。

其次，"核心素养"与"素质教育"虽然提法不同，但从教育的角度而言，两者有着相似之处，培养学生的"核心素养"就是培养学生"素质"中除先天和遗传因素之外的那些要素。两者的异同，还在于"核心素养"的培养同样遵循着"素质教育"的"面向全体、全面发展"理念，并给出了对学生发展更为丰富的、具体的重要内涵，能够更好地促进学生的主动发展、全面发展和持续发展。

因此，我们不仅要了解"素养"，还要重视"素养"的培养，并着力"核心素养"的培养，其"核心"便是那些共性的、必备的、关键的"素养"。

二、核心素养的内涵是学科的应有之义

学校的教育活动是多样的，因而"核心素养"的培养也应该是多元的。学校活动的主阵地是学科教学，要将"核心素养"的内涵融入其中，多元整合，相辅相成。

1. 核心素养为学科教学目标追求

在三维目标基础上提出"核心素养"是对目标内涵的丰富和对育人本义的追求。知识与能力，是课堂教学的本体内容，教与学都是通过它们来展开的，这是三维目标中最为基础的部分。教学应根据需达到的目标，按照学科的知识结构和学生的认知特点，在知识链中设定思维点，将知识和能力目标与核心素养体系融合。

过程与方法，是课堂教学的具体操作，将知识与能力通过活动的形式呈现，这一维度的教学目标，应视学生的实际情况、阶段程度和教学环境确立，过程比结果重要，方法比知识重要，对于培养学生的核心素养，需要体现针对性和渐进性特征。

情感、态度与价值观，既是课堂教学的目标之一，又是学生学习的动力所在。通过学生的参与和体验，既可以促进他们知识的习得和能力的形成，又能够使他们在活动的过程中养成超越知识和能力的核心素养，如人文底蕴、科学精神、健康生活、责任担当、创新意识等。

不难看出，只要能充分理解三维目标与核心素养间的关系，按照三维目标体系系统地设计教学，完全可以在教学活动中培养学生的核心素养。由此可见，核心素养的培养与三维目标的落实是高度吻合的，对学生的发展而言，可以说核心素养是三维目标的深化，而非三维目标的摒弃。

2. 核心素养乃认知发展力量源泉

学生的认知需要动力，学科教学中经常性开展激发学习兴趣、引导认知思维、组织学生实践与交流活动体验等活动，既可以促进学生学习的欲望，也可以促使学生在学习活动中不断丰富和提升核心素养。学科教学承载着学生核心素养培养的重要功能，同时，培养学生的核心素养也是促进学生认知发展不竭的力量源泉。

那么，在学科教学中如何培养学生的核心素养就是我们不得不深入思考的问题。方法固然很多，在此仅就如何启发学生思维，继而培养学生核心素养中"学会学习"的重点——思维能力，谈些一孔之见。

思维能力的培养需要火种。将学科知识转化为教学问题，通过问题情境引发学生的认知思维，从而使学生生成认知、形成能力、修成素养是一种重要策略和有效途径。创设悬念式、矛盾式、递进式、开放式等问题情境的方法不胜枚举，但不能简单地把问题作为学科教学的载体，更应使其成为引燃学生思维火花的火种。因此，创设的问题情境必须是在学生"想学"的心理基础上，符合学生内在发展需要的"真"情境，唯此才能激发学生的学习欲望、激起学生的思维活动、点燃学生的参与热情。

思维能力的发展需要导向。培养学生的思维，需要符合科学的认知规律、需要养成良好的思维习惯。学生的认知发展是有序的，除了学科知识的逻辑关系外，思维通常也有着一定的逻辑顺序，表现为学生的思维是依照意识→路径→方法→能力→素养的顺序进阶式发展的。思维能力由基本思维向高阶思维发展，例如，从基于问题理解的抽象思维，走向问题解决的逻辑思维，走向结果求异的创新思维，从而达到发散性、评价性、反思性、批判性等高层次的思维水平，并将这样的思维方式培养成学生良好的思维习惯。

思维能力的优化需要集群。核心素养的培养遵循着素质教育"面向全体"的理念，但不能片面地理解为只是适应每一位学生，更为重要的体现在于让学生群体参与。一方面需要我们组织合作式学习，共同探索复杂问题的解决，另一方面需要我们开展集群式讨论，通过相互交流、平等对话，让学生分享在同样问题的学习活动中思维的过程、方法和结果，取长补短，调整和优化各自的思维，在交流中出现的思维差异，更是优化学生思维的难得机会，可针对"矛盾"开展交锋，让学生产生思维的碰撞，引发新的问题，产生新的思维，达到新的境界。

三、培养核心素养是教师的必然使命

培养学生的核心素养为教育改革与发展注入了新的内涵，也赋予了教师新的使命。在此背景下，教师应积极思考如何主动适应，如何有效而为。

1. 应着力提升自身素养

培养学生核心素养的导师是教师，教师提升自身的核心素养则是应尽的责任。有关教师的核心素养，众说纷纭，尚无定论。简而言之，要培养学生的哪些核心素养，教师就应具备相应的核心素养。概而述之，可归纳为三大方面。

一是为人师表的育人素养。教师与其他行业的本质区别，在于具有"教书育人"的职业特性，教书的归结点是为了育人。教师要善于处理好全体与个体的关系，用真心、真爱、真情对待每一位学生，并以自身的高尚品德、健全人格、文明举止，去教化、感化和影响学生，从而培养出学生应有的"人文底蕴""健康生活"等核心素养。

二是融会贯通的专业素养。教师不仅要有任教学科扎实的专业知识和娴熟的专业技能，还要有引导和指导学生学习的能力，懂得教育学生认知的规律、教导学生探究的方法。例如，指导学生学习某一知识时，要能够从知识分类的角度，厘清陈述性知识、程序性知识、策略性知识的区别，循循善诱地引导学生了解"学什么"（陈述性知识）、掌握"怎么学"（程序性知识），并在此基础上，让学生善于"学得好"（策略性知识）。这样便能培养出学生的"科学精神""学会学习"等素养。

三是与时俱进的创新素养。当今社会的发展十分迅猛，新知识层出不穷，教师靠"老本"是守不住讲台的，是远远不能适应社会和满足学生发展需求的。教师必须与时俱进，不断学习，必须养成善于创新的素养。对原有认知形成新感受的创新，常用方法是比较，有效策略是反思，这是广大教师应有的创新素养。

面对日益便捷的信息化社会，信息的来源极其广泛，学习的途径、创新的方法日趋多元，教师还要具有信息采集、数据处理的能力，以及将信息与人分享和将信息技术与学科教学整合的能力，形成基于信息知识、融入信息

技能、应用信息教学、服务信息社会的创新素养。这是教师自身素养提升和培养学生"责任担当""实践创新"素养的时代责任。

2. 须举纲持领兼容并济

"学生发展核心素养"涉及不同领域，有着不同层次，主要是由不同学科、不同教师承担着具体的培养任务。因此，随着"学生发展核心素养"的提出，各学科的"学科核心素养"风生水起、应时而生。如"化学学科核心素养"，有的提出为"宏微结合、变化可控、服务社会、同类相似和实验探究"[3]，也有提出为"强化结构性质的联系、突出反应原理的教学、注意科学伦理的教育、注重化学思维的指导、设置真实问题的情境"[3]，还有将高中阶段的"化学学科核心素养"表述为"宏观辨识与微观探析，变化观念与平衡思想，证据推理与模型认知，实验探究与创新意识，科学精神与社会责任"[4]，等等。林林总总的"化学学科核心素养"显然都具有化学学科的特质。

但是，综观不同学科的"学科核心素养"，不难发现，其相互间既有个性，也有共性，相比"学生发展核心素养"又有挂漏。

无论是"教师核心素养"，还是"学科核心素养"，都是为了"学生发展核心素养"的培养。所以，"学生发展核心素养"是纲，一定要有统领意识，学科教学中首先应是对照并选择其中合适的核心素养加以落实，不求面面俱到，但求应有尽有。

学科教学中，"学生发展核心素养"培养的基点在课堂教学，是由内容及适宜的活动、方式、方法和手段等构成的综合、循环、开放的系统，这其中很多可以成为学生核心素养的生长点，如何恰到好处地加以培养，追求的不只是有没有安排，重要的体现是实施的效益、效果和效率。这就需要基于教学内容的多元统整、整体协调。

综上所述，培养"学生发展核心素养"，各学科需要研究出具有学科特质的重点，以便在教学活动中更好地落实。培养"学生发展核心素养"注重的是整体性，任何一门学科都是难以独行其道的，有必要做的是在"学生发展核心素养"统领下，把各学科的培养重点跨界整合，由特质提炼成共性、将重点聚焦为核心，统整到学生发展六大核心素养的内涵之中，加以兼容并济、综合运用。

总之，"学生发展核心素养"与"学科核心素养"和"教师核心素养"之间是纲与目的关系，纲之源为"学生发展"，目之术为多元融合，学科教学则应以教师的德艺将学科的内涵融汇于学生关键能力和必备品格——"核心素养"的培养之中。

参考文献：

[1] 褚宏启，张咏梅，田一. 我国学生的核心素养及其培育 [J]. 中小学管理，2015（9）:4-7.

[2] 张义兵. 美国的"21世纪技能"内涵解读——兼析对我国基础教育改革的启示 [J]. 比较教育研究，2012（5）：86-90.

[3] 吴俊明. 关于核心素养及化学学科核心素养的思考与疑问 [J]. 化学教学，2016（11）：3-8，23.

[4] 应化德. 高中学生化学学科核心素养的教学思考——以原电池教学为例 [J]. 课程教育研究（新教师教学），2016（23）：277.

核心素养重在落实

周文胜[①]

当新世纪的曙光照亮我们所生存的这个古老的地球时，怀着对未来的憧憬，世界许多国家不约而同地开始了基础教育领域的课程改革。与以往不同的是，这轮改革是和"未来需要什么素养"的讨论相伴相生的。2014年，以教育部《关于全面深化课程改革 落实立德树人根本任务的意见》为分野，我国肇始于2001年的基础教育课程改革进入"深化"阶段，其标志就是"立德树人"作为教育目的的明确和"核心素养"概念的提出。课程改革已经15年了，这个被千余万中小学教师所熟知的"新课改"，在很多人心中，其"崭新指数"依然高企。谁能说清楚，究竟有多少人拿着"旧船票"登上了这艘"新客船"？越是如此，我们越有必要理清楚，以"核心素养"导航的新航路是怎样开辟的？接下来要驶向何方？

什么知识最有价值？这个教育学史上的"斯宾塞问题"，开启了人们对课程价值的思考。核心素养的研究以及以核心素养为纲建构课程，正是当下从人和社会的角度，对知识价值问题的回答。反思我国当下的中小学教育，不是没有培养素养，而是缺乏有意识的培养。一方面学生为成长付出的成本过高，另一方面我们也不清楚究竟让学生获得了哪些素养，因为我们更关注学生获得了哪些知识、知识掌握到什么程度。事实上，素养的培养在实践层面并未真正成为教育目标，更不用说让学生获得应对知识经济和全球化挑战的富有竞争力的素养了。

[①] 周文胜，上海真爱梦想公益基金会课程研究院副院长。

基于核心素养教学改进的落地导引

改革总是从观念的改变开始的,从行动中体现出来的观念才是真实的观念,否则,观念和行动永远都是两张皮。"新课改"对于许多教师来说,"耳熟"却未必"能详",虽然每天都在做着与之相关的事情,但也说不清楚今天与昨天的区别,更不用说明天和今天的不同了。

在课程建构的逻辑上,三维目标是核心素养的"前概念",我们可从三维目标的理解和落实上发现理念与行动的差距。知识与技能、过程与方法、情感态度价值观作为课程目标的提出,是改变过度关注学科知识体系、实现学习方式转变的重要改革举措。在内涵上,三维目标是指一个目标的三个维度,而非三个孤立的目标,强调在有意义的过程和方法中获取知识,形成能力,并使情感态度价值观得到发展。但在实践中,三维目标被理解为三个目标,许多教师在教案中把教学目标分别表述为"知识与技能目标""过程与方法目标""情感态度与价值观目标",三个目标加起来少则七八条,多则十余条,仅教学目标就写了半页纸。这样的目标,混淆了课程目标与课时教学目标的区别,割裂了目标的整体性,对教学并无指导意义。究其原因,还是没有理解目标建构的内在逻辑,这是我们要反思的——在教师培训层面、教学基本规范的制定层面,还有教研部门作为课程与教学的指导者,如何让"核心素养"真正得以落实。

核心素养作为一个课程概念,必须是可培养、可塑造、可维持的,可以通过学校教育而获得。因此,必须解决一个关键问题:它同学科课程教学是什么关系?而学科核心素养就是在回答这个问题。基于学生核心素养,凝练学科核心素养,以核心素养为纲,选择、构建课程内容,这是全新的课程逻辑。在各门学科课程中,核心素养被作为学生的学习结果来定位:首先,它是知识与技能、过程与方法、情感态度和价值观的整合;其次,它是个体在面对复杂的、不确定的现实问题时,能够综合运用学科观念、思想方法和探究技能等发现问题、解决问题的综合品质。

核心素养的提出和实践,已经蕴含了学习方式和教学模式的变革。对于教师而言,这是个巨大挑战。第一,教师要树立大教育观,要从"学科教学"转向"学科教育",要明白自己首先是教师,其次才是教某个学科的教师;第二,要树立新的课程观,即从"学科课程观"转向"素养课程观",要清楚作为"人"的"核心素养"有哪些、学科本质是什么,本学科的学习到底能够为学生核心素养的获得提供什么"营养",课程建构要充满"人性";第三,课程实施要从仅关注"知识与技能"量的增加,升级为对"学什么、怎么学更有助于学生获得能力和品格层面"质的提升的关注,更加强调过程的意义,让有意义的学习成为能力培养的载体。厘清这些本源性的问题，教师才会明白教学究竟要把学生带向何方。

核心素养促学校重构课程

孙先亮 [1]

中国学生发展核心素养为基础教育提供了一个方向指引，高中教育应当重新审视教育的本质和根本追求，不断突破传统教育的桎梏，重新建构自己的学校课程、校园文化，打造适宜学生发展的生态环境，努力为学生的未来建构一个强大的素质基础。

在提升学生综合素质的实践中，青岛二中坚守着让学生全面发展、个性发展和主动发展，并实现终身发展的价值追求。为此，学校实施学生的自主发展模式，确定了学生发展的十项素质目标，即学生的五项基础素质：人文素养、科学素养、身心健康素养、人际交往能力和自我认知；五项特色素质：独特的智能品质、卓越的领袖气质、执着的创新精神、自主的研究能力、开阔的国际视野。

学校除国家课程外，积极开设了100多门校本课程，如AP课程、STEAM课程，为学生建构全面的知识和能力基础，同时促进学生的个性发展。学校积极引导学生开展社团建设，每年学生注册的社团达160多个，模拟联合国、模拟世界经济峰会、模拟人代会、城市热点论坛、国际辩论赛等活动，为学生的综合素质发展提供了广阔的舞台。此外，学校每年都要开展包括世界文化月、民族文化节、传统文化节、科技节、艺术节、体育节、劳动日、志愿者日、读书节、文明日等十个节日活动，并且为了培养学生的基本素质，将所有活动都交给学生以竞标和拉赞助的方式自主筹办。学校与中科院海洋研究所、中国海洋大学、国家橡胶与轮胎工程实验室、青岛大学、海军401医院、国家海洋与地质研究所、青岛市中级人民法院等单位合作，建立了学生创新实践基础，组建学生学术研究指导团队，指导学生开展自然科学和社会科学的学术研究，仅高二年级就确立270多个研究课程。学校以学生的十项素质目标为标准，开展学生综合素质评价，引导学生通过自我的反思，不断完善和提升自己的各项素质。

---

[1] 孙先亮，山东省青岛市第二中学校长。

第二章

核心素养的落地探索

如前文所述,核心素养是落实立德树人教育根本任务的重要举措,是"总体要求"等宏观要求的具体化、细化,那么面对三大方面、六大素养、十八个要点的核心素养,学校教育如何将核心素养落地呢?

钟启泉指出:核心素养是课程发展的DNA,基于核心素养的课程发展意味着,无论是课程开发者抑或一线教师都需要在"核心素养—课程标准(学科素养/跨学科素养)—单元设计—学习评价"这一连串环环相扣的链环中聚焦核心素养展开运作(钟启泉,2016)。《普通高中课程方案(2017年版)》指出:"为建立核心素养与课程教学的内在联系,充分挖掘各学科课程教学对全面贯彻党的教育方针、落实立德树人根本任务、发展素质教育的独特育人价值,各学科基于学科本质凝练了本学科的核心素养,明确了学生学习该学科课程后应达成的正确价值观念、必备品格和关键能力,对知识与技能、过程与方法、情感态度价值观三维目标进行了整合。"因此,从课程角度来看,首先要确立每个学科核心素养的内涵,这是凸显核心素养与课程内在联系的必由之路,是各学科教学与核心素养呼应的必然。

当然,核心素养的落地不能仅仅通过学科核心素养,专家学者以及教育实践者做了多方面的探索,涉及课程设置、教学设计、教学评一体化、学校管理等多个路径。从本章节起,本书开始探讨核心素养"怎么办"的问题,我们首先聚焦核心素养在学科及其他方面的落地探索。

第一节 从核心素养到学科核心素养

学科核心素养与核心素养的关系

余文森[①]

学科核心素养是核心素养在学科上的具体体现，是学生在学习一门学科之后必须形成的必备品格和关键能力。显然，两者是整体与部分的关系，正如钟启泉先生所言："如果说，核心素养是作为新时代期许的新人形象所勾勒的一幅'蓝图'，那么，各门学科则是支撑这幅蓝图得以实现的'构件'。"[1]但是，核心素养却不是各学科核心素养的简单的机械总和，在内涵和外延上它都有超学科的东西，核心素养的培育也不是单靠学科（所有学科）教育就能完成的，而是要依托很多非学科的教育和活动共同来完成的。学科核心素养也不是核心素养在学科的一个简单的演绎、体现或反映（具体化和组成部分），它也有其独特的内涵和外延，任何一门学科都有其不可取代的价值和育人功能。这是因为，每个学科都有自己的学科性质和学科定位，都有自己的研究对象和问题领域，都有自己解决问题的思维方式和表达方式，都可以在不同侧面和维度上促进学生的多样化和个性化发展。正如叶澜教授所言："每个学科对学生的发展价值，除了一个领域的知识以外，从更深的层次看，至少还可以为学生认识、阐述、感受、体悟、改变这个自己生活在其中并与其不断互动着的、丰富多彩的世界（包括自然。社会、人、生活、职业、家庭、自我、他人、群体、实践、交往、反思、学习。探究、创造等）和形成、实现自己的愿望，提供不同的路径和独特的视角，发现的方法和思维的策略，特有的运算符号和逻辑；提供一种唯有在这个学科的学习中才可能获得的经历和体验；提供独特的学科美的发现、欣赏和表达能力。"[2]

核心素养、学科核心素养概念上理解的误区

学科核心素养作为一个新鲜的概念，人们对其理解可能会产生一些误区，

[①] 余文森，福建师范大学教授。

基于核心素养教学改进的落地导引

这主要表现在：

1. 虚化。虚化即空心化，缺少具体内涵，没有紧扣学科知识、问题、思想、方法以及学科范畴、个性和学科独特的育人价值来理解学科核心素养，学科核心素养成为"水中月、镜中花"，只能想象不能触摸，更不能落地。

2. 泛化。不聚焦核心，没有凸显必备品格和关键能力，把学科所有的内容和目标即知识与技能、过程与方法、情感态度与价值观等都列为学科核心素养，把核心素养视为一个筐，什么都往里面装。核心素养因此丧失了导向性。

3. 浅化。缺乏深度和高度，没有深度挖掘学科的价值和意义，特别是学科思想、学科思维，只是停留在学科的表层和现象即学科的知识和概念系统之上。如果我们把学科比喻为一棵树，浅化就是只看到树枝、树叶，而看不到树干、树根。

4. 窄化。窄化的突出表现就是只看到学科对人的能力发展的作用和贡献，而忽略学科对人的影响，特别是对人的品格的影响。从学科自身的角度讲，就是只看到学科科学的一面，而忽视人文的一面，即学科精神、学科文化的价值和意义。

学科核心素养绝不是在核心素养（学生发展核心素养）之前简单加上"学科"两个字，"学科"不是标签，而是有实质性的内涵和意义。当然也有一些人会认为核心素养是人的素养，学科哪有素养？素养当然只能是属于人的。我们讲学科核心素养，只是一种习惯的说法，并不是说素养是属于学科的，而是指学科对实现人的全面而有个性发展的独特贡献，具体来说就是对人的必备品格和关键能力形成的独特作用。

参考文献：

[1] 钟启泉.基于核心素养的课程发展：挑战与课题[J].全球教育展望，2016（1）：3-25.
[2] 叶澜.重建课堂教学价值观[J].教育研究，2002（5）：3-7，16.

学科核心素养（高中）的具体内涵

学科核心素养是指各学科基于学科本质凝练了本学科的核心素养，明确了学生学习该学科课程后应达成的正确价值观、必备品格和关键能力。学科核心素养为核心素养与课程教学建立了内在联系，充分挖掘各学科课程教学对全面贯彻党的教育方针、落实立德树人根本任务、发展素质教育的独特育人价值。各学科的高中课程标准（2017版）围绕学科核心素养的落实，精选、重组课程内容，明确内容要求，指导教学设计，提出考试评价和教材编写建议。

一、语文学科核心素养

语文学科核心素养是学生在积极的语言实践活动中积累与构建起来，并在真实的语言运用情境中表现出来的语言能力及其品质；是学生在语文学习中获得的语言知识与语言能力，思维方法与思维品质，情感、态度与价值观的综合体现。主要包括"语言建构与运用""思维发展与提升""审美鉴赏与创造""文化传承与理解"四个方面。

1. 语言建构与运用

语言建构与运用是指学生在丰富的语言实践中，通过主动的积累、梳理和整合，逐步掌握祖国语言文字特点及其运用规律，形成个体言语经验，发展在具体语言情境中正确有效地运用祖国语言文字进行交流沟通的能力。

2. 思维发展与提升

思维发展与提升是指学生在语文学习过程中，通过语言运用，获得直觉思维、形象思维、逻辑思维、辩证思维和创造思维的发展，促进深刻性、敏捷性、灵活性、批判性和独创性等思维品质的提升。

3. 审美鉴赏与创造

审美鉴赏与创造是指学生在语文学习中，通过审美体验、评价等活动形成正确的审美意识、健康向上的审美情趣与鉴赏品位，并在此过程中逐步掌握表现美、创造美的方法。

4. 文化传承与理解

文化传承与理解是指学生在语文学习中，继承和弘扬中华优秀传统文化、革命文化、社会主义先进文化，理解和借鉴不同民族和地区的文化，拓展文化视野，增强文化自觉，提升中国特色社会主义文化自信，热爱祖国语言文字，热爱中华文化，防止文化上的民族虚无主义。

语文学科核心素养的四个方面是一个整体。语言是重要的交际工具，也是重要的思维工具；语言的发展与思维的发展相互依存，相辅相成。语言文字是文化的载体，又是文化的重要组成部分；学习语言文字的过程也是文化获得的过程。语言文字作品是人类重要的审美对象，语文学习也是学生审美能力和审美品质发展的重要途径。语言建构与运用是语文学科核心素养的基础，在语文课程中，学生的思维发展与提升、审美鉴赏与创造、文化传承与理解，都是以语言的建构与运用为基础，并在学生个体言语经验发展过程中得以实现的。

二、数学学科核心素养

数学学科核心素养是数学课程目标的集中体现，是具有数学基本特征的思维品质、关键能力以及情感、态度与价值观的综合体现，是在数学学习和应用的过程中逐步形成和发展的。数学学科核心素养包括：数学抽象、逻辑推理、数学建模、直观想象、数学运算和数据分析。这些数学学科核心素养既相对独立，又相互交融，是一个有机的整体。

1.数学抽象

数学抽象是指通过对数量关系与空间形式的抽象，得到数学研究对象的素养。主要包括：从数量与数量关系、图形与图形关系中抽象出数学概念及概念之间的关系，从事物的具体背景中抽象出一般规律和结构，并用数学语言予以表征。

数学抽象是数学的基本思想，是形成理性思维的重要基础，反映了数学的本质特征，贯穿在数学产生、发展、应用的过程中。数学抽象使得数学成为高度概括、表达准确、结论一般、有序多级的系统。

数学抽象主要表现为：获得数学概念和规则，提出数学命题和模型，形成数学方法与思想，认识数学结构与体系。

通过高中数学课程的学习，学生能在情境中抽象出数学概念、命题、方法和体系，积累从具体到抽象的活动经验；养成在日常生活和实践中一般性思考问题的习惯，把握事物的本质，以简驭繁；运用数学抽象的思维方式思考并解决问题。

2.逻辑推理

逻辑推理是指从一些事实和命题出发，依据规则推出其他命题的素养。主要包括两类：一类是从特殊到一般的推理，推理形式主要有归纳、类比；一类是从一般到特殊的推理，推理形式主要有演绎。

逻辑推理是得到数学结论、构建数学体系的重要方式，是数学严谨性的基本保证，是人们在数学活动中进行交流的基本思维品质。

逻辑推理主要表现为：掌握推理基本形式和规则，发现问题和提出命题，探索和表述论证过程，理解命题体系，有逻辑地表达与交流。

通过高中数学课程的学习，学生能掌握逻辑推理的基本形式，学会有逻辑地思考问题；能够在比较复杂的情境中把握事物之间的关联，把握事物发展的脉络；形成重论据、有条理、合乎逻辑的思维品质和理性精神，增强交流能力。

3．数学建模

数学建模是对现实问题进行数学抽象，用数学语言表达问题、用数学方法构建模型解决问题的素养。数学建模过程主要包括：在实际情境中从数学的视角发现问题、提出问题、分析问题、建立模型、确定参数、计算求解、检验结果、改进模型，最终解决实际问题。

数学模型搭建了数学与外部世界联系的桥梁，是数学应用的重要形式。数学建模是应用数学解决实际问题的基本手段，也是推动数学发展的动力。

数学建模主要表现为：发现和提出问题，建立和求解模型，检验和完善模型，分析和解决问题。

通过高中数学课程的学习，学生能有意识地用数学语言表达现实世界，发现和提出问题，感悟数学与现实之间的关联；学会用数学模型解决实际问题，积累数学实践的经验；认识数学模型在科学、社会、工程技术诸多领域的作用，提升实践能力，增强创新意识和科学精神。

4．直观想象

直观想象是指借助几何直观和空间想象感知事物的形态与变化，利用空间形式特别是图形，理解和解决数学问题的素养。主要包括：借助空间形式认识事物的位置关系、形态变化与运动规律；利用图形描述、分析数学问题；建立形与数的联系，构建数学问题的直观模型，探索解决问题的思路。

直观想象是发现和提出问题、分析和解决问题的重要手段，是探索和形成论证思路、进行数学推理、构建抽象结构的思维基础。

直观想象主要表现为：建立形与数的联系，利用几何图形描述问题，借助几何直观理解问题，运用空间想象认识事物。

通过高中数学课程的学习，学生能提升数形结合的能力，发展几何直观和空间想象能力；增强运用几何直观和空间想象思考问题的意识；形成数学直观，在具体的情境中感悟事物的本质。

5．数学运算

数学运算是指在明晰运算对象的基础上，依据运算法则解决数学问题的素养。主要包括：理解运算对象，掌握运算法则，探究运算思路，选择运算方法，设计运算程序，求得运算结果等。

数学运算是解决数学问题的基本手段。数学运算是演绎推理，是计算机解决问题的基础。

数学运算主要表现为：理解运算对象，掌握运算法则，探究运算思路，求得运算结果。

通过高中数学课程的学习，学生能进一步发展数学运算能力；有效借助运算方法解决实际问题；通过运算促进数学思维发展，形成规范化思考问题的品质，养成一丝不苟、严谨求实的科学精神。

6. 数据分析

数据分析是指针对研究对象获取数据，运用数学方法对数据进行整理、分析和推断，形成关于研究对象知识的素养。数据分析过程主要包括：收集数据，整理数据，提取信息，构建模型，进行推断，获得结论。

数据分析是研究随机现象的重要数学技术，是大数据时代数学应用的主要方法，也是"互联网＋"相关领域的主要数学方法，数据分析已经深入到科学、技术、工程和现代社会生活的各个方面。

数据分析主要表现为：收集和整理数据，理解和处理数据，获得和解释结论，概括和形成知识。

通过高中数学课程的学习，学生能提升获取有价值信息并进行定量分析的意识和能力；适应数字化学习的需要，增强基于数据表达现实问题的意识，形成通过数据认识事物的思维品质；积累依托数据探索事物本质、关联和规律的活动经验。

三、英语学科核心素养

英语学科核心素养主要包括语言能力、文化意识、思维品质和学习能力。

1. 语言能力

语言能力指在社会情境中，以听、说、读、看、写等方式理解和表达意义的能力，以及在学习和使用语言的过程中形成的语言意识和语感。英语语言能力构成英语学科核心素养的基础要素。英语语言能力的提高蕴含文化意识、思维品质和学习能力的提升，有助于学生拓展国际视野和思维方式，开展跨文化交流。

2. 文化意识

文化意识指对中外文化的理解和对优秀文化的认同，是学生在全球化背景下表现出的跨文化认知、态度和行为取向。文化意识体现英语学科核心素养的价值取向。文化意识的培育有助于学生增强国家认同和家国情怀，坚定文化自信，树立人类命运共同体意识，学会做人做事，成长为有文明素养和社会责任感的人。

3. 思维品质

思维品质指思维在逻辑性、批判性、创新性等方面所表现的能力和水平。思维品质体现英语学科核心素养的心智特征。思维品质的发展有助于提升学生分析和解决问题的能力，使他们能够从跨文化视角观察和认识世界，对事物作出正确的价值判断。

4. 学习能力

学习能力指学生积极运用和主动调适英语学习策略、拓宽英语学习渠道、努力提升英语学习效率的意识和能力。学习能力构成英语学科核心素养的发展条件。学习能力的培养有助于学生做好英语学习的自我管理，养成良好的学习习惯，多渠道获取学习资源，自主、高效地开展学习。

四、思想政治学科核心素养

思想政治学科核心素养，主要包括政治认同、科学精神、法治意识和公共参与。

1. 政治认同

我国公民的政治认同，就是拥护中国共产党的领导，坚持和发展中国特色社会主义，认同中华人民共和国、中华民族、中华文化，弘扬和践行社会主义核心价值观。

中国特色社会主义是改革开放以来中国共产党的全部理论和实践的主题，是党和人民历尽千辛万苦、付出巨大代价取得的根本成就。社会主义核心价值观是当代中国精神的集中体现，凝结着全体人民共同的价值追求。认同中国特色社会主义和社会主义核心价值观，才能形成全国各族人民团结奋斗的共同思想基础，坚持中国道路、弘扬中国精神、凝聚中国力量，为实现中华民族伟大复兴的中国梦而奋斗。青少年的政治认同是他们创造幸福生活的精神支柱、价值追求和道德准则；发展政治认同素养，才能牢固树立中国特色社会主义理想信念，厚植爱国主义情怀，成为社会主义合格建设者和可靠接班人。

2. 科学精神

我国公民的科学精神，就是在认识世界和改造世界的过程中表现出来的一种精神取向，即坚持马克思主义的科学世界观和方法论，能够对个人成长、社会进步、国家发展和人类文明作出正确的价值判断和行为选择。

当代中国正经历广泛而深刻的社会变革，正进行宏大而独特的实践创新。在这一社会变革和实践创新的过程中发扬科学精神，必须坚持辩证唯物主义和历史唯物主义基本观点，领会习近平新时代中国特色社会主义思想，认清社会发展规律和阶段性特征，解放思想、实事求是、与时俱进、求真务实，在全面深化改革的进程中，把握发展机遇，应对各种挑战。培养青少年的科学精神，有助于他们形成正确价值取向和道德定力，提高辩证思维能力，立足基本国情、拓展国际视野，在实践创新中增长才干。

3. 法治意识

我国公民的法治意识，就是尊法学法守法用法，自觉参加社会主义法治国家建设。

建设社会主义法治国家，是推进国家治理体系和治理能力现代化的必然要求；全面依法治国，必须坚持党的领导、人民当家作主、依法治国有机统一，坚持依法治国和以德治国相结合，实现科学立法、严格执法、公正司法、全民守法，在全社会树立法治意识。增强青少年法治意识，有助于他们在生活中依法行使权利、履行义务，严守道德底线，维护公平正义，做社会主义法治的忠实崇尚者、自觉遵守者、坚定捍卫者。

4. 公共参与

我国公民的公共参与，就是有序参与公共事务，勇于承担社会责任，积极行使人民当家作主的政治权利。

广泛的公共参与，彰显人民主体地位，是公民行使知情权、参与权、表达权、监督权的表现，有助于更好地表达民意、集中民智，提高国家立法和政府决策的科学性、民主性；有助于鼓励人们热心公益活动，激发社会活力，提高社会治理水平。培养青少年公共参与素养，有益于他们了解民主管理的程序、体验民主决策的价值、感受民主监督的作用，增强公德意识和参与能力，追求更高的道德境界。

五、历史学科核心素养

历史学科核心素养包括唯物史观、时空观念、史料实证、历史解释、家国情怀五个方面。唯物史观是诸素养得以达成的理论保证；时空观念是诸素养中学科本质的体现；史料实证是诸素养得以达成的必要途径；历史解释是诸素养中对历史思维与表达能力的要求；家国情怀是诸素养中价值追求的目标。通过诸素养的培育，达到立德树人的要求。

1. 唯物史观

唯物史观是揭示人类社会历史客观基础及发展规律的科学的历史观和方法论。

人类对历史的认识是由表及里、逐渐深化的，要透过历史的纷杂表象认识历史的本质，科学的历史观和方法论是非常重要的。唯物史观使历史学成为一门科学，只有运用唯物史观的立场、观点和方法，才能对历史有全面、客观的认识。

2. 时空观念

时空观念是在特定的时间联系和空间联系中对事物进行观察、分析的意识和思维方式。

任何历史事物都是在特定的、具体的时间和空间条件下发生的，只有在特定的时空框架当中，才可能对史事有准确的理解。

3. 史料实证

史料实证是指对获取的史料进行辨析，并运用可信的史料努力重现历史真实的态度与方法。

历史过程是不可逆的，认识历史只能通过现存的史料。要形成对历史的正确、客观的认识，必须重视史料的搜集、整理和辨析，去伪存真。

4. 历史解释

历史解释是指以史料为依据，对历史事物进行理性分析和客观评判的态度、能力与方法。

所有历史叙述在本质上都是对历史的解释，即便是对基本事实的陈述也包含了陈述者的主观认识。人们通过多种不同的方式描述和解释过去，通过对史料的搜集、整理和辨析，辩证、客观地理解历史事物，不仅要将其描述出来，还要揭示其表象背后的深层因果关系。通过对历史的解释，不断接近历史真实。

5. 家国情怀

家国情怀是学习和探究历史应具有的人文追求，体现了对国家富强、人民幸福的情感，以及对国家的高度认同感、归属感、责任感和使命感。

学习和探究历史应具有价值关怀，要充满人文情怀并关注现实问题，以服务于国家强盛、民族自强和人类社会的进步为使命。

六、地理学科核心素养

地理学科核心素养主要包括人地协调观、综合思维、区域认知和地理实践力，它们是相互联系的有机整体。

1. 人地协调观

人地协调观指人们对人类与地理环境之间关系秉持的正确的价值观。人地关系是地理学研究的核心主题。面对不断出现的人口、资源、环境和发展问题，人们越来越深刻地认识到，人类社会要更好地发展，必须尊重自然规律，协调好人类活动与地理环境的关系。"人地协调观"素养有助于人们更好地分析、认识和解决人地关系问题，成为和谐世界的建设者。

2. 综合思维

综合思维指人们运用综合的观点认识地理环境的思维方式和能力。人类生存的地理环境是一个综合体，在不同时空组合条件下，地理要素相互作用，综合决定着地理环境的形成和发展。"综合思维"素养有助于人们从整体的角度，全面、系统、动态地分析和认识地理环境，以及它与人类活动的关系。

3. 区域认知

区域认知指人们运用空间—区域的观点认识地理环境的思维方式和能力。人类生存的地理环境多种多样，将其划分成不同尺度、不同类型的区域加以认识，是人们认识地理环境复杂性的基本方法。"区域认知"素养有助于人们从区域的角度，分析和认识地理环境，以及它与人类活动的关系。

4. 地理实践力

地理实践力指人们在考察、实验和调查等地理实践活动中所具备的意志品质和行动能力。考察、实验、调查等是地理学重要的研究方法，也是地理课程重要的学习方式。"地理实践力"素养有助于提升人们的行动意识和行动能力，更好地在真实情境中观察和感悟地理环境及其与人类活动的关系，增强社会责任感。

七、物理学科核心素养

物理学科核心素养主要包括"物理观念""科学思维""科学探究""科学态度与责任"四个方面。

1. 物理观念

"物理观念"是从物理学视角形成的关于物质、运动与相互作用、能量等的基本认识；是物理概念和规律等在头脑中的提炼与升华；是从物理学视角解释自然现象和解决实际问题的基础。

"物理观念"主要包括物质观念、运动与相互作用观念、能量观念等要素。

2. 科学思维

"科学思维"是从物理学视角对客观事物的本质属性、内在规律及相互关系的认识方式；是基于经验事实建构物理模型的抽象概括过程；是分析综合、推理论证等方法在科学领域的具体运用；是基于事实证据和科学推理对不同观点和结论提出质疑和批判，进行检验和修正，进而提出创造性见解的能力与品格。

"科学思维"主要包括模型建构、科学推理、科学论证、质疑创新等要素。

3. 科学探究

"科学探究"是指基于观察和实验提出物理问题、形成猜想和假设、设计实验与制订方案、获取和处理信息、基于证据得出结论并作出解释，以及对科学探究过程和结果进行交流、评估、反思的能力。

"科学探究"主要包括问题、证据、解释、交流等要素。

4. 科学态度与责任

"科学态度与责任"是指在认识科学本质，认识科学·技术·社会·环境关系的基础上，逐渐形成的探索自然的内在动力，严谨认真、实事求是和持之以恒的科学态度，以及遵守道德规范，保护环境并推动可持续发展的责任感。

"科学态度与责任"主要包括科学本质、科学态度、社会责任等要素。

八、化学学科核心素养

高中化学学科核心素养是高中学生发展核心素养的重要组成部分，是学生综合素质的具体体现，反映了社会主义核心价值观下化学学科育人的基本要求，全面展现了化学课程学习对学生未来发展的重要价值。

化学学科核心素养包括"宏观辨识与微观探析""变化观念与平衡思想""证据推理与模型认知""科学探究与创新意识""科学态度与社会责任"五个方面。

1. 宏观辨识与微观探析

能从不同层次认识物质的多样性，并对物质进行分类；能从元素和原子、分子水平认识物质的组成、结构、性质和变化，形成"结构决定性质"的观念。能从宏观和微观相结合的视角分析与解决实际问题。

2. 变化观念与平衡思想

能认识物质是运动和变化的，知道化学变化需要一定的条件，并遵循一定规律；认识化学变化的本质特征是有新物质生成，并伴有能量转化；认识化学变化有一定限度、速率，是可以调控的。能多角度、动态地分析化学变化，运用化学反应原理解决简单的实际问题。

3. 证据推理与模型认知

具有证据意识，能基于证据对物质组成、结构及其变化提出可能的假设，通过分析推理加以证实或证伪；建立观点、结论和证据之间的逻辑关系。知道可以通过分析、推理等方法认识研究对象的本质特征、构成要素及其相互关系，建立认知模型，并能运用模型解释化学现象，揭示现象的本质和规律。

4. 科学探究与创新意识

认识科学探究是进行科学解释和发现、创造和应用的科学实践活动；能发现和提出有探究价值的问题；能从问题和假设出发，依据探究目的，设计探究方案，运用化学实验、调查等方法进行实验探究；勤于实践，善于合作，敢于质疑，勇于创新。

5. 科学态度与社会责任

具有安全意识和严谨求实的科学态度，具有探索未知、崇尚真理的意识；深刻认识化学对创造更多物质财富和精神财富、满足人民日益增长的美好生活需要的重大贡献；具有节约资源、保护环境的可持续发展意识，从自身做起，形成简约适度、绿色低碳的生活方式；能对与化学有关的社会热点问题作出正确的价值判断，能参与有关化学问题的社会实践活动。

上述五个方面立足高中学生的化学学习过程，各有侧重，相辅相成。"宏观辨识与微观探析""变化观念与平衡思想""证据推理与模型认知"要求学生形成化学学科的思想和方法；"科学探究与创新意识"从实践层面激励学生勇于创新；"科学态度与社会责任"进一步揭示了化学学习更高层次的价值追求。

上述化学学科核心素养将化学知识与技能的学习、化学思想观念的建构、科学探究与问题解决能力的发展、创新意识和社会责任感的形成等多方面的要求融为一体，体现了化学课程在帮助学生形成未来发展需要的正确价值观、必备品格和关键能力中所发挥的重要作用。

九、生物学科核心素养

生物学学科核心素养包括生命观念、科学思维、科学探究和社会责任。

1. 生命观念

"生命观念"是指对观察到的生命现象及相互关系或特性进行解释后的抽象，是人们经过实证后的观点，是能够理解或解释生物学相关事件和现象的意识、观念和思想方法。学生应该在较好地理解生物学概念的基础上形成生命观念，如结构与功能观、进化与适应观、稳态与平衡观、物质与能量观等；

能够用生命观念认识生物的多样性、统一性、独特性和复杂性,形成科学的自然观和世界观,并以此指导探究生命活动规律,解决实际问题。

2. 科学思维

"科学思维"是指尊重事实和证据,崇尚严谨和务实的求知态度,运用科学的思维方法认识事物、解决实际问题的思维习惯和能力。学生应该在学习过程中逐步发展科学思维,如能够基于生物学事实和证据运用归纳与概括、演绎与推理、模型与建模、批判性思维、创造性思维等方法,探讨、阐释生命现象及规律,审视或论证生物学社会议题。

3. 科学探究

"科学探究"是指能够发现现实世界中的生物学问题,针对特定的生物学现象,进行观察、提问、实验设计、方案实施以及对结果的交流与讨论的能力。学生应在探究过程中,逐步增强对自然现象的好奇心和求知欲,掌握科学探究的基本思路和方法,提高实践能力;在探究中,乐于并善于团队合作,勇于创新。

4. 社会责任

"社会责任"是指基于生物学的认识,参与个人与社会事务的讨论,作出理性解释和判断,解决生产生活问题的担当和能力。学生应能够以造福人类的态度和价值观,积极运用生物学的知识和方法,关注社会议题,参与讨论并作出理性解释,辨别迷信和伪科学;结合本地资源开展科学实践,尝试解决现实生活问题;树立和践行"绿水青山就是金山银山"的理念,形成生态意识,参与环境保护实践;主动向他人宣传关爱生命的观念和知识,崇尚健康文明的生活方式,成为健康中国的促进者和实践者。

生物学学科核心素养是学生在生物学课程学习过程中逐渐发展起来的,在解决真实情境中的实际问题时所表现出来的价值观念、必备品格与关键能力,是学生知识、能力、情感态度与价值观的综合体现。生物学学科核心素养的培养应贯穿于教材编写、课堂教学及考试评价中。

十、信息技术学科核心素养

高中信息技术学科核心素养由信息意识、计算思维、数字化学习与创新、信息社会责任四个核心要素组成。它们是高中学生在接受信息技术教育过程中逐步形成的信息技术知识与技能、过程与方法、情感态度与价值观的综合表现。四个核心要素互相支持,互相渗透,共同促进学生信息素养的提升,具体内涵表述如下。

1. 信息意识

信息意识是指个体对信息的敏感度和对信息价值的判断力。具备信息意识的学生能够根据解决问题的需要，自觉、主动地寻求恰当的方式获取与处理信息；能够敏锐感觉到信息的变化，分析数据中所承载的信息，采用有效策略对信息来源的可靠性、内容的准确性、指向的目的性作出合理判断，对信息可能产生的影响进行预期分析，为解决问题提供参考；在合作解决问题的过程中，愿意与团队成员共享信息，实现信息的更大价值。

2. 计算思维

计算思维是指个体运用计算机科学领域的思想方法，在形成问题解决方案的过程中产生的一系列思维活动。具备计算思维的学生，在信息活动中能够采用计算机可以处理的方式界定问题、抽象特征、建立结构模型、合理组织数据；通过判断、分析与综合各种信息资源，运用合理的算法形成解决问题的方案；总结利用计算机解决问题的过程与方法，并迁移到与之相关的其他问题解决中。

3. 数字化学习与创新

数字化学习与创新是指个体通过评估并选用常见的数字化资源与工具，有效地管理学习过程与学习资源，创造性地解决问题，从而完成学习任务，形成创新作品的能力。具备数字化学习与创新的学生，能够认识数字化学习环境的优势和局限性，适应数字化学习环境，养成数字化学习与创新的习惯；掌握数字化学习系统、学习资源与学习工具的操作技能，用于开展自主学习、协同工作、知识分享与创新创造，助力终身学习能力的提高。

4. 信息社会责任

信息社会责任是指信息社会中的个体在文化修养、道德规范和行为自律等方面应尽的责任。具备信息社会责任的学生，具有一定的信息安全意识与能力，能够遵守信息法律法规，信守信息社会的道德与伦理准则，在现实空间和虚拟空间中遵守公共规范，既能有效维护信息活动中个人的合法权益，又能积极维护他人合法权益和公共信息安全；关注信息技术革命所带来的环境问题与人文问题；对于信息技术创新所产生的新观念和新事物，具有积极学习的态度、理性判断和负责行动的能力。

十一、通用技术学科核心素养

通用技术学科核心素养主要包括技术意识、工程思维、创新设计、图样表达、物化能力五个方面。

1. 技术意识

技术意识是对技术现象及技术问题的感知与体悟。学生能形成对人工世界和人技关系的基本观念，技术的规范、标准与专利意识；能就某一技术领域对人、社会、环境的影响作出一定的理性分析，形成技术的安全和责任意识、生态文明与环保意识、技术伦理与道德意识；能把握技术的基本性质，理解技术与人类文明的有机联系，形成对技术文化的理解与主动适应。

2. 工程思维

工程思维是以系统分析和比较权衡为核心的一种筹划性思维。学生能认识系统与工程的多样性和复杂性；能运用系统分析的方法，针对某一具体技术领域的问题进行要素分析、整体规划，并运用模拟和简易建模等方法进行设计；能领悟结构、流程、系统、控制等基本思想和方法并加以运用；能进行简单的风险评估和综合决策。

3. 创新设计

创新设计是指基于技术问题进行创新性方案构思的一系列问题解决过程。学生能在发现与明确问题的基础上，收集相关信息，并运用人机关系及相关理论进行综合分析，提出符合设计原则且具有一定创造性的构思方案；能进行技术性能和指标的技术试验、技术探究等实践操作，准确地观测、记录与分析；能综合各种社会文化因素评价设计方案并加以优化。

4. 图样表达

图样表达是指运用图形样式对意念中或客观存在的技术对象进行可视化的描述和交流。学生能识读简单的机械加工图及控制框图等常见技术图样；能分析技术对象的图样特征，会用手工和二维、三维设计软件绘制简单的技术图样等；能通过图样表达设计构想，用技术语言实现有形与无形、抽象与具体的思维转换。

5. 物化能力

物化能力是指采用一定的工艺方法等将意念、方案转化为有用物品，或对已有物品进行改进与优化的能力。学生能知道常见材料的属性和常用工具、基本设备的使用方法，了解一些常见工艺方法，并形成一定的操作经验积累和感悟；能根据方案设计要求，进行材料选择、测试与规划，工具选择与使用，工艺设计与产品制作等；能独立完成模型或产品的成型制作、装配及测试，具有较强的动手实践与创造能力；能体验工匠精神对技术制造质量的独特作用，形成物化过程中严谨细致、精益求精、追求卓越的工作态度。

十二、艺术学科核心素养

艺术学科核心素养主要包括四个方面：艺术感知、创意表达、审美情趣、文化理解。四个方面的核心素养之间不是递进关系，而是不同维度的体现，具有紧密的内在联系。

1. 艺术感知

艺术感知是艺术学习与实践活动的基础，是学生对各艺术门类的艺术语言、艺术形象、思想情感的感受和认知。

通过本课程的学习，学生能够了解中国艺术尊重自然、顺应自然、保护自然，以及"天人合一""气韵生动"等意象特征。了解世界其他民族艺术语言，在生活、文化和科学情境中感受和领会艺术。通过多种感官，感知各艺术门类的个性与共性要素，形成艺术通感，感受艺术形象，引发情感共鸣。

2. 创意表达

创意表达是创造性的艺术表现活动，是学生在各种艺术实践中想象力、表现力、创造力的体现。

通过本课程的学习，激发学生的想象力和创造力，理解中国艺术虚实相生等表现特征，追求形神兼备的意境美，探索传统艺术的创新。借鉴世界其他民族艺术成果，进行有个性的艺术表现，并将创意表达能力运用到其他学科和生活领域。

3. 审美情趣

审美情趣是审美愉悦、高雅气质、人文情怀等艺术涵养的体现，是对真善美的精神追求。

通过本课程的学习，学生能够感受艺术魅力，形成审美兴趣与爱好，品味中国艺术的意蕴；具有欣赏自然、生活和世界其他民族艺术美的情趣；在生活中营造艺术氛围，养成高雅气质，具有人文情怀和健康的审美价值观；自觉抵制低俗、庸俗、媚俗的现象，提高审美鉴别力。

4. 文化理解

文化理解是从不同文化的角度认识艺术，体现在艺术鉴赏、文化认同和艺术精神的领悟等方面。

通过本课程的学习，参与艺术鉴赏等实践活动，学生能够理解艺术精神，弘扬中华文化艺术优秀传统，提升文化认知，增强中华民族文化自觉和自信；促进跨文化交流，尊重世界文明多样性，分享世界各民族艺术，加深国际理解。

十三、音乐学科核心素养

音乐学科核心素养主要包括以下三个方面。

1. 审美感知

审美感知是指对音乐艺术听觉特性、表现形式、表现要素、表现手段及独特美感的体验、感悟、理解和把握。

音乐是以声音为表现媒介的艺术。音乐审美活动在听觉体验和艺术表现中进行。将审美感知作为高中学生的音乐学科核心素养之一，旨在使学生在义务教育阶段基础上，力求对音乐艺术的听觉特性、表现形式、表现要素、表现手段及独特美感具有更加深入的理解和把握，通过课堂教学和课外艺术表演实践，使学生掌握音乐基础知识和基本技能，培育在联觉机制作用下对音乐音响的综合体验、感知和评鉴能力，提升艺术素养和人文修养，吸纳和传承优秀文化，陶冶情操，涵养美感，和谐身心，健全人格，引导学生对崇高人文精神的追求，增强对真善美的讴歌与塑造能力。

2. 艺术表现

艺术表现是指通过歌唱、演奏、综合艺术表演和音乐编创等活动，表达音乐艺术美感和情感内涵的实践能力。

丰富多样的音乐艺术形式，具有鲜明的表演性。将艺术表现作为高中学生的音乐学科核心素养之一，旨在激发学生参与音乐表演和创作实践的兴趣，提高艺术表现水平。学生在其中接受熏陶、把握规律、感受乐趣，并在特定的艺术表现情境中丰富情感、充实心灵、激发想象力、发挥创造力、培养自信心、获得成就感。高中阶段的艺术表现应以培养多数学生能够达到的能力为原则，重在通过艺术表演实践和创造活动，提升学生审美感知和文化理解能力，同时促进学生在集体活动中的人际交往，增进人与人之间的沟通和交流，强化社会责任感。

3. 文化理解

文化理解是指通过音乐感知和艺术表现等途径，理解不同文化语境中音乐艺术的人文内涵。

音乐艺术与社会生活密切相关，不同地域、民族、时代有着不同的音乐文化创造，并直接表现为音乐作品题材、体裁、形式和风格等多方面的差异。优秀音乐作品是对特定社会、文化和历史的理解，反映一个国家、一个民族文化创造的特色、能力和水平。将文化理解作为高中学生的音乐学科核心素养之一，旨在通过音乐课程教学，让学生认识中国民族音乐文化的博大精深及丰富的精神文化内涵，坚定文化自信；让学生了解其他国家的音乐文化，以平等的文化价值观理解世界音乐的多样性。

十四、美术学科核心素养

美术学科核心素养主要包括图像识读、美术表现、审美判断、创意实践和文化理解。

1. 图像识读

图像识读指对美术作品、图形、影像及其他视觉符号的观看、识别和解读。

通过本课程的学习，学生能以联系、比较的方法进行整体观看，感受图像的造型、色彩、材质、肌理、空间等形式特征；以搜索、阅读、思考和讨论等方式，识别与解读图像的内涵和意义；从形态、材料、技法、风格及发展脉络等方面识别图像的类别；知道图像在学习、生活和工作中的作用与价值，辨析和解读现实生活中的视觉文化现象和信息。

2. 美术表现

美术表现指运用传统与现代媒材、技术和美术语言创造视觉形象。

通过本课程的学习，学生能形成空间意识和造型意识；了解并运用传统与现代媒材、技术，结合美术语言，通过观察、想象、构思和表现等过程，创造有意味的视觉形象，表达自己的意图、思想和情感；联系现实生活，结合其他学科知识，自觉运用美术表现能力，解决学习、生活和工作中的问题。

3. 审美判断

审美判断指对美术作品和现实中的审美对象进行感知、评价、判断与表达。

通过本课程的学习，学生能感受和认识美的独特性和多样性，形成基本的审美能力，显示健康的审美趣味；用形式美原理和其他知识对自然、生活和艺术中的审美对象进行感知、描述、分析和评价；通过语言、文字和图像等方式表达自己的审美感受，用美术的方式美化生活和环境。

4. 创意实践

创意实践指在美术活动中形成创新意识，运用创意思维和创造方法。

通过本课程的学习，学生能养成创新意识，学习和借鉴美术作品中的创意和方法，运用创造性思维，尝试创作有创意的美术作品；联系现实生活，通过各种方式收集信息，进行分析、思考和探究，对物品和环境进行符合实用功能与审美要求的创意构想，并以草图、模型等予以呈现，不断加以改进和优化。

5. 文化理解

文化理解指从文化的角度观察和理解美术作品、美术现象和观念。

通过本课程的学习，学生能逐渐形成从文化的角度观察和理解美术作品、美术现象和观念的习惯，了解美术与文化的关系；认识中华优秀传统美术的文化内涵及独特艺术魅力，坚守中华文化立场，坚定文化自信；理解不同国家、地区、民族和时代的美术作品所体现的文化多样性，欣赏外国优秀的美术作品；尊重艺术家、设计师和手工艺者及其创造的成果和对人类文化的贡献。

十五、体育与健康学科

体育与健康学科核心素养主要包括运动能力、健康行为和体育品德。

1. 运动能力

运动能力是体能、技战术能力和心理能力等在身体活动中的综合表现，是人类身体活动的基础。运动能力分为基本运动能力和专项运动能力。基本运动能力是从事生活、劳动和运动所必需的能力；专项运动能力是参与某项运动所需要的能力。运动能力的具体表现形式为体能状况、运动认知与技战术运用、体育展示与比赛。

2. 健康行为

健康行为是增进身心健康和积极适应外部环境的综合表现，是提高健康意识、改善健康状况并逐渐形成健康文明生活方式的关键。健康行为包括养成良好的锻炼、饮食、作息和卫生习惯，控制体重，远离不良嗜好，预防运动损伤和疾病，消除运动疲劳，保持良好心态，适应自然和社会环境的能力等。健康行为的具体表现形式为体育锻炼意识与习惯、健康知识掌握与运用、情绪调控、环境适应。

3. 体育品德

体育品德是指在体育运动中应当遵循的行为规范以及形成的价值追求和精神风貌，对维护社会规范、树立良好的社会风尚具有积极作用。体育品德包括体育精神、体育道德和体育品格三个方面：体育精神包括自尊自信、勇敢顽强、积极进取、超越自我等；体育道德包括遵守规则、诚信自律、公平正义等；体育品格包括文明礼貌、相互尊重、团队合作、社会责任感、正确的胜负观等。体育品德的具体表现形式为体育精神、体育道德和体育品格。

上述三个方面的学科核心素养联系密切、相互影响，在体育与健康教育教学过程中得以全面发展，并在解决复杂情境的实际问题过程中整体发挥作用。

十六、日语学科核心素养

学生通过日语学科的学习，逐步获得运用日语理解与表达的能力、提高思辨能力和多元文化意识、培养终身学习能力，成为具有中国情怀、国际视野、多元文化沟通等正确价值观、必备品格和关键能力的人。

日语学科核心素养由语言能力、文化意识、思维品质、学习能力组成，彼此相互联系、相互融通，是日语学科育人的根本要求。日语学科核心素养的内涵如下。

1. 语言能力

语言能力是在具体情境中综合运用日语的能力。学生通过日语课程学习能理解日语语篇的意义、观点和情感态度，能察觉和领悟汉语与日语的异同，能运用日语陈述事实、表达观点和情感态度。语言能力的形成可以帮助学生提高多元文化交际能力和多视角思维的品质。语言能力主要包括积累与理解、内化与运用、整合与创建三个维度。

2. 文化意识

文化意识是对多元文化的感知、认识和理解。学生通过日语课程学习能发现日本文化及其他国家文化的元素与特点，对比中日文化及中外文化的异同，加深对中华文化的理解和认同，以对方易于理解的方式介绍中国的人和事。文化意识的培养可以帮助学生增强民族自信心，坚定文化自信，形成具有中国情怀、尊重和包容人类文化多样性的品质。文化意识主要包括感知与比较、尊重与包容、认同与传播三个维度。

3. 思维品质

思维品质是具有逻辑性、思辨性和创新性等思维特质的品格。学生通过日语课程学习能运用分析、推理等方式有逻辑性地梳理、概括、论证自己的观点，具备运用日语分析问题和解决问题的能力。思维品质的形成可以帮助学生提高多视角地质疑、辨析和判断等思维能力。思维品质主要包括分析与判断、概括与论证、批判与创新三个维度。

4. 学习能力

学习能力是获取知识与学习资源、管理与调控自身学习的能力。学生通过日语课程学习能保持学习兴趣，提高自主学习意识，学会与他人合作，具备不断探究、学会学习的能力。学习能力的培养可以帮助学生形成可持续发展、终身学习的品质。学习能力主要包括选择与获取、管理与调控、独立与合作三个维度。

十七、俄语学科核心素养

俄语学科核心素养包括语言能力、文化意识、思维品质和学习能力，是在积极的言语实践活动中形成的，它们相互依存、彼此促进、协同发展，是俄语学科育人价值的集中体现。具体内涵表述如下：

1. 语言能力

语言能力是认知、理解和运用语言，借助语言进行思维、表达与交流的基本能力。

培养和发展学生的俄语语言能力能使学生通过各种方式接触和认知俄语，获得俄语语言知识和言语技能，形成初步的俄语语感和语言意识，为学生的终身语言学习奠定基础。

2. 文化意识

文化意识是指对文化的多元性、重要性和影响力的认识及文化对话能力，是成功进行跨文化交际的必要条件。

培养学生文化意识能使学生在认同、欣赏中华优秀传统文化的基础上，增强文化自信、民族自豪感和社会责任感，树立人类命运共同体意识，了解、尊重与包容对象国文化，促进和而不同、兼收并蓄的文明交流，形成正确的世界观、人生观、价值观。

3. 思维品质

思维品质是指能在母语思维的基础上，运用外语思维，获取多元视角，丰富认知体系，形成分析与综合、归纳与演绎、批判与创新的思维习惯，具体指俄语思维能力、多元思维方式和创新思维能力。

培养学生思维品质能使学生在与母语进行比较和分析的基础上形成俄语思维能力，丰富思维体系，加深对世界的认知，提高用多语进行交流和解决问题的能力。

4. 学习能力

学习能力是指获取知识、运用知识、自我调控等方面的综合能力，是掌握外语知识、提升外语素养的必要条件。

培养学生学习能力能使学生具备良好的学习态度，增强自信心、专注力和意志力，养成良好的学习习惯，具备监控、反思、调整和评价自己学习的能力和终身学习的能力。

十八、德语学科核心素养

德语学科核心素养主要包括"语言能力""文化意识""思维品质"和"学习能力"。它既体现立德树人、全面发展的育人内涵，也反映学生的能力水平，是学生通过德语课程学习逐步习得的基本知识和基本技能以及逐渐形成的必备品格与关键能力，是方法、情感态度和价值观等方面的综合体现。四大核心素养相互依存、彼此渗透并协同发展，共同服务于课程总目标。

1. 语言能力

能在一定情境中借助德语有效获取信息、进行交流，具体指德语知识、德语理解和德语表达。语言能力是德语学科核心素养的基础，学生"文化意识""思维品质"和"学习能力"素养的形成和发展均以此为基本前提。通过德语课程的学习，学生能结合语境，有目的地综合运用德语语言知识，理解、分析和构建多类德语书面和口头篇章，能听懂、看懂一般社会日常生活题材的音频和视频资料，并能用德语就相关主题进行各类话语活动。

2. 文化意识

能在认同中华文化的基础上，理解、掌握德语国家和地区文化及其交际特点，有效进行跨文化交流，具体指文化认知、文化态度和文化认同。在与不同文化群体成员的交流过程中，文化意识不仅能提高沟通成效，还有助于培养学生开放、宽容的文化心态，增强文化自信。通过德语课程的学习，学生能了解、评价和批判性地接受德语国家和地区的文化，不断提高跨文化交际能力，继承和弘扬中华文化，推动中华优秀传统文化、革命文化和社会主义先进文化与德语国家优秀文化乃至全球多元文化的交流、构建人类命运共同体。

3. 思维品质

能在母语思维的基础上，运用外语思维，获取多元视角，丰富认知体系，进行联系、比较、批判、反思，形成创新的思维品质，具体指德语思维能力、多元思维方式和创新思维能力。通过德语课程的学习，学生能在对母语和德语及其他外语进行翻译、比较、分析的基础上，丰富思维体系，从而运用多元视角进行质疑、分析和判断，加深对世界的认识，提高用双语或多语进行交流和解决问题的能力。

4. 学习能力

能主动规划、调整和控制自己的学习过程，掌握恰当有效的学习方式，获取信息并判断信息的价值，具备协同合作、互评互鉴的意识和能力，具体指学习策略、学习态度和团队合作。通过德语课程的学习，学生具有自我驱动的学习动机，能自主选择学习内容，掌握自我调节的学习策略，善于迁移、转化其在德语学习过程中获得的学习能力，善于在团队中学习，逐步养成良好的学习习惯，形成终身学习的意识和能力。

十九、法语学科核心素养

法语学科核心素养主要包括语言能力、思维品质、文化意识和学习能力，是学生在接受相应学段法语课程教育的过程中，逐步形成和提升的适应终身发展和社会发展需要的正确价值观念、必备品格和关键能力；四者相互联系，相互融通，是法语学科育人的根本要求。

1. 语言能力

语言能力是指在社会情境中以听、说、读、写等方式理解和表达意义、意图和情感态度的能力。法语课程通过教授学生语音、词汇、语法等基础知识，培养学生法语和学习其他外语的基本能力，并能帮助其在日常生活的具体语言情境中灵活应用这些知识。

2. 思维品质

思维品质是指在母语思维的基础上，通过外语学习，丰富认知体系，形成批判性思维能力、多元思维方式和创新思维能力。法语课程使学生通过翻译、编译、释义等活动，运用多元视角进行质疑、分析和判断，加深对世界的认识，提高用双语进行交流和解决问题的能力。

3. 文化意识

文化意识是指在认同中国文化的基础上，对法语国家与地区文化的感知、认识和理解。法语课程使学生了解法语国家与地区的文化基本知识，认识文化多样性，形成跨文化沟通和交流能力，在交流中传播和弘扬中华优秀文化，坚定文化自信，尊重差异，促进合作，树立人类命运共同体意识。

4. 学习能力

学习能力是指获取知识与学习资源、管理与调控自身学习的能力。学生通过法语课堂学习和课外活动，掌握法语学习和其他外语学习策略，逐步形成自主学习的意识和主动探究的兴趣，养成自我管理习惯，懂得与他人交流和合作，共同完成学习或研究任务。

二十、西班牙语学科核心素养

西班牙语学科核心素养主要包括"语言能力""文化意识""思维品质"和"学习能力"。这些学科核心素养有明确的育人内涵和水平表现，并形成互为依存、相互渗透、共同发展、协同增效的融合及互动关系，共同服务于课程的总目标。

核心素养是由上述四个维度构成的整体，不可分割，在某一特定的学习阶段，四个维度的内容既有交集又各具特点，相辅相成，互相促进。随着学习阶段的推进，四个维度的内容不断深化，呈螺旋上升的态势。核心素养不是静态的，而是动态的，其目的是帮助学生形成有价值的必备品格和关键能力。

1. 语言能力

西班牙语语言能力是指在社会情境中借助西班牙语进行理解与表达的能力，是学生发展"文化意识""思维品质"和"学习能力"的基础。

培养和发展学生的西班牙语语言能力，就是让学生通过学习西班牙语语言知识及其表意功能，领悟语言与世界、语言与思维、语言与自我之间的关系，并最终形成在各种情境中理解、分析和构建多类西班牙语口头和书面篇章的能力。

2. 文化意识

文化意识重点指中外跨文化交际的意识，具体指文化认知、文化态度和文化认同。文化影响着个体的价值观、思维方式和生活方式。

培养学生的文化意识，就是帮助学生加强对中华优秀传统文化的认同，坚持中华文化立场，发展中国特色社会主义，尊重人类文化多样性，增强民族自豪感和社会责任感，形成正确的价值观，树立文化自信，增强家国情怀，为讲好中国故事、学习人类先进文化奠定基础，为提高国家文化软实力不断努力。

3. 思维品质

思维品质是指个体在多语思维中智力水平的体现。思维与语言有着密切的关系，思维的发展促进语言的发展，语言的发展也对思维的发展产生重要影响。两者相互依存，相互促进。

培养和发展学生的思维品质，就是让学生通过学习西班牙语，形成分析与综合、归纳与演绎、批判与创新的思维品质，并最终具备初步的西班牙语思维能力和价值判断能力。

4. 学习能力

学习能力是指学生在学习西班牙语过程中逐渐形成的主动学习和自我提升的意识、能力和品质，是学生对学习策略的掌握。

培养学生的学习能力，就是让学生通过学习西班牙语，认识到西班牙语学习具有持续性和渐进性的特点，并善于迁移、转化其在西班牙语学习过程中获得的学习能力，从而学会不断总结，并掌握学习策略，形成团队合作和终身学习的意识。

依据学生发展核心素养体系确定学科核心素养

王云生 [1]

学生发展核心素养的形成需要各学科在教学中帮助学生形成具有学科特质而又含有跨学科元素的关键能力和必备品格。各个学科的核心素养是学生在该学科（或特定学习领域）学习过程中取得的能体现学科本质特征的关键成就，集中体现学科育人的价值。各学科核心素养都是学生发展核心素养的重要组成部分，都要体现学生发展核心素养的基本要求。

学科课程应该依据学生的成长规律和社会对人才的需求，把德智体美全面发展总体要求和社会主义核心价值观的有关内容细化，结合学科的内容特点制定契合学生发展核心素养的学科核心素养。学科核心素养的形成，需要结构化的学科知识和技能，需要具备认识、理解自然和社会的学科观念及思维模式，需要原则性地了解学科学习和研究方法，在学习过程中孕育正确的世界观、人生观和价值观。一些教育专家指出，基础教育的各个学科所构成的学科群，都要按学科教学目标权重形成如下序列的核心素养：兴趣、动机、态度；思考力、判断力、表达力；观察技能、实验技能、知识及其背后的价值观[1]。

从学科哲学和教育哲学的视角，从世界观和方法论的高度分析学科的本质特征、学科的社会性，可以帮助我们从具有学科特点的基础知识、基本技能、学科方法中提炼出跨学科的有助于形成适应现代社会的品格、素养和关键能力的要素，确定学科的核心素养。例如，确定高中化学的学科核心素养的内涵，可以从我国基础教育的总目标，从我国学生发展核心素养要素出发，结合化学学科的本质特征和基础教育阶段化学教育、教学的性质和目标做系统性的研究。化学是从分子的角度看待和研究物质的组成、结构、变化和创造新物质的科学，化学科学的功能在于认识物质世界、指导人们合理地利用自然资源，保护环境，创造新的物质，保证社会的可持续发展。从化学哲学

---

[1] 王云生，福建教育学院化学教学研究所研究员，特级教师。

的视角看，化学课程应当帮助学生形成看待和研究物质及其变化的基本观念、价值取向、方法和化学科学伦理，即形成正确看待化学变化过程的世界观和方法论。

高中化学课程的学习内容，包括人类在化学研究和实践中形成的最基础的化学基本概念、基本原理、基本方法，看待、研究和利用物质及其变化的基本观念，也包括处理人与物质世界关系，处理与之相应的人与社会、人与人的关系的准则和方式。从教育哲学的视角看，化学学科的学习内容和教育价值，不仅仅是化学基础知识、基本技能的传承，化学方法的习得和化学学科价值的认识，还应该包含跨学科的知识、观念、思维方法、价值观和科学伦理观念的形成。由此，可从以下几方面考虑化学学科核心素养内涵的维度：看待物质世界和对待化学科学的基本态度、基本观念和价值取向；分析、处理、解决有关化学问题的基本观念、思维方式和思维习惯；认识、研究物质世界的行为方式和关键能力；对待科学技术、社会和环境关系的基本态度；处理人与自然、人与社会、人与人关系上的行为方式和相应能力。化学学科核心素养的要素应该包含物质客观性和可认知性的观念与认知能力；科学精神、科学探究意识和探究能力；物质变化和能量转化的规律意识与理性思维习惯；宏观视野、微观分析和符号表征能力；交流合作意识、科学伦理意识和社会责任感。化学学科专家认为，高中化学核心素养可以用"宏观辨识与微观探析""变化观念与平衡思想""证据推理与模型认知""科学探究与创新意识""科学精神与社会责任"等五项内容来概括。"宏观辨识与微观探析""变化观念与平衡思想""证据推理与模型认知""科学探究"，把化学基础知识技能的学习、化学基本观念和化学思想的建构、化学科学的学习、研究方法的熏陶等方面相融合，既体现化学学科的特质，又包含了理科学习应培养的核心能力和品质的培养要求；"科学精神和社会责任""创新意识"体现了"立德树人"的方针和时代对人才的培养要求，有利于高中学生发展核心素养的形成。

参考文献：
[1] 钟启泉.核心素养的"核心"在哪里——核心素养研究的构图[N].中国教育报，2015-4-1.

学科核心素养的抬升与降落
——以美术学科为例

尹少淳 [1]

一、来自学科特征和育人功能的学科核心素养

从此次普通高中课程标准的修订过程看，专家们思考和研究的次序是从核心素养到学科核心素养。每个学科课程标准修订组不仅需要认识核心素养的由来以及中国学生核心素养的内涵这类问题，而且还要认识什么是学科核心素养以及如何提炼本学科核心素养等问题。如美术学科核心素养的提炼，必须来自美术的学科特征和独特的育人功能。美术学科的特征即其区别于其他学科的基本属性。经过反复思考和甄选，我们认为"视觉形象性"是美术学科的鲜明特征。"视觉形象性"决定了美术学科的存在，也决定了美术学科的价值和意义，进而决定了美术教育或美术课程的价值和意义。因为美术学科对于社会和个人的价值和意义，是从我们对视觉形象的感知、理解和创造而生发的，所以这些价值和意义转化在美术课程中表现为培养人的观察能力、想象能力、思考能力和创造能力，以及促进交流、传播文化和美化环境等育人功能。这些育人功能经过概括和提炼就形成了目前普通高中课程标准中呈现的图像识读、美术表现、审美判断、创意实践和文化理解五大素养。其中，图像识读是对"视觉形象"的感知、理解和鉴赏，美术表现是对"视觉形象"的创造和生成。基于它们，学生的审美判断、创意实践和文化理解素养方能得以逐渐形成。

二、提炼学科核心素养的原则

将学科的特征和独特的育人功能提炼成学科核心素养，必须遵循三个原则。其一，学科核心素养在人不在物。学科核心素养应该表述为人的素养，或者说应该以人为载体，否则只能称为学科原理和学科大概念。美术学科的五个核心素养均表述为人的素养。例如，关于图像识读，课程标准中对其内涵的解释是"指对美术作品、图形、影像及其他视觉符号的观看、识别和解

---

[1] 尹少淳，首都师范大学美术学院教授，普通高中美术课程标准修订组负责人。

读"，显然其行为主体是人，表现为人的素养。其二，学科核心素养立足于学科或者说与学科密切相关。既然是学科核心素养，就不应该脱离学科进行表述。如果表述为"学习能力"而不具体表述为某学科的学习能力，那么它可能是核心素养，而非学科核心素养。在美术学科核心素养中，"图像识读"和"美术表现"明显是美术学科的，而"审美判断""创意实践"和"文化理解"虽然字面上没有呈现美术，但内涵表述上完全是美术的。例如，对"文化理解"内涵的解释是"指从文化的角度观察和理解美术作品、美术现象和观念"。之所以将这几个貌似具有"公共性"的素养列为美术学科核心素养，一是因为它们与美术学科的关系极为密切，二是因为达成这些素养走的是"美术"这一独特的通道。其三，学科核心素养不是学科知识与技能，但与学科知识与技能密切相关。例如，我们没有提所谓"素描素养""速写素养""色彩素养"，而是提"美术表现"素养。是因为相对而言"美术表现"属于上位的概念，能够统领"素描""速写"和"色彩"。

三、由知识、技能向学科核心素养"抬升"

可见，核心素养的提出，实际上是从以往对知识与技能的关注向必备品格和关键能力"抬升"。进入21世纪，随着科学技术的发展，现实的复杂性、不确定性现象日益突出，知识和技能的更新也在不断加速。不仅如此，在信息化环境下，学生的学习行为也将突破空间和时间的限制，学习正变成一种"随时随地"的行为。这些变化，导致教育需要将对知识和技能的关注抬升至对核心素养的关注这一更高的层面。如果将知识、技能比作铁路网中的一个一个小站，那么学科核心素养就是一个枢纽站，而核心素养则是更大的枢纽站。只要我们从枢纽站出发，就能到达一个一个的小站。换句话说，学生的核心素养和学科核心素养，使学生对知识、技能的学习和掌握变得更加轻松，而且也更容易应对复杂和多变的现实。这就是为什么需要将课程目标从具体的知识、技能向核心素养和学科核心素养抬升。

四、学科核心素养与知识、技能的关系

当然，抬升课程目标并不意味着要忽略知识、技能，如果没有知识、技能做内涵，所谓核心素养和学科核心素养就会空壳化。实际上，中国基础教育体现的正是一种包容性的改革与发展。"三维目标"中包含了"双基"，"学科核心素养"中又包含了"三维目标"。面对新的教育观念和课程体系，最有效的理解方法，就是弄清楚它与我们"已知"的关系。关于什么是学科核心素养，这么一种解释一直影响着我们的认识："个体在面对复杂的、不确定的

现实生活情境时，能够综合运用特定学习方式下所孕育出来的（跨）学科观念、思维模式和探究技能，以及结构化的（跨）学科知识和技能，分析情境、提出问题、解决问题、交流结果过程中表现出来的综合品质。"（杨向东 2015）其中包括四个要素：其一，现实生活情境（或者说问题情境）；其二，学科的观念、思维模式和探究技能；其三，学科知识与技能；其四，解决问题。笔者曾用大家耳熟能详的《司马光砸缸》的故事说明学科核心素养与知识、技能的关系。"情急救人"是司马光遇到的问题情境。要解决这一情境中的问题，他需要拥有诸如"人会被水淹死""水往低处流""石头或其他硬物能够将水缸砸破"等知识，而且还需要在有限的时间里将石头砸在水缸合适的位置上，将其砸破，将水放出。可见，解决任何问题都不能没有知识与技能的参与。

因此，问题不在于是否需要知识与技能，而在于我们是否能成功地将它们转化为素养。以往我们是脱离知识与技能的价值和用途，静态而孤立地学习它们，现在我们则需要将知识与技能放在解决问题的背景中加以选择、获取和运用。经常性开展此类学习活动，学生就会在问题情境中逐渐学会解决问题，并逐渐形成学科核心素养。这样，我们也就寻找到了学科核心素养"降落"的途径。

五、学科核心素养的"降落"

即将实施的美术教学究竟应是什么样态呢？这是美术学科核心素养"降落"过程中必须认真思考的问题。

我们构想的美术教学的样态应该是主题单元式的。之所以是单元式的，是因为解决问题需要一个相对充分的"过程"。主题则是问题的"指向"，问题包含在主题之中。学科核心素养作为一种新的教育和课程的概念，必须在实施过程中才能真正实现其现实效益。但目前并没有多少教师知道应该如何实施学科核心素养本位的美术教学，因此，必须提供一个可以据此一步步完成教学的程序结构。就像杜威先生所做的那样。他在提倡问题教学这样一个关于教育的新的思想观念之后，为了让教师能够有效地实施这样的思想观念，接着提出了"设置问题情境—确定问题或课题—拟定解决课题方案—执行计划—总结与评价"这样一个可以遵循的程序结构。

为了帮助教师有效地实施学科核心素养本位的美术教学，笔者也尝试设计一个可以遵循的程序结构（图1）。

基于核心素养教学改进的落地导引

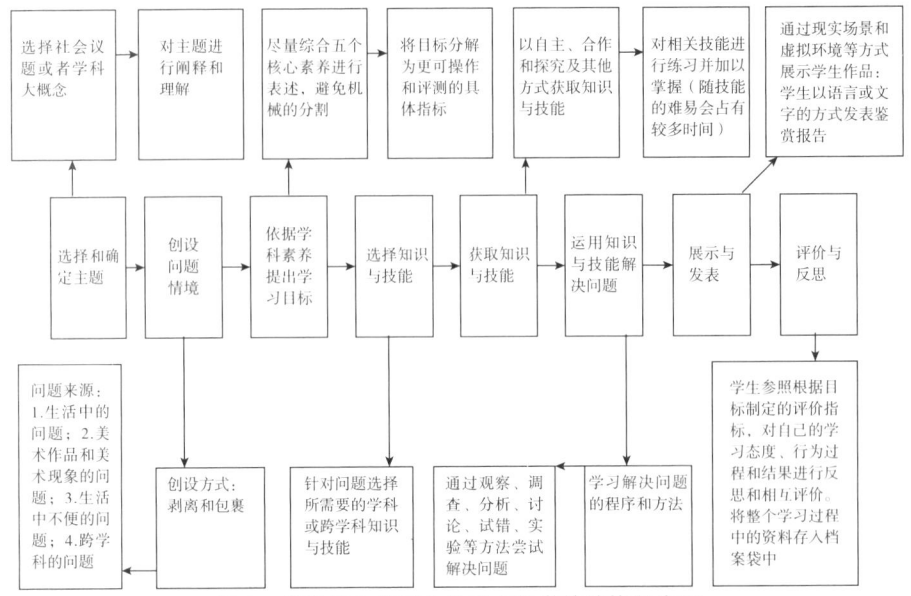

图 1　学科核心素养本位美术教学的结构程序图

这个结构程序由选择和确定主题、创设问题情境、提出学习目标、选择知识与技能、获取知识与技能、运用知识与技能解决问题、展示与发表、评价与反思等要素或环节构成。具体展开如下：

1. 选择和确定主题。可以选择大概念（Big Ideas）作为主题。大概念是一个思维框架，可以容纳一些小概念，因此它具有组织和整理思维和检索知识的功能。大概念可以分为社会或学科两大类。美国学者悉尼·沃克提出，适合于在美术教学中运用的大概念主要有梦与噩梦、生活圈、敬畏生命、相互依赖、个人身份、权力、社区、生与死、社会秩序、情绪生活、英雄、家庭、理想主义、礼仪、现实观点、矛盾冲突、社会规约、精神性各种关系、人类多样性、物质主义、自然与文化、幻象等。节奏则是典型的学科大概念，理解了节奏，我们不仅可以认识自然现象，也可以认识文学、音乐的规律，还可以认识美术的现象及其规律。另一位美国学者大卫·珀金斯则提出了选择主题的依据：（1）对于美术至关重要；（2）与其他学科存在联系；（3）易为学生接受；（4）能激发教师的兴趣。在这一阶段，教师和学生的共同任务是对所选择的主题进行准确的阐释和深入的理解。

2. 创设问题情境。问题情境是包含问题的现实情境，问题是学习活动的基本动力，而情境则是具有可感性的环境。解决问题可以是一种任务驱动式的学习活动，原本可以直接从布置解决问题的任务开始学习活动。将整个过程往现实情境前移，实际上蕴含某种深意，目的是将"生活"作为发现问题和解决问题的学习活动的起点。因为我们无时无刻不在生活之中，会在其中遭遇各种各样的需要解决的问题。

问题情境可以分为两种，一种是真实的问题情境，一种是虚拟的问题情境。在真实的问题情境中，学生会实实在在地遭遇到需要解决的问题。例如，使用耳机时学生会遭遇到耳机线缠绕的问题，需要通过以设计的方式进行创意，提出改进的方案。所谓虚拟的问题情境，指教育方为了"推销"被认为重要的学科知识与技能而设置的问题情境。不可否认，其中会包含维护学科的完整性和系统性的意图。更重要的是，在核心素养背景下，这些知识与技能被认为能帮助学生更好地学会解决问题，形成素养。如果仅仅强调真实的问题情境，则很多的知识与技能是学生在生活中一辈子恐怕都难以遭遇的。例如，数学中的微积分和美术中的油画。如果将真实问题情境比作实战，虚拟问题情境比作演习，那么，演习的趋势应该是越来越接近实战，具有极高的仿真性。因此，在教学实践中，即便是设置虚拟的问题情境，也应该尽量使之逼近真实的问题情境。

在美术学科中，问题情境的设置有两种方式。一种是在情境中捡出问题，谓之"剥离"，如同将香蕉皮剥开一样；一种是将一个好的问题植入情境，谓之"包裹"，如同给饺子馅裹上饺子皮一样。问题源则主要有社会现实中存在的问题、美术作品和美术现象中的问题、生活中存在的不便的问题和跨学科的问题。从另一种分类方式看，也可以分成态度问题、认识问题、方法问题、等等。

3.提出学习目标。核心素养本位的美术教学目标究竟如何设计，是继续以三维的方式呈现，还是以学科核心素养的方式呈现，目前并没有定论和成形的样式。但既然是学科核心素养本位的美术教学，那么学科核心素养就应该成为新的目标指向，其呈现方式也应该发生相应的改变。因此，笔者主张以五个美术学科核心素养来呈现学习目标。但需要注意它们之间的有机性，因为一次学习活动可能将全部学科素养都"带"出来。当然，倘若能将"三维目标"和"学科核心素养"结合起来呈现目标，则更为理想。对此，需要做进一步的思考和实验。

教学或学习目标是教学设计的基本要素，经验却告诉我们，很多教师在设置教学或学习目标的时候往往十分随意，导致目标空置，跟后面的教学或学习行为、评价几乎没有任何关系。因此，国外有学者倡导教学中的评价导向，甚至有人认为评价对教学的影响超过了目标。对此，我们并不苟同，但如何将目标变得可操作和可评测，倒是值得严肃思考的问题。要使得目标真正在教学中发挥方向性的引导作用，需要将其分解成为可以操作和评价的具体指标。

4. 选择知识与技能。在学科核心素养本位的教学中，需要针对解决问题的需要，选择相关的知识与技能。例如，如果我们需要让学生为自己设计一个logo（标志、徽标），那么所需要的知识则是关于什么是象征的知识，如何用一个抽象或具体的符号代表自己，以及关于线条和色彩的知识和完成一个logo的技能和方法。与此无关的知识与技能则不在考虑之列。当然，学科核心素养本位的美术教学对知识与技能应该秉持辩证的态度，不能完全以"用"的需要选择知识与技能，对一些最基础的知识与技能即使暂时"无用"，也应该加以选择，以备他日之"用"。但花在此方面的时间和精力应该有所控制，否则会因为过于顾及知识与技能的系统性和完整性，回到以往的轨迹，导致偏离学科核心素养的方向。

为了避免知识与技能片段化的弊端，教师还可以用思维导图、矩阵图、树形结构图、时间轴和地图等方式帮助学生形成知识与技能的整体观。

5. 获取知识与技能。选择了知识与技能之后，如何将它们内化为学生自己的呢？这需要运用一定的学习方式，并经历一定的学习过程。在此方面，我们需要继续沿用21世纪初开始的基础教育课程改革的成果，倡导综合运用自主、合作和探究性的学习方式。当然，其间也不完全排除接受性学习和模仿、练习等学习方式。因为美术涉及技能，不通过模仿和练习，难以熟练。没有熟练不可能用美术的技能解决任何问题（创作和设计作品，表达意图和情感，参与跨学科学习活动等）。所以，这可能是花费时间最多的阶段，需要若干课时用于练习，掌握技能，实现相对的熟练。

6. 运用知识与技能解决问题。以某种方式获得知识与技能之后，还需要将它们运用于一些解决问题的方法和程序中。美术学科有自己独特的解决问题的方式。例如，解决创作问题，需要通过观察、构思、借鉴、画草图、调整、画正稿、完善等。解决设计问题，需要通过调查，收集资料和数据，思考功能、审美、材料、节约、环保等问题，探索形式、结构与功能等关系，以草图呈现构想，并征求意见，不断改进与完善，形成正式的设计作品。解决鉴赏与批评问题，需要通过观察、阅读、思考、比较、讨论等方式形成观点和看法，并用言论和文字加以评析。在这些过程中，还会运用到一般性的解决问题的方法，如观察、分析、讨论、试错、实验、制作等。这样，学科核心素养本位的美术教学中解决问题的特殊方法，就与解决问题的一般方法发生了关联，由前者向后者迁移，从而实现学科的核心素养向人的核心素养拓展。在运用知识与技能解决问题的过程中，还会涉及诸如细致、严谨、耐心、坚持、理性、虚心、合作、热情、冒险、大胆和果断等态度与品质。这些态度与品质也会在整个过程中得到培养和发展。

7. 展示与发表。解决问题之后，会形成一些成果，例如，学生创作的美术作品（绘画、雕塑、摄影、影像、数码绘画等），完成的设计作品（书籍装帧设计、海报设计、产品设计、建筑与环境设计等）和工艺作品（陶艺、染织、编织、木工、纸工等），形成的鉴赏报告和艺评文章，以及参与跨学科学习活动的美术方案及其成果等。教师可以鼓励学生通过真实环境（展厅、教室、走廊等）和虚拟环境（计算机网络、微信群和QQ群等）将上述成果进行展示与交流。展示是艺术活动的有机组成，其中蕴含着极大的教育价值。因此在2014年颁发的美国《国家核心艺术标准》中，展示被视为基本学习活动结构之一（完整的学习活动结构包括创作、展示、反应和关联）。展示活动不仅使得美术创作实现其社会价值，也能促进学习成果的交流，形成人与人之间的沟通。

8. 评价与反思。在此阶段，学生需要参照此前根据学习目标制定的评价指标，对自己的学习态度、学习过程和学习结果进行反思和相互评价。教师或其他评价主体，也应该参与到评价活动中，并鼓励学生将整个学习过程中的资料存入学习档案袋中。如此不仅有效地实施过程性评价，而且为终结性评价提供资料。

总之，核心素养和学科核心素养是回应现实的复杂性和不确定性的智慧的教育选择。其将重心放在了学生解决现实中复杂问题的必备品格和关键能力的培养上，同时这些必备品格和关键能力也能有效地帮助学生从价值和意义层面上主动地选择、获取和更新知识与技能，以适应现代社会的生活和工作。如何有效地通过教学培养学生的核心素养和学科核心素养，是摆在我们面前的艰难任务。教师应切实领悟学科核心素养导向下教学的价值取向和方法特征，创造出丰富的与之相适应的教学程序和方法，使得教学真正完成向学科核心素养的归位。

基于核心素养教学改进的落地导引

学科核心素养不能只从学科出发

杨德军[1]

核心素养提出后，如何落实成为所有国家、地区一直在尝试探索和实践的重要问题。那么，如何从学科层面落实学生发展核心素养呢？在我国，核心素养具备如下几个特性：一是核心性。核心素养是人的各种素养从支撑每个健康个体成功生活、建立健全社会层面提炼的核心价值，是最核心的素养，具有核心性。二是普遍性。核心素养不是只适用特定学科、特定情境、特定人群，是适用于普遍情境和普遍学生的素养，具有普遍价值。三是融合性。核心素养并不直接指向特定学科，是教育中的共性素养，体现不同学科共通的融合价值，具备学科融合性。四是发展性。核心素养在各教育阶段具有循序渐进、层次化发展的特点，具有发展性。因此建议：

1. 学科素养需要在核心素养的整体框架下进行构建。首先突出育人目标的达成，真正为有利于个人及社会良好发展培养必需的品质和能力，各学科均要以核心素养为具体目标，体现学科对核心素养的全面关注，体现核心性、普遍性、融合性和发展性，改变以现有追求知识体系完整的学科取向，转变到以培育学生核心素养为目标的素养取向。

2. 处理好学科素养与核心素养的矛盾统一关系。学科素养既要关注核心素养框架下的学科特长，重点梳理、建立本学科对核心素养具有"特别支撑"的学科本体素养，例如，物理、化学学科对学生科学素养培养的"特别支撑"，建立学科素养培养的特色路径，培养本学科特别支撑的核心素养。同时，学科素养还要始终关注本学科支持学生发展核心素养培养的学科发展素养，例如，物理学科还要关注阅读、人文、合作等素养的培养，支持学科联系和学科外联系，形成横向联合、纵向衔接的学科素养层次结构。

3. 加强基于学生发展核心素养的区域、学校课程顶层设计与结构创新。进一步扩大学校课程建设自主权，着力推动国家、地方、校本三级课程整体优化和协调发展。学校课程的整体设计，要以课程结构创新为突破口，优化课程结构、协调课程门类、提升课程品质、增强课程适应性，以综合实践活动为支撑点，推动学科、课程整合和校内外教育一体化。因此，要加强课程

---

[1] 杨德军，北京教育科学研究院基础教育课程教材发展研究中心主任。

改革统筹规划，做好五个教育超越：

一是在改革目标上，逐步实现课改边界的超越。努力实现由知识指向向核心素养指向的转变，关注学生生命的质量，关注育人文化、课程文化的建设。

二是在构建路径上，逐步实现课程边界的超越。努力实现由关注学科课程向关注课程整体的转变，关注课程整体化学习，关注"创造与个性"式课程。

三是在教与学方式上，逐步实现课堂边界的超越。结合线上线下教育，努力实现课堂的静态固定时空向动态生成时空的转变，尝试走组、走班等教学形式，强化家校协同，突出课程的选择性、多元性和丰富性；利用信息技术优势，实现教学时空拓展。

四是在资源供给上，逐步实现资源边界的超越。要树立教育服务资源观，丰富资源类型，扩大优质资源覆盖面；要结合实际，构建教育资源供给的统一战线，努力将校内外丰富的教育资源整合进学生的学习生活；要关注教与学中生成性资源的作用。

五是在评价体系上，逐步实现考试评价边界的超越。关注考试与课改的一体化，明确以考试招生评价制度改革服务课改，撬动减负增效，全面推进素质教育。考试要关注学生的全面发展，建立学考一致的系统机制。

英语学科核心素养之文化意识：实质内涵与实践路径

章策文[①]

一、文化意识的实质内涵

2003年版的《普通高中英语课程标准（实验稿）》（以下简称"课程标准"）以培养学生综合语言运用能力为课程的总目标，并细分为语言知识、语言技能、学习策略、文化意识和情感态度五个维度。最新颁布的《普通高中英语课程标准（2017年版）》（以下简称"新课标"）提出了英语学科核心素养主要包括语言能力、文化意识、思维品质和学习能力。虽然提法各不相同，

---

① 章策文，扬州大学教育科学学院博士研究生，南京外国语学校仙林分校英语教师、中学高级教师。

但精神实质是一脉相承的。与 2003 年版的课程标准相比，2017 年版的新课标将语言知识、语言技能整合为语言能力，将学习策略深化为学习能力，保留了文化意识，增加了思维品质。思维贯穿语言学习的全过程、日常生活的全方位，新课标体现了对学生思维发展与品质养成的重视。情感态度的培养贯穿在一切学科学习过程中。英语学科育人的目标就是要让学生形成正确的情感、态度、价值观，培育和践行社会主义核心价值观，把学生培育成具有中国情怀、国际视野和跨文化沟通能力的社会主义建设者和接班人。在以核心素养为主要特征的新课标体系中，情感态度的培养应该属于文化意识的范畴。因为文化知识的学习、文化行为的分析，必然使学生产生相应的文化价值判断、文化情感体验和文化态度确立。因此，在英语学科教育的过程中，丰富学生的文化知识、增加学生的情感体验、端正学生的文化态度、形成学生正确的价值判断、内化学生的文化品格、优化学生的文化行为是培养学生文化意识的重要内容。文化意识应该涵盖文化知识、文化技能、文化情感和文化行为。

（一）文化知识：积累丰富的中外文化知识

积累文化知识是语言学习的基础，也是形成文化意识的前提条件。只有当学生拥有足够的文化知识储备，熟悉各种文化现象，了解文化现象背后的历史渊源时，他们才有可能通过比较、分析，形成文化判断，做出文化取舍，并将文化价值观内化成文化品格，外显为文化行为。文化是社会的产物，涉及社会生活的方方面面。在英语学习过程中，不仅要关注语言文字本身所承载的文化内涵，如词汇、谚语、俚语等，也要关注英语国家社会生活中的物质文化，如餐饮、服饰、建筑、交通、发明创造等，以及精神文化，如哲学、文学、艺术、社会习俗、道德修养、生活方式等。此外，在学习的过程中，不仅要关注英语国家的文化，也要关注与之相对应的中国文化，不断积累中国文化知识，探究中国文化内涵，了解中华文化的意义。只有熟知中西方文化，才能进行合理的对比与判断，科学地鉴别与继承，在批判与反思中拓宽国际视野，理解和包容不同文化，坚定文化自信，形成正确的价值观和道德情感。

（二）文化技能：形成准确的文化判断

文化技能是指学生在积累了丰富的文化知识的基础上，通过对比、分析、综合等思维方式，结合时代背景和社会环境，对各种不同文化现象进行分析和鉴别，从而形成正确的价值判断的操作能力。文化知识的积累能帮助学生开阔视野，了解世界各个不同国家的建筑风格、服饰、饮食、自然环境等物质文化，更能让学生体验、领会不同民族的风土人情、社会习俗、节日传统、社会制度、价值追求等精神文化。面对纷繁芜杂、形态各异、良莠不齐的各种文化现象，英语学科教育有责任和义务培养学生的文化判断能力，提升学生的文化欣赏力和文化鉴别力。文化判断力的培养要从探究相关文化的社会历史根源出发，求本溯源，从社会生产和经济生活等客观角度探寻文化现象的本源，以及其在历史变迁中的发展演变，从而理解某种特定文化现象的历史性、民族性、时代性及发展性，培养学生在历史背景、社会环境等大背景下评价判断文化现象的意识和能力，形成历史唯物主义文化史观，避免脱离历史环境的主观唯心的文化判断。在英语学科教育中，教师要鼓励学生结合时代背景，对比中西方不同的文化现象，分析其不同的历史渊源，厘清其现实意义和价值，形成正确的文化判断，从而更好地继承和发扬人类优秀文化成果。

（三）文化情感：具备高尚的文化品格

文化情感是学生在分析文化现象、鉴别文化价值、完成文化判断后，对不同文化现象产生不同价值判断的外显性态度表现。文化意识的培养在文化情感领域的目标就是要将学生正确的、科学的外显性的态度表现逐步内化成高尚的、内隐性的文化品格，内化成个体的气质特征。高尚文化品格的形成要以准确的文化判断为基础，以端正的文化态度为纽带，以正确的文化价值观为保障。英语学科教育要调动学生的思维能力，综合分析各种文化现象，探析文化内涵和文化价值，形成正确的文化情感和态度，并在主题语境下，通过一系列的文化活动，将这种情感和态度恒定化、常态化，发展成为文化品格。文化品格本质上是主体在文化领域所持有的恒定的价值取向。

（四）文化行为：践行得体的文化行为

文化行为是文化品格的外在表现和行为取向，是个体在具体的社会环境中，对某一社会习俗、传统、做法、信念等文化外显活动的遵从或摒弃。践行得体的文化行为是文化意识教育的最终目的和归宿，也是立德树人的基本落脚点之一。英语学科文化意识教育要培养学生在全球化的背景下，尊重、理解、包容不同文化，形成跨文化交际能力；继承和发扬优秀传统文化，借鉴、吸收优秀的外来文化；摒弃传统文化中封建、迂腐的部分，批判外来文化中没落、腐朽的部分；增强国家认同和家国情怀，坚定文化自信，树立人类命运共同体意识，学会做人做事，成为有文明素养和社会责任感的人，从而自觉践行得体的文化行动。

作为核心素养的文化意识不仅是客观文化现象在人脑中的反映，文化意识的教育也不应该停留在文化知识的获得、文化现象的观察这一表层，而应该深入挖掘文化现象背后的历史背景和社会根源，了解文化现象的历史意义和现实价值。文化意识应该是以文化知识为基础，以运用对比、分析、综合等思维方式形成文化判断为技能，确立正确的文化态度和情感，并内化成文化品格，最终表现为得体文化行为取向。培养学生的文化意识是多维度、多角度、立体化的过程，是认知、思维、态度、品质和行为全面提升的过程。英语学科教育中切不可舍本逐末，片面追求文化知识的积累，而忽视了认知、思维、态度、品质和行为的提升和发展，背离了核心素养的初衷。

二、培养学生文化意识的实践路径

核心素养视域下文化意识的实质内涵是培养学生文化意识实践路径的逻辑起点和实践基础。当前条件下，要培养学生的文化意识，主要依靠课内渗透、课外滋养。教师首先要树立文化教育的意识，要深度挖掘教材中的文化元素，开展课堂文化探究活动，拓展文化教育资源，增加文化生活体验，从而帮助学生形成文化价值判断，并内化成文化品格，形成文化自觉和得体的文化行为取向。

（一）树立文化教育意识，提升文化教育能力

在核心素养时代，培养学生综合语言运用能力不再是英语学科教育的唯一目标。语言能力、文化意识、思维品质和学习能力共同构成英语学科核心素养，共同构成英语学科教育的目标，共同服务于培养全面发展的人，共同促进落实立德树人根本任务。因此，教师要转变教学观念。课堂教学不能唯知识、唯语言，而要树立强烈的文化教育意识，要牢牢记住培养学生文化意识是英语课堂教学的基本目标和任务，是英语课堂教学的分内职责。教师只有从理论上理解、接受文化教育的必然性和重要性，才会在思想上高度重视，在行动上落实执行，才有可能让英语课堂充满文化气息。

教师文化教育意识的树立一定要坚持"专家引领""同行示范""自身反思"相结合的策略和路径，不能完全依赖教师自身的觉醒。长期以来，受应试教育的影响，基于语言知识的教学在中小学非常盛行。教师很难在短时间内突然转变观念，有些教师甚至会出现抵触情绪，担心关注文化教育会占用学生的时间，导致应试成绩下降。教育主管部门要聘请专家对教师进行培训，从理论上阐明文化教育的应然性、必然性和可行性，引领教师从理论上理解文化教育，在思想上重视文化教育。同时，还要鼓励一部分有理论素养、有探索精神、有改革意愿的教师做改革的先行者、探索者，在课堂教学中不断

探索文化教育的思路和方法，总结得失，不断完善。在时机成熟的时候，让这一部分教师开设以文化教育为主题的示范课、研讨课，激发和带动更多的教师思考、行动。当然，所有的引领和示范作用的发挥最终依赖于广大一线教师的实践和反思。教师自身的实践与反思是课堂教学改革的动力和源泉，是树立文化教育意识，促进文化意识教育的根本推动力。

（二）挖掘语篇文化元素，深化学生文化认知

新课标指出英语课程内容是发展学生核心素养的基础。课程内容应该包含主题语境、语篇类型、语言知识、文化知识、语言技能、学习策略六个要素。课堂教学要基于主题语境，依托语篇文化背景，教授语言知识，培养语言技能，形成学习能力，发展学生思维。对于语篇中的显性文化知识，教师要予以介绍、讲解和必要的扩充与拓展，使学生了解文化现象的历史与传承，了解其背后的社会背景和历史根源；要鼓励学生通过文化习俗介绍、文化类主题演讲、文化类海报制作等活动，牢固掌握文化知识，并在一定的范围内传播文化知识；要创造条件，设计课堂文化活动，使学生广泛参与文化体验，在体验中认识文化、接受文化、传承文化、传播文化。对于语篇中的隐性文化，教师要有敏感的文化神经，敏锐地发现文化元素，深度挖掘其文化内涵；要通过课堂教学活动的设计，引领学生发现隐藏在文本中的文化元素；要通过讨论、辩论、对比、分析、综合等手段和方法，使学生对不同文化有全面、客观的认知和评价，从而形成正确的文化判断、高尚的文化品格和得体的文化行为取向。

（三）举办校园文化活动，强化学生文化体验

文化意识的养成不能孤立地依赖课堂和文本。课堂和文本能给学生提供必要的文化知识，但离开了必要的体验、感悟与反思，学生很难形成正确的文化认知、文化判断、文化品格和文化行为。

举办校园文化节日活动，如外语节、文化节、艺术节等，设定文化活动主题，发挥学生主体作用，鼓励学生自主探究，利用各类资源，了解主题文化的内涵，开展丰富多彩的主题文化活动，如服饰文化展演、饮食文化展演、建筑文化展演、节日文化展演等。创造条件，让学生在活动中学习文化，感知文化，体验文化；在活动中探究文化，欣赏文化，思考文化，批判文化，从而形成正确的文化认知和文化价值判断。

校园文化活动的开展要具有全员性、多样性、体验性。要让学生都能参与到活动中来，做文化活动的参与者、实践者，在活动中审视文化。要有不同形式、不同主题的文化活动，避免单一、枯燥，要符合学生的身心特点，

切实可行，要让学生能实实在在地参与其中，在活动中体验、感知、反思。

（四）拓宽文化教育渠道，丰富文化教育资源

文化意识的形成是个长期的文化知识的积累过程和文化思维的养成过程。课堂和校园在文化意识的培养过程中扮演着非常重要的不可替代的角色，但文化意识的培养更需要整个社会系统的支撑。从广义上讲，校园生活也是社会生活的一个部分。学生应该在社会生活中接触文化、感知文化、体验文化、判断文化、反思文化。

学校和教师应该积极组织各类的文化游学活动、交流活动，让学生实地体验各民族本土文化，在社会活动中获得对不同文化的感性认知。同时，鼓励学生积极运用资源策略，关注报纸、影视、网络等媒体中出现的各类文化现象，积累文化知识。引领学生积极运用思维策略，对不同文化现象进行有逻辑性的、批判性的思考，从而使他们能够从跨文化视角观察和认识世界，对事物做出正确的价值判断，形成正确的文化意识。

思想政治学科核心素养应厘清的"五个关系"

马明贵[①]

培育学生发展核心素养，是进一步深化课程改革、落实立德树人根本任务的关键举措。要准确把握学生发展核心素养体系，明确思想政治课教学应如何培育学科核心素养，必须认识和处理好以下五个关系。

一、思想政治学科核心素养与学生发展核心素养的关系

"学生发展核心素养"是指学生应具备的、能够适应终身发展和社会发展需要的必备品格和关键能力。学生发展核心素养是最基础的、最有生长性的关键素养，其他素养都是从其中生长、延伸和拓展出来的。制定学生发展核心素养体系是从学生发展出发，其所提指标是跨学科的，是一个系统性、总体性的框架。

从学科内容来看，思想政治学科是一门涵盖经济学、法学、政治学和哲学等内容的综合性课程。如果仅从内容出发来提取学科核心素养，难免会局限于狭隘的学科本位而偏离育人方向。构建思想政治学科核心素养体系，必

[①] 马明贵，湖北省宜昌市教育科学研究院教育发展研究室主任。

须基于思想政治学科的育人本质，思考本学科能为培育学生核心素养作出什么贡献。要把握思想政治的学科本质，可以从三个视角出发：从核心价值来看，它是一门进行马克思主义基本观点教育的课程；从基本功能来看，它是一门提高学生认识社会、参与社会能力的课程；从培养目标来看，它是一门培养公民思想政治素养的课程。这一学科本质决定了其必须以提炼思想政治素养为出发点和落脚点。将学科本质和学科内容结合起来，由思想政治素养的提炼统摄相关学科内容，由相关学科内容支撑思想政治素养的培育，这决定了本学科所构建的核心素养体系包括政治认同、科学精神、法治意识、公共参与等四个要素。

由此可见，"思想政治学科核心素养"是从思想政治学科本质出发，对照"学生发展核心素养"框架体系的要求，突出思想政治学科的育人价值。思想政治学科核心素养是经历了思想政治学科的学习方式后形成的"学科关键素养"，它虽然具有明显的学科特点，但也是"学生发展素养"在思想政治学科的表现。

二、思想政治学科核心素养与"三维目标"之间的关系

知识与技能、过程与方法、情感态度和价值观"三维目标"的提出是我国第八次基础教育课程改革的伟大创举，可以说，三维目标观是最深入基层教师心田的课改理念，对推动基础教育课程改革发挥了巨大作用。本次新课程标准修订不再提"三维目标"，而是以"学科核心素养"代之，这是否意味着对"三维目标"的全面否定？

核心素养是指"个体在解决复杂的现实问题过程中表现出来的综合性品质"，包括知识、能力、情感态度价值观三个维度。就思想政治学科而言，学科核心素养包括核心知识、核心能力、核心品质，但不是它们的简单相加。

首先，思想政治学科核心素养与学科知识既有区别又有联系。学科核心素养不等同于学科知识，但学科知识的积累，是造就学科核心素养的条件；学科核心素养的形成，是学科知识积淀的结果。学科知识积累越丰富，学科素养积淀越深厚。不是所有的学科知识都能转化为学科核心素养，只有当知识真正转化为分析和解决实际问题的能力并指向人的精神世界时，知识才会成为人的一种素养。可见，思想政治课教学必须注重学科知识，没有知识的积淀，政治认同、科学精神、法治意识与公共参与等学科核心素养就难以形成。同时，思想政治课教学不能仅仅为了获取学科知识而教。在思想政治教学中，经常可以看到有些教师偏重学科知识的表层意义和机械训练，而没有

指向蕴含在学科知识之中或背后的精神、思想情感、思维方式、生活方式和价值观，这使得学科知识无法真正转化为学科核心素养。

其次，思想政治学科素养与学科能力相互联系。学科素养具有综合性、包容性，一般而言，学科能力包含学科知识及其外显的学科行为反应，而学科素养包含学科知识和学科能力，还包含除了学科知识、能力之外的其他更广泛的东西，呈现出跨学科的特点。学科素养是学科精神和人的生命的融合，会转变成人的习惯、气质、性格，并在一切场合、一切活动中自然流露、表现出来。由此可见，思想政治学科能力不同于学科核心素养，学科能力是学科核心素养的重要组成部分，两者甚至可以互为基础、互相转化。但是，不是所有的学科能力都能转化为学科素养。例如，如果法治教育课把法律教成一种纯粹的工具，而缺乏培育精神层面的信仰基因，如果法治教育增强的是学生应用法律谋取私利的能力，那这种能力背离了学科育人目标，当然不能称之为学科核心素养。

最后，思想政治学科核心素养目标与情感态度价值观目标也不能等同。思想政治学科的情感态度价值观目标是基于学科知识，从学科知识出发，在学习知识与技能的过程中，逐渐培育、形成和实现的，它一般是建立在学科本位的基础之上的。而思想政治学科核心素养是根据学生发展核心素养体系的要求，结合学科内容和学科本质，对学科育人目标进行的顶层设计，它超越学科而又依赖学科，学科核心素养的培育必须通过情感态度价值观目标的达成才能实现。基于学科知识本位而生成的情感态度价值观未必都能指向学科核心素养。例如，把法治课上成遵纪守法课，偏重刑法、处罚法等义务性规范的教育，这样可能令学生对法律心生恐惧，这种情感与学科核心素养是相背离的。

综上所述，在三维目标基础上提出核心素养，是对三维目标的发展和深化，新课标提出"学科核心素养"并不意味着对三维目标的全面否定，而是依据学生核心素养体系和学科本质，使学科课程更好地彰显育人功能。与三维目标相比，学科核心素养更多强调跨学科的必备品质和关键能力。

三、思想政治学科核心素养与具体学科模块之间的关系

具体学科模块是指教材模块，高中思想政治学科新教材包括《经济与社会》《政治与法治》和《哲学与文化》三个必修模块，《当代国际政治与经济》和《法律与生活》两个选修模块。新教材编写的思路应该是依据学生发展核心素养的顶层设计，依循"从具体到抽象，再从抽象到具体"的路径，先从相关学科内容中提炼思想政治学科核心素养，然后依据思想政治学科核心素

养确定课程内容，再依据课程内容编写具体学科模块的教材。

思想政治学科的核心素养是思想政治素养，而不是政治学、法学、经济学、哲学等学科素养的简单相加和组合。思想政治学科政治认同、科学精神、法治意识和公共参与四个核心素养要素的提炼，离不开各相关模块的内容，但又不是与相关模块内容一一对应。某一学科核心素养要素可能涉及所有相关模块的内容，但又侧重某一模块内容。例如，政治认同这一核心素养的培育主要依重《政治与法治》内容，但《经济与社会》中相关我国所有制结构及分配制度，《哲学与文化》中相关展示社会主义先进文化践行者和传播者的自信、价值观导向作用及践行社会主义核心价值观等，也是政治认同的重要内容。

思想政治学科是一门功能定位较为特殊的学科，各模块的教材观点必须为学科核心素养的达成服务。具体学科模块的教材观点，不能仅仅归结为学科观点，而应凸显其引领正确价值导向的意义以及学科育人的功能。在知识点的选取上，学科教学固然要寻求学科专业知识的支撑，但不能是学科本位决定知识点，它必须服从于思想政治观点的目标设置，必须服务于学生发展核心素养培育的总目标。

四、思想政治学科核心素养四个构成要素之间的关系

思想政治学科核心素养包括政治认同、科学精神、法治意识和公共参与等四个要素，每个要素都具有自身特点，对学生适应社会需要和终身发展具有独特的价值。由四个要素构成的思想政治学科核心素养，是一个有机的整体，每个要素都不是孤立存在的，彼此在逻辑上相互依存，在内容上相互交融。"政治认同"是指人们对一定社会制度和意识形态的认可和赞同。它涉及道路、理论、制度、价值观问题，关系着学生的成长方向和理想信念的确立，具有鲜明的中国特色。它也是"科学精神""法治意识""公共参与"之所以有中国特色的共同标识。

"科学精神"是人们在认识和改造世界的过程中表现出来的理智、自主、反思等思维品质和行为特征。它要求学生能够运用马克思主义哲学及政治学、经济学、法学等社会科学的有关原理、观点和方法观察事物、分析问题、解决矛盾，对社会生活中的问题作出理性的解释、判断和选择。它关系着学生认识社会、参与社会应有的能力和态度，也是达成政治认同、形成法治意识、实现公共参与的基本条件。"法治意识"是人们对法律的认可、崇尚与遵从，是关于法治的思想、知识和态度。法治意识主要包括规则意识、程序意识和权利义务意识等，体现的是学生依法行使权利、履行义务、捍卫尊严的必备品质，是

"公共参与"的必要前提,也是"政治认同"和"科学精神"的必然要求。

"公共参与"是公民主动有序参与社会公共事务和国家治理,承担公共责任,维护公共利益,践行公共精神的意愿与能力。它要求学生具有人民当家做主和勇于担当的责任感,了解有序参与公共事务的途径、方式和规则,积累参与民主管理、民主决策、民主监督的实践经验,提高通过对话协商、沟通与合作表达诉求、解决问题的能力。它是"法治意识"的必然表现,也是"政治认同"和"科学精神"的应然行动。

五、思想政治学科核心素养与学业评价的关系

衡量学生思想政治学科核心素养的发展水平,必须通过学业评价来完成。科学的学业评价能引领教学行为,保障学科核心素养目标的达成。

首先,如何对学科核心素养进行水平分级,是学业评价的前提。对学科核心素养进行水平分级,就是要确立标高。不同的学段,学科核心素养的水平要求是不同的。以"科学精神"中的"自主"维度为例,小学阶段应达到的水平为:能够独立思考,自信地表达自己的见解。初中阶段应达到:能够欣赏不同的观点,并进行友好的交流。高中阶段应达到:能够批判性地思考,并进行有说服力的交流。学业评价必须科学划分学科核心素养的水平分级,各学段不能随意拔高,必须遵循学生身心发展规律,循序渐进地修习涵养。学科核心素养不同水平之间,只是深度和广度上的差异,而不是从部分到整体的关系,即每个水平都要确保每个核心素养要素内涵和主要表现的完整性。

其次,掌握科学的衡量尺度,是正确评价学生学科核心素养水平的关键。衡量素养水平的尺度,应该是"行为表现"的特质,而不是"标准答案"的刻度。表明素养水平高低的证据,来自学科内容的"使用",而不是"答案"。要看运用学科内容的过程,包括面对什么"情境"、执行什么"任务"、实现什么"预期"。学科学业评价必须把对学生思想政治素质的评价放在突出位置。评价要全面、客观地记录和描述学生思想政治素质的发展状况,注重考查学生的行为,特别关注其情感、态度与价值观方面的表现。

最后,运用恰当的学业评价方式,是评价学生学科素养水平的保证。考试,包括学业和升学考试,作为高中学习成绩的重要评价方式,应注重考评学生理解和运用知识的真实能力,在提供多种题型的同时,倡导综合的、开放的题型。而对学生思想政治表现的评价,要更为关注其发展和进步的动态过程,采取更为灵活的方式,如谈话观察、描述性评语、项目评议、学生自评与互评、个人成长记录等。

第二节　核心素养的落地路径

指向学科核心素养的教学即让学科教育"回家"

崔允漷[①]

新修订的普通高中课程标准的突破之一，是每门学科在整合与提升原先三维目标的基础上，凝练了学科核心素养。这不仅体现了新课程标准在目标理论上的重大突破，而且标志着学科教学终于找回了"失落已久的家"。从某种意义上说，不知"家在何处"的学科教学改革无异于"离家出走"。正如很多人不知语文学科核心素养是何物，却到处在进行"生活语文""大语文""语文生活化"（据不完全统计，有30多种）的改革……结果把"语文"变革没了，学生的语文素养越来越差就是最直接的证据。其他学科也都曾经历同样的遭遇，存在同样的问题。那么，现在有了学科核心素养，教学到底该如何变革？需要教师如何做才算"回家"？这里，我想与大家分享"六招"。

第一，建立学科素养目标体系，明确"家在何处"。

举个例子，如果你是物理教师，一般来说你是大学物理系毕业的，而从物理系毕业，只能说明你是个"学物理的人"。"物理教师"跟"学物理的人"有什么区别？区别就在于学物理的人只需知道物理学知识，而物理教师需要知道物理学科素养目标体系，即物理育人目标体系。该体系超越了学科内容知识，它包含三层：第一层是教育目的，第二层是学科课程标准，第三层就是学期、单元、课时层面的教学目标。这三层目标需要具有一致性，即目标体系是教育目的（想得到）、学科目标（看得到）、教学目标（做得到）的统一。建立学科素养目标体系的关键技术是学会分解课程标准和叙写目标。教师不能随意写目标，甚至不写目标。教师叙写目标，必须依据课程标准，结合具体内容，将学科核心素养具体化。譬如，某教师要教"勾股定理"，他首先必须要清楚数学课程标准中关于勾股定理有这样一句话：探索勾股定理及

[①] 崔允漷，华东师范大学课程与教学研究所所长。

其逆定理，并能运用它解决一些简单的实际问题。其次，教师必须把这句话转化为课堂学习目标，分解成三到五条，用三维的方式写出来，并确保至少三分之二的学生可以达成这些目标。

第二，指向核心素养的学习一定是深度学习，需要教师把深度学习设计出来。

"深度学习"有多种定义，其中有四个关键点：一是高认知，高认知的起点就是理解；二是高投入，即全神贯注；三是真实任务、真实情境的介入；四是反思。在深度学习中，学生是积极主动的学习者；教师的作用是引起、维持、促进学习；学习的目标是学以致用；学习的内容是蕴含意义的任务，即真实情境的问题解决；教学过程表现为高投入、高认知、高表现的学习；学习评价为真实情境下的问题解决、完成任务的表现；反思即悟中学，是必需的。教学设计的产品即教学方案应该是教师开给学生的学习"处方"，让学生明白去哪里、怎么去、怎么知道已经到那里了，而不是教师告诉学生"我自己"要做什么。教师不要整天只关注自己怎么教，而要关注学生学会什么、有没有学会、怎么学会。因此，教学变革首先要变革教学设计。当下的教案主要涉及三个方面：目标、重难点、教学过程。目标写学生去哪儿；重难点是20世纪写教学目的、任务时常写的，而新课程要求写目标了，就不需要写重难点了，因为目标就是回答如何解决重难点问题的；教学过程主要回答教师自己做什么，主语全是教师，如导入、创设情境、讲授新知识、布置作业等。教师写了那么多年的教案，连"用户"是谁都没搞明白。相反，医生在写处方或病历时从来不写他自己要做什么，而是写病人要做什么。这样一比较，教学的专业性远不及医学。况且，教了不等于学了，学了不等于学会了，教师只关注自己怎么教，能达到"学生真的学会"吗？所以，教学变革要从教案开始，教案不变，课堂就不会变！教案变革的方向是把深度学习设计出来，让真实学习真正发生。

第三，采用大单元备课，提升教学设计的站位。

什么叫单元？单元不是知识或内容单位，而是学习单位。一个单元就是一个完整的学习故事；一个单元就是一种课程，或者说是一种微课程。教科书上的单元，譬如，语文教材中的一个单元，只是一个主题下的四篇课文，如果不是一个完整的学习方案，没有学习任务的驱动，那还是内容单位，不是我讲的单元概念。单元，也许用建筑语言来解释更清楚一些。单元不是水泥、钢筋、门、窗等建材，而是将各种建材按一定的需求与规范组织起来并供人们住的房子。它是一幢楼的一个部分，是水、电、燃气等相对独立的建筑单位，有一单元，至少还有二单元。教师备课从知识点到单元，标志着教师备课的站位提升了，而什么样的站位决定什么样的眼界或格局。以知识点为站位，看到的目标只是了解、理解、记忆；以单元为站位，看到的目标才是学科育人的关键能力、必备品格与价值观念。因此，指向学科核心素养的教学必须要提升教师的教学设计站位，立足单元，上接学科核心素养，下连知识点的目标或要求。大单元设计主要涉及下列四个问题：一是如何依据学科核心素养（即课程标准）、教材、课时、学情与资源等，确定一个学期的单元名称与数量，以及每个单元的课时数？二是如何分课时设计一个单元的完整的学习方案？三是如何在一个单元学习中介入真实情境或任务？四是如何设计反思支架以引领或支持学生反思？以大单元设计的教案（新的学习方案）是一个完整的学习故事，包含六个要素：一是单元名称与课时，即为何要花几课时学习此单元？二是单元目标，即期望学会什么？三是评价任务，即何以知道已经学会了？四是学习过程，即需要经历怎样的学习？五是作业与检测，即真的学会了吗？六是学后反思，即需要通过怎样的反思来管理自己的学习？从某种程度上讲，素养不是直接教出来的，而是学生自己悟出来的，但如何让学生正确地悟或反思，这是需要教师设计的。

第四，"用教材教"的实质是把"教材内容"转化为"教学内容"，即对教材进行教学化处理。

教材内容是教科书上呈现的内容，教学内容是在课堂上呈现的与具体目标相匹配的内容。分不清这两者的关系，是导致课堂教学质量低下的根源所在。我举一个例子，有一位小学二年级的语文教师准备上一节朗读课，写了一条目标是"正确、流利、有感情地朗读课文"。我问这位老师为什么这样写目标，她说课标就是这样写的。可是，再往下看课标，第二学段一直到第四学段，都写着"正确、流利、有感情地朗读课文"。如果一堂课就把这个目标实现了，那么就朗读而言，以后的语文教师就没事可做了。我请这位老师再想想："这一堂课主要解决'正确、流利、有感情地朗读课文'中的什么问题？你的重点是什么？"她想了一想，告诉我二年级朗读的重点应该是"正确朗读"。我说"正确朗读"又意味着什么呢，怎样把"正确朗读"表达清楚？她说那应该是读准字音、不添字不漏字之类的。我说这就对啦，如果你的目标写成"读准什么字或哪几个字的字音；在朗读课文的过程中，能够不添字、不漏字……"，我们就知道你今天想教什么，即有了教学内容。如果你把目标写成"正确、流利、有感情地朗读课文"，我们就根本不知道你今天要教什么。事实上，看看一些课的目标，我们就知道许多课堂真的是"只有教材内容，没有教学内容"。那么，如何解决"只有教材内容，没有教学内容"的问题呢？简单地讲，首先，要有清晰的目标；其次，教材处理需要通过"三化"以实现"三有"：一是通过把所学的知识条件化，即补充背景知识，让学生知道这一知识"从何而来"，让教材内容变得有温度、有情感，以实现教学内容的"有趣"。二是通过把所学的知识情境化，即介入真实情境，让学生知道、体会教材中学的知识"到哪里去"，能解决真实世界中的问题，以实现教学内容的"有用"。三是通过把所学的知识结构化，以帮助学生理解、记忆和迁移，实现教学内容的"有意义"。学校课程不是碎片化的一条一条的微信，而是有组织、有结构的。用美国著名的教育心理学家、学科结构课程专家布鲁纳的话来说，越有结构的知识，越接近学科本质；结构化的知识有助于记忆，有助于迁移。学校课程需要化信息为知识，化知识为智慧，化智慧为德行。上述大单元学习设计就是要求教师将相关的知识点组织起来以便于成为有结构的知识体系，这样的学习才会"有意义"。具体地说，就是要求教师依据清晰的目标，采用新增、删除、更换、整合、重组等方法，将教材内容进行教学化处理，以实现教学内容的有趣、有用、有意义。

第五，课改不仅改课、换教材，还需要改学习方式，学科核心素养决定了学科典型的学习方式。

2001年新课程倡导"自主、合作、探究"的学习方式，强调过程与方法的目标，这在学科教育史中是里程碑式的进步。然而，从理论到实践，都没有说清楚"自主合作探究＋语文"是什么样的，"自主合作探究＋历史"又是什么样的，等等。这导致目标与手段不匹配，公开课中出现的"为探究而探究，为合作而合作，为讨论而讨论"的现象非常普遍。此次新修订的普通高中课程标准，在学习方式的变革方面又前进了一大步，很多学科都在原先的基础上进一步厘清了与学科核心素养对应的学科典型的学习方式。譬如，语文学科强调任务驱动的语文活动，设计了18个任务群，语文学习任务即语言文字的运用，语文素养就是在完成语文任务（具体表现为三大语文活动）的过程中养成的；历史学科强调"史料实证"是典型的历史学习方式；地理学科强调地理实践，用"着地"的方式学地理；通用技术学科强调做中学、学中做；信息技术学科强调项目学习、设计学习；体育学科实行专项体育；等等。尽管上述例子没有像医学的临床学习、法学的辩论学习那么经典，但探索与新目标匹配的学习方式，这是学科课程走向专业化的必经之路。正确的知识需要与习得知识的正确过程相匹配，只有这样，知识技能才有可能成为素养。换句话说，学什么（知识与技能）、怎样学（过程与方法）、学会什么

（能力、品格、观念）是一个整体，具有内在的一致性，我们不能把三者割裂开来去行动。例如，用不科学的方法学科学，表现为科学课不做实验；用不艺术的方法学艺术，即一听学艺术就想到考级；用不"着地"的方法学地理，即整天在地图纸上学地理；用不语言的方法学语言，导致"哑巴英语"……其实，我们已经吃尽了这些苦头，早已到了应该反思的时候了。

第六，学科核心素养要"落地"，教师必须实施教—学—评一致的教学。

没有评价，就没有课程。常识告诉我们，不评，就没有。然而，长期以来我国教师队伍从培养到培训，都在关注如何上课，很少关注如何评价，这导致我们的教师成为"教学高手，评价矮人"。其实，评价与教学同样重要，都是教师的专业技能。每个教师都是质量监测员，不会评价的教师一定是上不好课的。教师理应"先学会评价，再学上课"，就好比旅游"先定景点，再定怎么去"。教师课堂上采用的形成性评价，相当于开车时的GPS（全球定位系统），没有评价的课堂犹如没有导航的驾驶。如果你不是"老司机"，你的课堂教学就会像通常所说的"开无轨电车""脚踏西瓜皮"那样无效或低效。当然，也有一部分有经验的教师在关注评价，如有一条经验是"堂堂清，堂堂巩固"，即在一节课40分钟的时间里，教师先讲35分钟，最后5分钟让学生做练习，结果是教师经常发现自己教的东西其实好多学生没学会，但下课时间已经到了，堂堂清不了。如何解决此类问题？教师可以把每堂课的目标设计成3～5个，按目标将40分钟划分成3～5段，每个时间段聚焦一个目标，体现教、学、评一致，即围绕目标1，进行教学1和评价1，获取学情，推断是否至少三分之二的学生已经达成目标，如是，那么接下来围绕目标2，进行教学2和评价2……依此类推，教学、学习、评价共享着目标，分小步走，步步为营抓落实，这是有效教学的核心技术。当然，教师在实际操作时，需要考虑具体情况，采用多种变式，不宜死套这一种做法。

总之，新课程需要新教学，新目标需要新学习，上述"六招"只是本人所在的团队近年来与一些中小学合作研究的部分成果。指向学科核心素养的教学变革远远不止于此，它充满着无限的创造空间。"嘤其鸣矣，求其友声。"我们期待着……

基于核心素养教学改进的落地导引

"135"行动落地核心素养

任学宝[①]

以"社会责任、国家认同、国际理解；人文底蕴、科学精神、审美情趣；身心健康、学会学习、实践创新"为要素的中国学生发展核心素养引起了基础教育界的广泛关注。

核心素养的研究，将成为新课程标准编制的主要依据，它对课程建设、教学研究和考试评价将起着积极推动作用。但如何使核心素养落地，对每位基础教育工作者都是一项挑战。

坚持一个出发点——以学生发展为本

任何教育问题的讨论都必须有落脚点，核心素养的落地问题也是如此。在考虑这个问题之前，我们必须承认中国的教育存在较大的分化性和差异性，任何问题想要一刀切显然是不符合教育规律的。

首先，学校之间存在着不同，城市学校和农村学校有所不同，学术型学校和应用型学校也存在差异，学校的定位和发展方向会影响甚至决定具体的教育政策的落实。其次，即使在同一所学校中，不同的学生由于兴趣、爱好、特长不尽相同，各种核心素养在每个学生身上体现的强弱程度也是不一样的，这就需要关注学生已有的基础。再加上在这个日新月异的时代，"不断的变化和永恒的变革"才是唯一不变的事实，学生对于未来的生活和工作状态存在较大差异，即学生想要达到的目标也不同。

因此，在考虑核心素养落地之前，我们首先要坚持一个出发点，那就是以学生的多样发展为根本，根据学校、学生及未来目标的不同提供选择性的教育，让学生通过选择修习不同的课程来实现不同水平的核心素养。所以，我认为核心素养目标要落实为学生的内在特质，需要依托选择性的教育理念，以课程的多样性实现个体发展的多样性。

寻找三条途径

通过构建"核心素养—学科素养—课程建设—课堂教学—综合评价"这

[①] 任学宝，浙江省教育厅教研室主任。

一模型，尽可能将学生发展核心素养具体化、易操作化。

1. 基于学科核心素养的课程体系建构

根据学校的实际和学生的需求完成学校的课程方案设计，是促使学生发展核心素养落地的最直接、最有效的途径，也是顶层的、上位的途径。而通过将学生发展核心素养分解为学科的核心素养则是一种"曲线救国"的方式。不同的学科对学生的核心素养发展都有贡献，但贡献方面却不一样，因此研究学科的素养体系成为促使学生发展核心素养转化的间接途径。我们认为，可以从学科知识、学科学习方法、学科思维和价值观等四个层面自下而上来架构学科素养的金字塔模型，并借助学科课程纲要的撰写来规范学科教学要求、教学进度安排、考试节点建议等内容，然后按学科核心素养要求建构以学科为轴心的课程体系。

2. 基于核心素养的课堂教学

在学科教学中，既要选择适合的内容让学科核心素养渗透和落实，又要以多样化的形式促进核心素养通过课程真正内化于学生。一要改变学习方式，通过提供多样学习渠道、丰富学习资源来增加学生的学习经历；二要以学为中心，实现学与问、学与思、学与做相结合；三要改变教学组织形式，尽可能利用分层、分类和分项的选课走班教学，让学生在选择中发展自身的核心素养。

3. 基于核心素养的评价

在评价体系建构上，要将学生发展核心素养的落实情况作为学科目标达成的重要依据，从而为进一步的教学提供诊断信息。对于一线教师，通过将学生发展核心素养转化为学科核心素养的途径更符合日常的工作习惯，也为他们开展各层次、各类别学生的教学活动和评价活动指明了方向。同时，基于核心素养的评价也符合多元智能理论的观点，由于核心素养具有多维度性，这也为学生评价和教师评价提供了更多的路径和方法。

关注五方面策略

1. 关注学科本质

学生发展核心素养的落实在于学科核心素养，而学科核心素养则是学科本质的外在表征，所以在课程开发、开设中要关注学科本质，并将其作为提升课程质量的重要手段。例如，数学不仅是运算和推理的工具，还是表达和交流的语言，更是现代文明思想和文化的重要组成部分。这也是数学课程的本质属性之一，因此在国家课程的实施及相关校本课程的开发过程中，要时

> 基于核心素养教学改进的落地导引

刻关照对基本概念的理解、对思想方法的把握、对思维方式的感悟、对数学美的鉴赏和对数学精神（理解和探究）的追求，从而使课程的开发、开设真正做到围绕主干学科，体现学科核素养，进而使得学校课程更加系统化，更有逻辑性。

2. 关注教学改革

课程改革是理想和目标，而教学改革则是达成这个目标的手段之一，因此要促进核心素养的转化，必然要关注教学改革。学生发展核心素养是学生的必备品格和关键能力，其具有基础性、综合性和前瞻性的特点，它对日常教学提出了新的要求：关注教学改革意味着原先一味灌输的教学模式需要被重构，而以参与、合作、过程、拓展等为关键词的新教学方式将成为主流。

3. 关注评价转型

前不久举行的高中课程标准测试让我们看到，在学生发展核心素养框架下，评价方式将会进行巨大的变革。新的评价方式主要呈现两个特点：一是在评价方式上，过程性评价和真实性评价越来越受重视。例如，浙江省在推动三位一体招生中，就十分关注学生综合素质评价的结果，因为这是对学生三年发展过程的真实描述；二是在终结性评价方面更加关注学生在真实情境下运用学科知识处理问题的能力。这两方面的变革无疑是巨大的，也会全方位地影响我们的日常教育教学，因此要促使核心素养的转化，我们必然要关注到评价的转型，以新的评价方式来倒逼课程与教学新范式的形成才是适应当前改革潮流的正确之途。

4. 关注核心问题

前面分别从课程、教学和评价三个维度介绍了促使核心素养落地的具体操作方法，除此之外，还有两个问题需要进一步关注，其中一个就是对于核心问题的关注。随着教育科学化的不断推进，越来越多的人开始接受教育教学不单纯是简单的一问一答，而应该是一个具有复杂性的综合问题。要想解决综合问题，必须在其中找到最为核心的问题加以攻破才能得到事半功倍的效果。例如，核心素养的转化是一个复杂的问题，那么它的核心问题包括核心素养到学科素养的转化、学科素养到学科课程的转化、学科课程到学科教学的转化等，只有研究这些核心问题，我们才能牵住牛鼻子，才能盘活一盘棋。

5. 关注深度学习

最后一个需要关注的就是深度学习。核心素养在英文中是"竞争力""胜任力"的意思，它更多关注的是学生内部所具有的潜力，因此在日常教学中我们需要考虑的不仅仅是学生对于知识的了解掌握,而更应考虑学生对于这些知识的内化水平。不同的知识对于学生发展核心素养的贡献不同,单纯的了解掌握并不能真正促使学生综合素质的提升,只有将知识内化于自身才能形成素养。例如,学生发展核心素养中提出"国家认同"的素养要求,单纯了解我国的历史、文化和制度并不是该素养形成的标志,只有从心底认同和遵从上述的内容才是学生具备该素养的重要表征,这也就是深度学习的重要性所在。

上述"135"行动只是促使学生发展核心素养真正落地方面的一些具体操作。需要注意的是,无论采取何种措施,时刻激发学生的热情是保证素养有效落地的根本条件,让学生精神成长是学校育人工作的第一使命和责任。

三个方案落地核心素养

齐 华[①]

做好学校课程规划方案

核心素养必须落实在课程开发中。如何围绕核心素养,整体性地选择课程内容、系统性地规划课程实施、一致性地开展课程评价,都需要从做好学校课程规划方案做起。在学校课程规划方案中,一是应把对核心素养的解读结果表达为学校的教育哲学,因校制宜设计毕业生形象,以毕业生形象设计来进行核心素养的校本化重构。二是围绕学校的教育哲学,寻找到课程与核心素养的联结点、触发点、结合点、落实点,打开学科壁垒,统整课程内容,融合三级课程,构建指向学生素养培养的课程框架。三是做好具有可操作性的课程实施,尤其重视资源的设计与规划,建立起有效支撑课程运行的机制。四是设计好与目标一致的课程评价,用评价校准方向、核查、促进核心素养落实在课程实施中。

做好学校教育质量评价方案

学校教育质量评价方案是对学校培养目标达成质量的判断设计与分析框架,也是对学校教育活动有没有落实核心素养的评价与推理。崔允漷教授提

[①] 齐华,河南省郑州市二七区教学研究室主任,特级教师。

出:"素养可能是不可测的,可测的是具体的学习结果或学业质量,素养只能是学业质量测评后的推论。"基于核心素养的教育质量评价的设计,既要依据高结构化的标准性测试得出基本知识、基本能力的可显性学业结果,更要多多使用略结构化甚至非结构化的访谈、观察、自我评估、档案袋记录等方式考量学生的素养,从而做出对学生发展尽可能全面、到位的推理评估。因此,设计学校教育质量评价方案的核心是,将依据核心素养而来的学校培养目标,分解为每个学段的、可显、可解释的表现性标准,使教育评价成为针对学生表现的信息汇总所形成的形象的专业判断。

做好学科教学方案

学科教学方案是落实核心素养最具体的路径,也是学校教师直接参与实施的具体工作。做好学科教学方案、落实核心素养的关键是开展基于课程标准的教学设计。一是正确理解三维目标与核心素养的关系。三维目标是核心素养在课程上的具体表达,核心素养尤其纠正了三维目标的割裂与偏重知识技能目标的问题,使三维目标整合的价值得以最大化体现。二是以目标统领教、学、评,使教学的整个过程时时围绕目标、落实目标、检测目标,因此教师要掌握将课程标准的相关要求转换为针对具体内容的教学目标的方法,要掌握评价设计的方法,要让"课"这一最基本的教学组织形式和学习场域成为学生获得核心素养的载体。三是在目标导引下有机整合学习内容,实施跨学科、跨领域的主题学习、项目学习,这是一种更理想、也更为必要的教学设计,这样的教学方案更有利于核心素养的落实,有利于生成新的教学生态,有利于真实学习、深度学习的发生。这样的教学方案,在我看来,还有一个更大的好处——教师必须整合起来布置综合性的作业,从而解决教师固守学科本位争相抢占作业时间的问题,把学生从在多学科作业堆中"疲惫转战"的困境中"解放"出来。

五项措施落地核心素养

孙先亮[1]

中国学生发展核心素养的实施，就其实质而言是一个系统的整体推进过程，高中教育要落实"核心素养"，应做到综合性与专业性的培养方式结合，并从以下几个方面进行尝试：

完善的课程体系支持。应当依据中国学生发展核心素养的目标要求，建设完善的课程体系，创造学生自主选择的课程，为学生的发展提供充分的课程支持。

引导学生自创社团。社团是学生素质培养重要的途径，也是学生个性发展的有效平台。通过开放校园环境，让学生自主组建符合兴趣发展的社团，达到兴趣发展与综合素质培养的统一。

创造实践锻炼机会。给学生创造自主发展的机会和平台，把能够让学生自主承办的校园活动都交给学生，让学生成为校园生活的主人，把校园建设成为学生智慧和素质发展的大舞台。创造机会，让学生开展社会调研、问题研究、角色担当等实践活动，在社会生活中提高学生的素质。

开展学术性研究活动。充分利用高校、企业等研究资源，让学生做真正意义上的学术研究，在专家指导下从选题、开题到研究过程，到最终结题，实现基于科学素养提升的全面素质培养，支持学生的终身发展。

加强评价引导。运用校内综合素质评价和高考选拔改革机制，引导学生自觉参与、主动提升"核心素养"，为终身发展奠定基础。

"核心素养"从认识到实践还会有较大距离，现实的教育环境中"升学为王"的价值追求让许多学校偏离教育规律的正途，身陷应试教育的泥淖而难以自拔，这不只是学校和教育的责任，也是全社会的责任。有责任担当的学校都应紧紧抓住落实"核心素养"这一重要机会，积极寻求变革，为学生的未来发展奠定坚实基础，给学校的持续发展注入不竭活力，相信中国的教育必将展现出时代发展的风采。

---

[1] 孙先亮，山东省青岛市第二中学校长。

核心素养在学校的落地

张 帝[①]

研制学生发展核心素养是国家人才发展战略的重要内容，是立德树人的重要举措，是对我国基础教育价值取向的确定与引领。落实核心素养，是与学校、教师息息相关的一个重大课题，是推动学校教育发展和教师专业成长的必然要求。一所学校，如何带领教师让核心素养转化落地呢？下面，结合近年来重庆市巴蜀小学在这一方面的实践探索，谈谈自己的认识和理解。

一、如何选择核心素养落地的着力点

《教育部关于全面深化课程改革 落实立德树人根本任务的意见》发布以来，理论界掀起了讨论核心素养的热潮。核心素养是什么？为什么要提出中国学生发展核心素养？其他国家有哪些经验？等等。这自然带动了大家学习和理解国内外核心素养研究的成果，也引发了一些问题的思考。例如，什么是核心素养？它与过去所提倡的一些理念有什么联系和区别？我们的教学将会发生哪些变化？等等。

面对思维活跃、意见纷纭的现实局面，学校应该从哪些方面入手落实核心素养？我认为，首先要做到谋定而后动——以问题为导向，以共同体研究确保科学性。重庆市巴蜀小学以此为契机，开展了"核心素养大讨论"。大家充分发表自己的看法、提出困惑，同时，我们陆续邀请了教研机构、高等院校、课标组专家等与教师对话。在这一过程中，我们提出了很多问题，虽然暂时还缺少实践解决的方法；专家的意见也不尽相同，有的甚至相反，有时也给教师带来了困扰。但经过共同讨论的过程，大家了解了理论研究的动态和思路，了解了我国核心素养研制课题组的进展和成果，学校也了解了大家的担心和建议……由此，学校不再是单打独斗，而成了由专家、管理人员、教师等组成的核心素养落地的协同研究者和实践者。这一共同体的创建，实现了理论和实践的协同，保证了最新成果的共享，激发了研究的活力。

依托这一共同体，学校提出并梳理出核心素养在学校落地的"问题串"，进而讨论、筛选了主要问题，包括：国家发布中国学生发展核心素养以后，

[①] 张帝，重庆市巴蜀小学课程部部长。

是否需要提出学校自己的核心素养？核心素养指向什么样的课程体系？如何在课堂落地？如何通过评价彰显？对教师来说，将带来哪些挑战和机遇？我们将这些问题与学校发展规划对接，确立了三年选点研究的重点：课程、教学和评价。

二、一所学校是否需要提出自己的核心素养

每所学校都是独一无二的，不能千校一面、千人一面，这点已经得到了广泛的共识。然而，有了学生发展核心素养的中国表达后，对于是否应该有每所学校的表达，无论是在我经历的专家研讨还是教师对话中，对这一问题，都存在很多的争论。

一方面，有人认为中国地域面积大、学校类型多、师资情况不同、学生成长背景多元，仅有一个统一的做法是不能兼顾各自独特性的；有人担心核心素养不核心，太多，学校抓不住，需要进行校本化。另一方面，有人提出，核心素养是对中国学生共同素养研究基础上提炼的，是方向，每个学校可以创新教育教学方法，从而培养出具有核心素养且有个性的学生；有人担心，各学校都提核心素养，将让学校把精力放在文字的研究而不是行动研究上，或者变成一时风潮，远离了核心素养提出的本质；有人疑惑，有国家核心素养、学科课程标准，又提一个学校的，学科究竟落实什么呢？如果无法明确，就只有变成应付了，你说你的，我做我的……

我们在尝试着提炼《巴蜀儿童发展核心素养》模型的过程中，对以上问题的思辨一直没有停止过，也引发了新的实践思考：学生发展核心素养与学校已有的育人目标是什么关系、如何链接？在国家提出的核心素养中选几个学校侧重培养点——那其他的就不重要吗？将国家的再进一步融合提炼或补充——学校研究的维度和内容会比国家的研究还深入和科学吗？为了研究有根、有据，我们试着从三个方面来寻找：一是由学校历史积淀和传承提出的"公正诚朴"，便是源自校训；二是讲历史释意与时代特征，"头脑科学""身手劳工"是建校初的目标，并赋予其新时期的内涵；三是与时俱进，提出"国际视野"。

最好的学习方式是经历，从对核心素养的学习走到学校转化落地的实践探索，我们不断在追问与被追问，提出想法又否定想法，也许做了些无用功，但取舍之间，整体思路越来越清晰；一起研究，不仅吸收了不同层面人的意见，更凝聚起了共识，而不是简单的执行。因此，要实事求是——寻找核心素养校本转化的适合方式。当前，我们形成的核心素养在学校落地的学

基于核心素养教学改进的落地导引

术路径是以国家核心素养为方向,这是国家意志,是一致目标;创造性设计、实施学校律动课程、教学、评价,这是不同学校的特色,是个性路径;以此培养出"公正诚朴、头脑科学、身手劳工、国际视野"的"信、达、雅"的"巴蜀型"学生,这是培养效果的外显,是学校表达。

三、核心素养如何与学校原有的教育教学改革一脉相承

核心素养的转化落地,需要我们常以"到底有什么不一样?"来审视以前的行为,规划当下的行动,畅想未来的场景。要回答这个问题,一方面需要不断加深对核心素养的理解和认识;另一方面,需要在学校原有的教育改革实践中,找到链接点、契合点和发展点。

我们回望了学校教育改革的历程,发现始终是牵着"课堂教学"这一改革的牛鼻子,每一轮国家课程改革我们都以深度去理解、整体做规划和及时的行动进行回应。我们将学校80余年的改革,置于国家20世纪80年代提出"双基"、21世纪初提出"三维目标",到近年来提出"核心素养"的大背景下、坐标轴中,梳理出不同时期教学改革的特点。我们请各学科教师围绕核心素养、课程标准和历史沿袭,提炼了学科特质,例如,数学学科"乐学、善思、活用",并以选点推进的思路,思考近年来主要以什么课程培养了学生这一方面的特质,从而促进目标落地。我们选择了教学经验突出的"种子教师",以自我和团队的方式反思,近年来上的同一堂课,随着对核心素养理解的不断加深,有哪些变与不变……

历史照亮现实——在继承中发展,使研究有章可循,有据可依,促进了新目标与已有经验的融合,让管理和教学看得见、抓得着,也有助于创生转化落地新的方式方法。

时代潮流在不停变化,教育怎能落于其后!促进学生必备品格和关键能力的全面发展,需要学校、教师带着这些问题去学习,带着这种思想去实践,主动地结合本校的历史、文化、资源以及生源的家庭背景、社区背景等,创造性地构建属于个性化的、校本化的育人模式。

一线学校寻找核心素养落地的力量,不可能一步到位,这必然是一个长期的系统工程,我们需要以积极的态度对这个重大的研究命题深入探讨,以务实的态度,通过一步一步地思考促使一个一个问题得以解决,同时也搭建出汇聚更多的人共同研究的平台。唯有如此,我们的学校、我们的教育才能真正走向适宜学生的教育,成为家长和社会满意的教育。

核心素养在高中的落地

卢 臻[1]

为了从制度上扭转"以分数论质量"的观念，促进校际良性、公平、公正的竞争，中原某市从2012级高一新生开始开展增值性评价。增值性评价是一种"为学生学习的评价"，它基于入学的起点成绩来评估学生经过一定阶段教育后在学力、情感、社会性发展等多方面的进步幅度，以此对学生个体发展、教师绩效、学校效能等进行增值判断，增值情况分为正增值、零增值、负增值三种表现。近三年的数据显示，该市52所参评的普通高中学校中，整体增值接近预期水平即零增值的学校将近63%，负增值的学校大概为20%，正增值的学校约占一成。

在呈现正增值的学校中，有几所学校的增进程度三年来连续超过全市平均水平。是什么原因使得这些学校一直处于较高水平的正增值状态？这些学校背后有没有一条高中教育发展的"康庄大道"？下面笔者将以"解剖麻雀"的方式，选择三所典型学校（分别命名为ZZ001中学、ZZ002中学、ZZ003中学）进行分析，以资破解高中教育发展的秘密。

一、数据驱动 + 目标管理

ZZ001中学建校20年，是一所公立寄宿制中学，2005年被评为省示范性高中，中招录取分数线在本市排名前十。自2012年开始，这所学校借助增值性评价提出"以数据说话"的治教方针。这里所说的数据，首先指当年本校的中招成绩和高招录取率，据此制定出三年后的升学目标；然后对目标层层分解，由年级分到班级，由班级分到学科备课组，由备课组落实到任课教师。其次指根据增值性评价所获得的进步情况，主要展开教师、学生个人教与学的纵向比较，兼以横向比较。纵向比较促使教师和学生展开教与学的反思，找到进步的证据，明确发展方向，提升教与学的自我效能感；横向比较则主要用来"奖勤罚懒"，横比数据被看作考核教师的主要指标。数据面前人人平等，数据考核人人悦服，学校上下形成"教师的尊严来自数据，数据来自实力，实力来自拼搏"的共识。正所谓评价到位了，风清气正了；风气正

---

[1] 卢臻，河南省郑州市教育局教学研究室教研员，中小学正高级教师。

了，劲满力足了。"教师特累、特苦，还特舒畅"，这是在数据驱动的良性循环下教师价值得以体现的真实写照。

围绕升学目标，学校建立了三项独具特色的校本教研制度。一是定期召开"说班制"，班主任召集任课教师"四说""四定"。"四说"为说学情、说教情、说优势、说不足；"四定"为定（目标）人数、定分数、定措施、定落实。班情公开，问题透明；智者献智，能者尽力，打破了学科教师各自为战、单打独斗的局面，形成了精诚合作的团队合力。二是实行"导师制"，即将班级学生分组，将每组学生分给不同的任课教师，每位任课教师负责小组学生的学习与精神、态度等的分析与指导。学校对此专门制定量表进行量化考核，评估"导师"指导学生的次数、内容、效果等，正所谓"千斤重担大家挑，人人肩上有指标"。三是实行"三级质量分析制"。每次考试之后，主要依据增值性评价数据，先以年级为单位进行年级整体质量分析，查找问题，明确方向，提出建议；再以班级为单位由班主任牵头组织班级质量分析，就各学科、各分数段乃至每个学生存在的问题进行针对性分析，亡羊补牢，防微杜渐；最后以学科为单位进行质量分析，分析试题，探求规律，制订计划。集体与个人一致，个人与集体共谋，团结奋进的校风就此形成。

当然，为促使目标达成，学校还进行了一系列课堂教学改革，诸如构建"问题探究、训练拓展"主导教学模式，全面开展分层教学和评价，开发和实施多样性校本课程，等等。这些改革措施在某种程度上提高了教与学的自主性和积极性，是学生成绩实现正增值的前提和保障。

然而，有一组数据应该引起重视。由增值评价项目所做的教师、学生背景问卷分析数据显示，该校教师教学态度指数处于第29位，学生学习动机指数和心理健康指数分别处于第26位和第23位，均远低于市平均水平；学生学习压力指数则远高于市平均水平，处于第6位。按理说，学校已形成相对成熟的团结协作、苦累而畅的教学文化，教师教学态度不应该出现问题，对此较为合理的解释是虽然数据驱动理顺了教学与绩效的关系，但目标管理却无形中加剧了工作与生活的矛盾。生活空间小、时间少，工作上投入多、压力大，从而影响了教师对教学的认知、情感和意向，以致产生将工作压力转化到学生学习上的倾向，如课堂教学容量过大、大量布置作业、作业过难等。这与学生学习动机低而压力大的矛盾是一致的。学生学习主要迫于班主任、任课教师"要我学"的外部动机，而没有真正生成为自己成功负责的"我要学"的内部力量，因而在高强度的学习之下学生感觉压力过大，以致心理健康指数偏低。

二、实施基于标准的教学＋创建学习诊断系统

ZZ002 中学历史悠久，为市直属公办学校，2014 年被评为省示范性高中，跨入中招第一批次录取学校行列，中招录取分数线排名第 18 位，而近两年高中毕业生正增值程度均居本市首位，2016 年文科正增值学生人数比例高达 61%，理科达 37%，增幅高于本市平均值近 24 个百分点。成绩的取得来自该校准确的自我定位与战略决策。本市中招第一批次录取学校共 20 所，该校位列倒数第三位，分数线低于平均值近 30 分。而实际情况或许更糟，据 2016 年增值评价项目所做的学生背景分析可知，该校高一学生的基本能力（即认知能力）指数全市倒数第一。穷则思变，学校首先"定调子"，立志办一所低进高出、宽进严出的"平民学校"；其次是"找路子"，摸准教学低效的病症，在教学和评价改革上大做文章。

大刀阔斧进行教学改革。引进基于标准教学的理念与策略，教学设计上围绕学生的"学"展开逆向教学设计，科学回答"为什么教""教什么""怎么教""教到何种程度"等四个课程基本问题，做到目标—教学—评价的一致性；教学实施上围绕学生"学会"开展以评价驱动教学的实验，充分发挥课堂评价的功能，促进、完善学生的学习表现。教师由传统的经验取向的教学观转变为科学取向的教学观，掌握了分解课程标准、设计课堂评价等系统设计教学的技能，专业化程度不断加深，课堂教学效益显著提升。与此同时，为减轻学生作业负担，持续推进学习卷的编写与使用工作。学校禁止为学生统一征订教辅资料，要求学科教师"私人定制"学习卷，即依据不同学习阶段的学习目标设置课前、课中、课后等三种学习任务，探查、促进、诊断学生学习情况；并且要求做到"两收两改两反馈"，以"评价—学习—再评价"的方式针对学习重难点循环使用，视错题为资源，视纠错为成长，学生学习在"出错—试错—改错"的过程中不断建构、转化、迁移，自主学习能力得以提高，良好学习习惯得以养成。

创新使用学习诊断系统。利用"必由学"学习诊断系统，迅速、精准、直观掌握学生知识与技能的学习情况，要求学科教师做好"补""考""点""跟"四项基本工作。"补"即补救教学，先评后教，教师根据诊断信息准确捕捉到学生学习的易错点、易混点、困难点，并据此展开针对性极强的指导。"考"即基于补救教学的"115 考试"，其中的"1"为一次完整的大考，"15"为补救性考试，其考题是大考中集中出现的典型错误，考试时间和分值约为大考的五分之一。"点"是在关键少数上做文章，即根据考

试数据定位"临近上限"的"临界生",班主任或任课教师对其"开小灶",除进行心理辅导增强其学习自信心之外,还利用空余时间对其学习进行针对性指导,助其构建知识结构,理顺重难点的内在联系。"跟"即一周后实施跟踪式测试,所用试题与前次大考为同一细目表的平行试卷,以有效规避学生因未理解而靠临时记忆获得的知识。对学习诊断系统的创新使用,完全摒弃了考试"只看病不治病"的弊端,解决了教学与评价"两张皮"问题,在很大程度上实现了一切为了学生学习的教学与评价的主张。

尽管学校开发多样课程丰富学生的学习生活,但该校学生压力指数仍然高居全市前列,学习动机指数、学习效能指数、心理健康指数等远低于市平均水平,师生关系处于倒数四位。这可能与持续不断的考试给教与学带来的紧张、负担程度相关,心理学研究认为,目标性过强在一定程度上能够抑制学习兴趣、效能,影响同伴关系与合作关系。对于求生图存的学校来说成绩是第一位的,对于迎接未来的学生来说升学是第一位的;而对于生长中的孩子来说,发展核心素养应是第一位的。

三、营造生态环境 + 广开校本课程

ZZ003 中学建校四年,是一所高标准建设、高水平入轨、高品质发展的市直属公办高中,中招录取分数线位列市十名左右。2016 年首届毕业生一本上线率位居前列,各学科正增值程度明显,学生各项发展指数全部超过预期水平。学生背景问卷调查数据(图 1 为根据调查数据所做的该校学生发展指

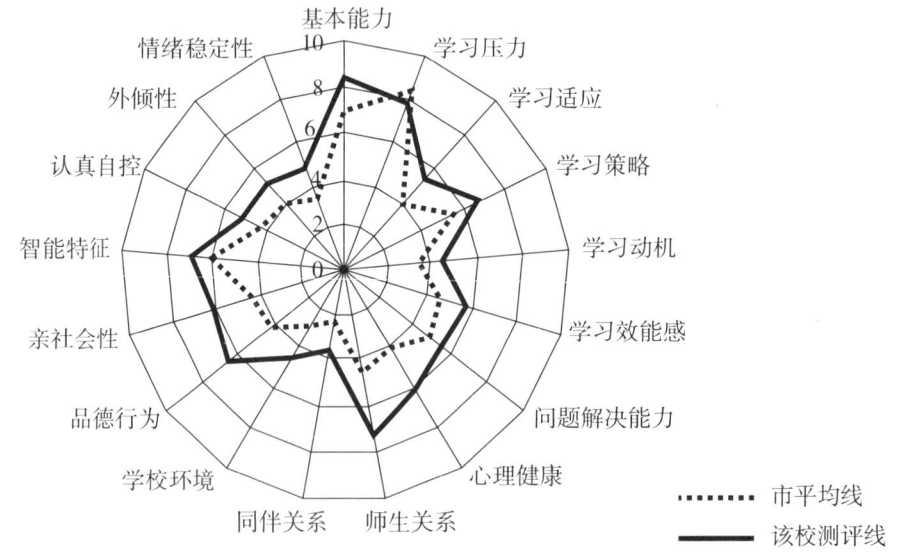

图 1 学生发展指数对比雷达分析图

数对比雷达分析图）显示，该校学生学习压力指数远低于市平均水平，处于第27位，其他16项指数均高于市平均水平，且位于前十之内，其中师生关系、学习适应性、品德行为、学校环境、心理健康、亲社会指数等排名前三、四位。

建校伊始，该校就确立了"全面发展、学有特长"的培养目标，坚持以培养学生核心素养为中心，以发展学生个性特长和潜能优势为重点，以全面提升学生综合素质为最终使命。为此，学校制定了"育人为主，育分为辅"的治教方针，以一切站在学生立场的态度践行新时期教育教学理念和思想。

营造宜人成长的生态环境。"进了我校门，就是一家人"，这是该校领导、教师挂在嘴边的"口头禅"，反映了该校尊重每一个学生、不放弃任何一个学生的信念和执着。首先，学生管理上关心每一个学生，宽严相济。"宽"在把学生当作自主成长的个体，鼓励学生达到个人最好状态，成绩上实行纵向比较，自己和自己比，比出自信和意志，以至倒数第一的学生学习也很积极；鼓励学生参加体育锻炼，要求每个学生掌握一项运动技能，体育馆全天候开放；鼓励学生培养一种兴趣，充分利用校本课程、功能室等发展自己特长；鼓励学生养成良好的阅读习惯，学生书店选书而学校付账，开放24小时自助图书馆。"严"在把学生当作未完全成年人，严禁学生抽烟、喝酒、打牌，严禁学生打架、斗殴，严禁学生携带手机，严禁早恋。尊重与教育相结合，疏导与纪律相结合，学生产生了强烈的归属感与安全感，师生关系、同伴关系融洽，爱校爱班集体的情感炽热。毕业生中没有出现任何撕书、扔书现象；很多毕业生则在离校前把寝室、教室打扫得干干净净，并在有关物品上留条致意，希望下届学弟学妹爱护公物。其次，教学上关注每一个学生，实行小班制和导师制。每个班40多人，配正副两名班主任和7～8名导师，每位导师负责3～8名学生，学生自主选择导师，导师则为学生提供心理疏导、学业辅导、生活指导和生涯规划指导等；数学学科实行"A、B小小班"分层教学，每班配置两名数学教师，每位学生都有教师特定的学习方案。导师制的实行建立了亦师亦友、互助合作的新型师生关系，疏解了青春期学生成长的各种矛盾和纠结；小班制建设解决了每个学生学习上的困难，切实提高了教学效益。

广泛开设多彩的校本课程。学校号召教师人人都有校本课程，全校共开设校本课程70多门，"人工智能""古墓丽影""汉服霓裳""茶味人生""闪亮新主播""击剑""书法""油画""创意机器人"等课程丰富多彩。每周二、四下午为固定的校本课程时间，高一、高二学生在此时间全修校本课程，发展了特长，培养了志趣。该校还是市创客教育实践基地、省击剑队人才选拔基地、全国青少年校园足球特色学校，建立有模拟联合国、财经社、戏剧社、微电影社、书画社、机器人社、航模社、击剑社等学生社团，拓宽了学生的发展空间，提高了学生的参与、合作意识。另外还有读书节、科技节、体育节和艺术节，为学生提供了广阔的展示平台，增强了学生的自信心，养成了学生敢于担当的情怀。

同时，该校在制度层面设置师德红线，教师要把精力、爱心放在学生身上，严禁开办辅导班；每天完成作业所需的时间不许超过两个小时，不许直接将教辅资料当成作业，政、史、地等学科不许布置作业。

不唯分数，反成绩好；不唯成绩，反增值高；不唯起点高低，反人人争上游。全面发展，成绩提升；核心素养到位，教学质量显著。在家长担心选修校本课程等会影响学生学习时，学生以健康的身心和理想的成绩给以汇报；在他校唯升学目标马首是瞻，恨不能将学生捆绑在教学车轮上时，这所学校以低调姿态异军突起，宣布综合素质培养与学业成绩优异可以共生。

芬兰的核心素养落地路径探析

殷建华[1]　韦洪涛[2]

随着全球化、信息化时代与知识社会的来临，世界各国教育改革都要极力回答一个核心议题，即"21世纪培养的学生应该具备哪些最核心的知识、能力与情感态度，才能成功地融入未来社会？"[1]针对这一问题，包括中国在内的世界各国纷纷建构起符合本国实际情况的核心素养框架体系，并从课程、教学、评价等维度就如何培育核心素养提出具体方案。本研究将深入剖析由PISA测试的成功而备受其他国家关注的芬兰核心素养体系的内涵及培养路径，为推动《中国学生发展核心素养》总体框架落地生根提供借鉴。

一、芬兰核心素养的提出及内涵

芬兰作为欧盟成员国之一，其在21世纪初的教育改革主要是基于欧盟关于终身学习的核心素养框架而展开的。2014年12月，芬兰正式颁布《国家基

---

[1] 殷建华，江苏省苏州市教育科学研究院副院长。

[2] 韦洪涛，苏州科技大学教育学院院长。

础教育核心课程标准》,提出了以七大"横贯能力"(Transversal Competence)为重点的芬兰核心素养体系。

(一)芬兰提出核心素养的缘起

1.青年就业压力倒逼教育改革。近些年,受金融危机和欧债危机的影响,向来以经济稳健、创新能力突出、社会福利水平高备受推崇的北欧国家经济社会发展面临着严峻的考验,这其中就包括芬兰。从经济增长来看,芬兰经济在2012—2014年连续三年负增长,2015—2017年分别增长0.5%、0.7%、1%,增长步伐落后于欧盟其他国家;从就业情况来看,2016年芬兰的整体失业率约为8.7%,其中15~24岁年轻人失业率为17.5%,均高于北欧其他国家,与欧盟的平均水平接近。欧盟各成员国在解决青年高失业率这一难题时,纷纷从培养学生未来成功实现就业、参与社会的素养着手,推动传统教育向现代教育转型。芬兰在应对就业压力的教育改革政策中特别强调,基础教育的知识技能要不断更新为未来生活所需要的知识基础,尤其要注重培养青年人的生活管理技能。

2.PISA成绩下滑催生教育创新。进入新世纪以来,芬兰在经济合作与发展组织(OECD)组织的国际学生评估项目(PISA)中表现优秀,被认为是国际基础教育的领先者。例如,学生阅读素养在PISA2000、PISA2003中位居世界第一,数学素养在PISA2003、PISA2006中位居经合组织国家第一,科学素养在PISA2006中位居世界第一。但是,在最近几年的测试中,芬兰在科学、数学、阅读三个方面的PISA测试成绩呈现下滑趋势(图1)[2],2015年的测试成绩明显低于2006年的成绩,其中PISA2015科学素养得分比PISA2006减少了32分,下降趋势更为明显。此外,芬兰在男女学生比例、移民学生教育等涉及教育公平问题上的得分也比OECD国家的平均水平低。芬兰教育部门把PISA测试成绩下滑归于国家核心课程改革还不到位,于是横贯能力成为芬兰国家核心课程改革的新突破口。

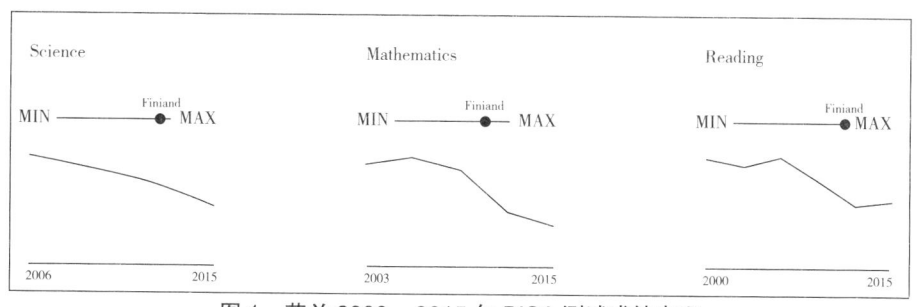

图1 芬兰2000—2015年PISA测试成绩表现

（二）芬兰核心素养体系横贯能力的具体内涵

横贯能力既是一种教育教学的价值取向，也是一种贯穿于各个学科之间的具体通用能力，由知识、技能、价值观、态度和意愿等要素共同组成，目的是促进学生成长、学习并使之成为未来社会的合格公民。横贯能力主要包括：思考和学会如何学习（Thinking and learning how to learn）；文化感知、互动沟通与表达能力（Cultural perception, interaction and expression competence）；自我照顾与日常生活技能（Self-care and daily life skills）；多元识读能力（Multi-literacy）；信息通信技术能力（Information and communication technology competence）；职业技能与创业精神（Occupational skills and entrepreneurship）；参与、影响并构建可持续性未来的能力（Competence of participating in, influencing and building sustainable future）。

由于联合国教科文组织、经合组织、欧盟等国际组织，以及美国、法国、日本、新加坡等国家对核心素养的表述各不相同，学术界对于关键能力、基本技能、21世纪技能、生存能力等概念的内涵认识也不相同。因此，芬兰十分注重横贯能力的定义与解读（表1）。

表1　芬兰七大横贯能力的具体内涵

横贯能力	具体内涵
思考与学会如何学习	教育应培养学生学习的动力和兴趣，为学生提供多种学习的方式方法，帮助学生进行反思并评价自身的学习；培养学生探究、评价、整理、分享信息的能力；鼓励学生正确面对模糊或冲突信息，积极寻找具有创新性的答案
文化感知、互动沟通与表达能力	教育应促进学生成为适应多种文化、语言、宗教和哲学观念世界的个体；帮助学生学会尊重人权、学会沟通交流，让他们理解文化和传统在维持个人及他人幸福上的意义，甚至能够创新文化和传统
自我照顾与日常生活技能	教育应培养学生应对健康、安全、人际关系、社会流动和交通等多方面生活的能力，让学生学会理财和消费，学会参与学校、社区事务，理解日常生活技能对于自己和他人生活的影响
多元识读能力	教育应提升学生对不同类型文本进行阐述、生产以及有效评估的能力，提升学生感知文化差异、解释周围世界的能力
信息通信技术能力	教育应让学生运用计算机、多媒体等进行自主学习和管理日常生活，并与同学和教师进行良好互动，能够收集、整理、批判和思考相关信息，在应用互动式信息工具时培养自己的责任感

（续表）

横贯能力	具体内涵
职业技能与创业精神	教育应让学生理解课堂、课外学习对其未来职业的重要性，形成对待工作和生活的积极态度；培养学生创业兴趣和企业家精神，鼓励他们大胆尝试创业，小范围试验
参与、影响并构建可持续性未来的能力	教育应以促进可持续发展的未来为目标，培养学生自主学习能力与合作能力；培养学生民主决策的能力和积极参与社会生活的责任

注：根据 Vilhelmiina Harju[芬兰]、Hannele Niemi[芬兰]、王岩、康建朝、李栋等人的研究成果整理。

二、芬兰核心素养的培养路径

以横贯能力为重点的核心素养体系，不仅重新界定了芬兰教育的目标，也把技能和能力置于芬兰新课改的核心。正如芬兰著名教育研究专家 Hannele Niemi 所言，"当代课程的挑战是需要与不断变化的知识和概念以及学习的概念相适应。因此，必须重构课程，为 21 世纪学习者的学习过程提供支持"[3]。芬兰 2016 年正式实施的国家核心课程从学习理念、学校文化、教学模式及评价方法等维度，为横贯能力的培养奠定了坚实的基础。

（一）学习理念：强调学习的快乐体验

芬兰教育最重要的准则就是充分尊重学生天性，让学生快乐享受学习的过程，这一理念贯穿于国家课程改革和横贯能力培养的始终。芬兰新课程标准明确提出，要让每个学生在解决疑惑、探寻理解和反思成长的学习过程中，发觉学习是一件美好而重要的事情，以此帮助每个学生找到最适当的人生位置和生命价值，建立可以一生追寻的正面、积极的学习心态，将学习发展成为一种伴随终身的能力。新课程标准还特别指出，多元、互动、安全和平等的学习环境有利于学生快乐学习和健康成长，学习环境不只局限于课堂和学校，还应关注信息技术为教学带来的各种新可能。除了走进博物馆、社区、企业等，还要更多地认可虚拟环境和游戏情境的运用。

（二）学校文化：创建学习型社区

芬兰新课程标准认为，学校文化对促进学生横贯能力的发展发挥着非常重要的作用，应该把学校建设成为每个个体都可以主动学习、探究和参与的学习共同体。例如，芬兰 2016 年发布的《新型综合学校改革行动方案》中明确提出，以建设合作型校园文化为重点，从公平与平等、参与与民主、日常生活中的安全福利、对话与多元工作方法等六个维度将学校打造成一个"学习型社区"。芬兰的学校文化力求体现公开性与互动性，有利于促进学校内部、学校与家庭、学校与社会之间的交流合作。从师生互动合作来看，要求教师在对教学目标、内容、方式和资源享有极大自主权的基础上，努力让学生一起参与多学科整合学习模块计划的制订，参与其他有利于发展自身横贯能力发展的活动。此外，芬兰新课程标准还强调要让学生的监护人参与学校活动的规划和发展，熟悉学校课程，以有效支持学生的学习。

（三）教学模式：推进基于现象的教学

"基于现象的教学"（Phenomenon-based Teaching，简称"现象教学"）是相对于"基于学科的教学"（Subject-based Teaching，简称"分科教学"）而言的一种教学方式或取向，被视为芬兰新课程改革的主导思想。现象教学与分科教学之间是一种相互补充的关系，主要指在保留分科教学的基础上，基于学生兴趣和日常生活中的现象或话题对学生进行跨学科教学的模式。现象教学基于现象学原理和建构主义认识论，具有全面性、真实性、情境性、问题导向探究学习、自主任务推进式学习进程等重要特征。[4]现象教学大致分为确定学习主题、学习结果描述、于实践中了解、学科角色、找出关联、阐明问题、确定项目、列出具体活动和找出可用设备或资源九个步骤。例如，教师在以"芬兰的独立"为主题的历史课教学中，可以围绕此主题融合语言、政治、地理、经济等其他学科的知识，在更大程度上促进学生横贯能力的培养。

（四）评价方法：注重多元化评估

芬兰除了由国家教育评估中心对部分学校的教学效果不定期进行抽样调查外，没有国家统一考试，没有学校排名，评估学生日常学习效果的主要责任由学校和教师承担。芬兰《国家基础教育核心课程标准》指出，学校应通过营造积极的校园文化、创造促进学生参与的环境氛围、帮助学生学会了解自身的学习进程等途径，积极构建以完善或进步为导向的评估文化。芬兰大部分日常教学评估是在教师和学生的互动中完成的。例如，芬兰Naistematka学校两名教师在教学"欧盟"课程过程中，不仅采用政治、经济、历史、地理、外语等学科知识进行协同教学，而且始终注重采用小组互评、自我评估、教师评价相结合的方式，对学生课程的表现进行全面客观的评价，确保学生在掌握知识的基础上，能够根据交通、饮食、住宿等结合自身的虚拟资金规划出合适的旅游行程。

三、芬兰课改对我国核心素养落地的启示

在芬兰研制基于横贯能力的国家核心课程标准的同时，我国也启动了学生发展核心素养体系研究，2016年正式发布了《中国学生发展核心素养》总体框架。综合来看，芬兰所提出的横贯能力的要素和内涵与我国提出的6项核心指标和18个要点，都兼顾了知识、技能、情感态度和价值观的有机融合。因此，深入剖析芬兰基于横贯能力培养的课改路径，对我国从新时代课程变革的视角，推动核心素养落地生根具有重要的借鉴意义。

（一）推进以生活教育为重点的课程整合

世界环境变动太快，面向未来的学校应该倡导"全人教育"（Holistic Education），应该教孩子未来生活所需，而不是提高考试分数所需。因此，芬兰的新课改贴近生活、融入生活，不仅生活能力在芬兰核心素养体系中的占比更大，而且生活教育类课程与语文、数学一样都是学校的必修课。从芬兰学校课程表中可以看出，中小学一周的总学时平均为25课时，其中手工制作、职业启蒙、家庭经济、户外活动等占了12课时。芬兰的生活教育主要以"课程整合"（Curriculum integration）的方式进行，强调以探究真实生活的跨学科现象或主题为核心，"让学生把日常生活的不同概念、问题、现象联系起来，理解之间的交互关系，把在学校学到的技能迁移到家里、职业和社会中"[5]。

我国学生发展核心素养体系中明确提出了"健康生活"指标内涵，同时课程与教学生活化已然成为一种趋势，但与芬兰经验相比，我国基于学生核心素养培育的学校课程中普遍存在"体系性"缺失，学校课程与社会生活的整合不够，课程内容与学生经验的整合不够，难以发挥课程的整体育人功能；同时，教学生活化的作用很多时候仅仅局限于一节课或一个时间段，很大程度上是为了"升学""就业"等功利性目标，还不适应培养学生面向未来生活能力的实际需求。所以，我国基于核心素养的新一轮课改要更加注重课程的丰富性、选择性、整合性，为每个学生提供更多通向未来生活的钥匙。

（二）构建以学生发展为本的新型教学关系

芬兰指向横贯能力的现象教学，很好地体现了学科知识学习与跨学科能力培养的有机结合，有力推动了教学方式"从传统的教学实践三中心（教师中心、课程中心、书本中心）向以学生为主体、以探究学习模式提高学生的创新能力和适应现代社会发展需要的方向转变"[4]。可以说，现象教学是真正"以学生为中心"的教学，从现象或话题的选择，到课堂学习和实践，再到学

习效果评估，学生都是实施的主体。

我国新课改中强调知识技能、过程方法、情感态度与价值观的三维目标，虽然与芬兰横贯能力的教学目标取向基本一致，但在具体实施过程中，还或多或少存在着重知识轻能力、重教书轻育人的现象。《中国学生发展核心素养》总体框架的发布又一次引起学术界对传统教学模式的质疑。芬兰经验告诉我们，核心素养与传统教学没有本质上的冲突，教与学方式变革的关键在于教师，只要每位教师都能面向未来进行学科知识和教学能力的自我重塑，以学生发展为本的新型教学关系就能建立；只有在优化传统知识教学的基础上，引导学生运用问题导向式、小组合作式、主题探究式等多种学习方法，积极动手实践和解决实际问题，核心素养才能开花结果。

（三）注重低利害性的过程性学习评估

学术界认为，芬兰之所以成为教育卓越国家，一个公认的原因就是，芬兰在历次课改中都强调考试愈少，学生学得愈多，较好地解决了教育评价指挥棒问题。芬兰在核心课程实施过程中，把评估视作学习过程的一部分，评估的内容主要分为学习过程、学习方法和行为表现，并为不同评估阶段的学习目标设置了参照标准。学校和教师可以确保在平等性、客观性、低利害性和可操作性的基础上对评估标准进行细化。芬兰学生之间不发生竞争与分数攀比，学业评估的主要依据是学习过程中表现出的个人特质与高阶能力。

多年来，如何评估学生学业质量始终是我国课程改革的老大难问题，虽然国家层面上已经开展了包括国家义务教育质量监测、中小学教育质量综合评价、中高考招生考试制度等多项改革，但部分学校和家长极度追逐升学率和分数的现象依然盛行。习近平总书记在全国教育大会上强调，要深化教育体制改革，扭转不科学的教育评价导向，坚决克服唯分数、唯升学、唯文凭、唯论文、唯帽子的顽瘴痼疾，为我们推进新时代教育评价制度改革打了一剂强心针。芬兰经验也为我们提供了一个崭新的视角来看待学生，就是要尽可能弱化高利害的外部评价。弱化外部评价不是不要考试，而是减少外在的成绩排队这样一种单纯的量化考核，更多地运用真实性评价、形成性评价、表现性评价等方式，帮助学生树立正确的自我认知和价值观，促进学生发展核心素养的养成。

参考文献：

[1] 林崇德. 中国学生核心素养研究 [J]. 心理与行为研究，2017（2）：145-154.

[2] OECD.PISA 2015：Country Result s[EB/OL].https：//www.compareyourcountry.org/pisa/

country/FIN，2017-06-04.

[3] Hannele Niemi，Auli Toom，Arto Kallioniemi. Miracle of Education：The Principles and Practices of Teaching and Learning in Finnish Schools [C]. Rotterdam：Sense Publishers，201：85.

[4] 王伟. 芬兰现象教学述介——兼对我国基础教育课程改革的理性思考 [J]. 江苏教育研究，2018（6A）：3-7.

[5] 钱文丹. 芬兰：生活教育也是必修课 [J]. 人民教育，2018（17）：76-79.

第三章

核心素养的理念转型

　　伴随着 2017 年版普通高中课程标准的颁布，深度学习、议题式讨论、任务群设计、大单元教学、问题解决式学习等教学理念成为教师关注的热点。毋庸置疑，教师只有更新教育观念才能深刻理解核心素养，才能将核心素养贯彻落实。那么学校教育中，重要的课程、教材、教学等环节如何落实核心素养呢？本章节围绕指向核心素养养成的课程观、教学观、学习观进行深入探讨。涉及课程的整体规划与设置、校本课程实施、课程体系培育等课程观，涉及深度学习、教学目标设计、教学方式转变、改进实验教学、改进试卷讲评等教学观，涉及项目式学习、单元重构、真实性学习、学会学习等学习观。

第一节　基于核心素养的课程观

课程改革落地核心素养

靳建设[①]

一、实现课程统整融合，助核心素养落地

课程是学校的"心脏"，是学校育人的"蓝图"。课程实施是落实学生发展核心素养的主阵地和主渠道。从学校的课程规划角度来看，纵向上要实现三类课程的统整，将国家课程、地方课程、校本课程有机融合，实现国家课程校本化，地方课程本土化，校本课程特色化。横向上要彰显两类课程的育人功能和教育价值。一是学科类课程，基于学科的逻辑知识体系开发。学科类课程的实施要在彰显学科育人功能和学科教育价值上下功夫，发挥学科育人的不可替代性，为学生的终身发展和社会发展奠定基础。二是综合实践性课程，这类课程从基于学生的真实生活和发展需求出发，与真实的世界发生关联，将生活情境转化为活动主题，通过探究、体验、操作等方式，培养学生的跨学科素养、创新意识和实践能力。学校要构建以学生发展核心素养为目标的、系统完整的、体现办学特色的学校课程体系，将基础性课程、拓展性课程和综合实践性课程统筹实施，通过课程实施把核心素养落到实处。

核心素养是学生终身发展和社会发展最重要、最关键、不可或缺的素养。每一门学科的核心知识、核心能力、核心品质等都是核心素养的重要组成部分，但不是它们的简单相加。因此，任何一门独立的学科目标定位和教学活动对于核心素养的落实来讲都是有限的，过分地强调学科独立性是不利于核心素养培养的，中小学都应该强调学科整合和统筹，都要从素养的高度来设计学校课程体系，要发挥课程的价值引领、思维启迪、品格塑造功能，才能"把学生培养成为知识丰富、思维深刻、人性善良、品格正直、心灵自由的人"。

[①] 靳建设，甘肃省教育科学研究所党委书记兼副所长，教育部基础教育课程教材专家工作委员会委员，全国中小学教育督导评估专家。

二、基于课程标准教学，助核心素养落地

基于核心素养的课程教学改革，就是要落实学生发展核心素养于课程实施过程之中，而课程教学是主渠道和主阵地。我国学生发展核心素养体系的构建，最终要通过课程实施落地。教育部已着手进行基于核心素养的普通高中课程实施方案修订和各学科课程标准的修订。从教育部公开的各学科课程标准（修订稿）意见征求稿可以看出，各学科均按照我国学生发展核心素养体系，提炼出了各学科核心素养，并基于学科核心素养目标要求，研制了学科学业质量标准，修订版的课程方案和课程标准将成为基于核心素养目标深化课改的关键举措及其具体化。对于广大学校和教师来讲，落实核心素养就必须执行好国家课程方案和课程标准，必须大力推进基于课程标准的教学。

具体来说：

一是学校要基于国家课程方案，科学构建属于学校自己的课程体系，将国家课程校本化、校本课程特色化，把国家课程、地方课程、校本课程统整融合，建立学科类课程、拓展类课程、综合实践活动类课程三位一体的课程体系，使核心素养分阶段、分层次、分要求落实到具体的课程实施中。

二是学校要组织各学科教师，开展基于课程标准的学期课程纲要的研发，要面向学生，以学生为主体和主人，将课程标准规定的学科核心素养、学科课程内容和学业质量标准，按照学期进行分解和细化，从课程目标、课程内容、课程实施、课程评价四个维度，落实到每一个学期，既使教师明确学期教学的基本任务和要求，也使学生知道一学期的学习内容和要求，知道学什么、怎么学、学到什么程度、如何评价等。这样才能将学科核心素养落实到每一个学期。

三是要组织教师进行课程标准规定的学科课程内容的分解和细化，将具体学科学习的内容标准分解为多个学习要素，并分析核心要素和关键要素，用具体的行为动词予以科学描述。

四是要组织教师科学制订教学目标，对每一学习主题或项目进行教学设计时，必须清晰、规范地设计教学目标，每一条教学目标的叙写均应体现行为主体、行为活动、行为条件和行为结果四个要素，且行为主体必须是学生。

五要按照教学目标先进行学习评价设计，设计出目标达成的教学评价方式、途径和内容，教学评价的设计要先于教学活动设计。只有抓住这几个关键环节，才能将核心素养真正落地。

基于核心素养的综合学习系统构建

吕文清[①]

基础教育阶段落实核心素养的关键是推行综合学习，促进学生元认知、元理解、元分析能力的建构，统帅知识技能去解决新问题。通览各国的核心素养、核心技能、核心知识框架，其本质都在强调学生对我与自然、我与自己、我与社会的关系的理解。这种理解如何获得？需要文化基础、自我指导、社会互动做支撑，依赖于高质量的综合学习。从全球看，随着近年高科技的发展、互联网的覆盖和人工智能的升级，学习批判性思维、元认知、创造力、社会情感能力等已成为新一轮课程更新的导向，但这些带有"元理解"的素养，在传统意义的课堂上完不成，甚至主要不是通过原有课堂教学模式实现，需要研究设计以综合学习为基本范式的课程体系给以支撑。如美国的项目学习、STEM课程，我国台湾地区和日本、新加坡的综合学习课程，欧洲的真实学习，芬兰的场景式综合学习、合作的课堂实践，瑞典的实作学习，都进行了长期系统的探索。很多国家开办了自然学校、森林学校等，像英国夏山学校、华德福学校等都让学校课程和学习植入生活，有的大学甚至只开设实践性项目课程，原来意义上的基础课程、核心课程则要求学生自主学习解决。

北京市海淀区从2008年开始，在国家教育体制改革试点项目——中小学生社会大课堂建设与应用中，重点进行了基于社会大课堂的综合学习实验，设计了学生在真实情境下、真实经验和解决真实问题的"三真"学习模型，开发了社会大课堂综合学习和创新能力早期培养系列综合学习课程资源，初步完成了大课堂建设和创新能力早期培养整体解决方案基本理论框架、实践操作体系探索，构建了基于核心素养的综合学习体系，包括目标体系、内容体系、实施体系、评价体系、支持体系等。这里结合海淀区的实践探索，就其框架进行简要阐述。

一、综合学习的功能定位

综合学习体系，旨在整合各领域、各板块、各学科课程，实现学段内知识技能思想方法整体联结。实现路径是深度利用社会生产生活资源，为各学

[①] 吕文清，教育文化学者。

科现场教学、主题活动、综合实践活动、研究性学习、项目学习提供环境条件，突出增强学生的综合素质、实践能力、责任意识和创新精神，实现核心素养的落实。

（一）整合功能

综合学习要打破学科界限，打通校内外、课内外学习活动和内容，实现多学科联动，促进知识与经验的整合；又运用多种学习方式，倡导综合探究，是一种深度整合学习。

（二）平台功能

综合学习既是一种整合性学习形态，也是一个基本载体，各学科的实践教学、各主题教育活动、各学科现场教学、各类知识拓展、研究性学习、项目学习、综合实践活动等，都可以依托"综合学习"课程实施。

（三）探索功能

综合学习强调学生在真实情境下，学生自主探究学习生活、心理世界和物理世界的问题，通过实践体验拓展素质，增长能力，健全人格，是核心素养落地的一种探索。

二、综合学习的课程属性

综合学习从要素和组成方式上界定，具有经验性、实践性、活动性、综合性课程的样态。

（一）经验课程属性

综合学习超越具有严密的知识体系和技能体系的学科界限，是一门强调以学生的经验、社会实际和社会需要和问题为核心，以主题的形式对课程资源进行整合，以有效地培养和发展学生解决问题的能力、探究精神和综合实践能力为目的的课程。

（二）实践课程属性

综合学习注重学生多样化的实践性学习方式，转变学生单一的以知识传授为基本方式、以知识结果的获得为直接目的的学习活动，强调多样化的实践性学习，如探究、调查、访问、考察、操作、服务、劳动实践和技术实践等。

（三）活动课程属性

综合学习的主要实施形式是活动性的，主要形态是"做中学"，不但强调学生对实际的活动过程的亲历和体验，更强调在活动中建构知识，学习方法，发展情感。

（四）整合课程属性

综合学习是较为典型的整合形态的课程。学习环境是丰富的，学习内容是整合的，学习方法是多样的，学习目标是多维的，追求的效度也是综合的。

三、综合学习的基本特征

综合学习的课程观和知识观，强调真实情境下的自主探究与合作学习，强调知识与生活经验的整合，强调各感官的参与和多种形态、多种学习方式的综合运用。

（一）实践性

综合学习以活动为主要开展形式，以实践学习为主要特征。通过引导学生亲身经历各种实践的学习方式，积极参与各项社会实践活动，在调查、考察、实验、探究、设计、操作、制作、服务等一系列活动中发现和解决问题，积累和丰富经验，自主获取知识，发展实践能力和创新能力，引导学生在实践中学习，在实践中发展。

（二）开放性

综合学习超越了封闭的学科知识体系和单一课堂教学的时空局限，面向学生的整个生活世界，其课程目标和内容具有开放性；综合学习活动强调富有个性的学习活动过程；关注学生在这一过程中获得的丰富多彩的学习体验和个性化的表现，其学习活动方式与活动过程、评价与结果均具有开放性。

（三）自主性

综合学习尊重学生的兴趣、爱好，注重发挥学生的自主性。学生是综合学习活动的主体，它客观要求学生主动参与实践性学习的全过程，在教师的有效指导下，自主学习、自主实践、自主反思。指导教师对学生实践学习的全过程进行有针对性的指导，不包揽学生的活动。

（四）生成性

综合学习注重发挥在活动过程中自主建构和动态生成的作用，处理好课程的预设性与生成性之间的关系。一般来说，学生的活动主题、探究的课题或活动项目产生于对生活现象的观察、问题的分析，随着实践活动的不断展开，学生的认识和体验不断丰富和深化，新的活动目标和活动主题将不断生成，综合学习的内容、形式及价值功能也不断进阶。

（五）整合性

综合学习活动中学生要真实面对完整的生活世界。学生的生活世界由个人、社会、自然等彼此交织的基本要素所构成。学生认识和处理自身与自然、社会、自我的关系的过程，也就是促进自身发展的活动过程。因而，学生个性发展不是多门学科知识的杂烩，而是通过对知识的综合运用而不断探究世界与自我的结果。综合学习活动的整合性，要求课程的设计和实施要尊重学生在生活世界中的各种关系及其处理这些关系的已有经验，运用已有知识，通过实践活动来展开。从内容上来说，综合学习活动的主题范围包括了学生与自然、与社会生活、与自我关系等基本问题；无论什么主题，其设计和实施都必须体现个人、社会、自然的内在整合。

（六）情境性

综合学习主要是利用社会资源开展学习活动，是真实情境下的真实探索。学生或者参加主题教育活动，或者基于学科的拓展学习，或者进行课题项目学习，或者综合探究，或者运用课堂知识实践服务等，都是源于资源环境的支持，情境性是综合学习的突出特征。

四、综合学习的核心价值

结合立德树人要求和未来发展趋势，适应学生基础素质和核心能力及其终身发展的需要，参照联合国五个学会、21世纪人类核心技能标准、全球职业发展形态，借鉴发达国家和地区经验，基于核心素养的综合学习主要有四个方面的价值考虑：

（一）文化学习维度

为学生持续地学习、成长、发展、提升所需要的学术能力做好准备，如发展学习力、思维力、理解力、创造力等核心能力。

（二）自主发展维度

为学生利用智慧去改进他们自己的生活并跟上日益发展的社会做好准备，如形成事实、概念、方法、价值的素质等。

（三）社会参与维度

为学生负责任地参与社会管理、发展、改造做好准备，如培养良好的公民意识、责任感、价值观、领导能力等。

（四）职业探索维度

为学生认识、选择、发展适合自己能力倾向和兴趣职业进行准备，如提供多种多样的职业认知和探索活动，培养职业意识。

五、核心素养落位框架

综合学习是依托社会化环境实施的深度整合学习活动，过程丰富，内容丰富，主题丰富，情境真实，目标多元，不能用传统课堂线性思维去指导，而应该以学生的学习为本指导体系建构。

（一）文化基础——注重课程的完整性，强调核心知识结构的建立

根据《国家基础教育课程改革指导纲要（试行）》精神，综合学习要促进每个学生身心健康发展，培养良好品德，培养终身学习的愿望和能力，处理好知识、能力、态度、价值观的关系，克服课程过分重视知识传承的倾向。按照基础教育的任务和特点，综合学习所关注的学生基础素质结构包括四个方面：1.认知类，包括知识的基本概念、原理和规律，理解和思维能力；2.技能类，包括行为、习惯、运动及交际能力；3.情感类，包括思想、观点和信念，如价值观、审美观等；4.应用类，包括应用前三类来解决社会和个人生活问题的能力。综合学习强调这四个方面的完整结合，力求达到认知与情感、知识与智力、主动精神与社会责任的和谐统一。

（二）自主发展——注重课程的丰富性，强调学生的生长能力

综合学习活动既有自主学习和合作学习，又有社会考察和实践探究，是学生社会情感发展的重要途径和表现性窗口。综合学习力求突破以往知识本位或智力本位的格局，突出学生个性的发展。逐步确立和强化尊重个性的原则，把个性与他人的个性、自由与自律、权利与责任看成是密切联系的统一体。把在轻松、宽裕中培养孩子们的生长能力作为根本出发点，努力为学生提供轻松宽裕的时空和环境，去发现自我，进行自我思考，进而培养孩子的"生长能力"。另外还应重视学生精神上、思想上的轻松宽裕，让他们站在自己的生活方式、由自己决定的立场上，确立自己真正的个体自我，于恬静、淡定和潜移默化中蕴含教育智慧。

（三）社会参与——注重课程的延展性，强调学生的合作与协作

发挥综合学习的灵敏和灵活的优势，关注全球不断更新的新成果、新技术、新理论和新思想，以社会情感和协作能力为直线，着重培养学生的规划领导力、数据判断力、事物综合分析能力和批判性思维、合作能力、终身学习的能力等，满足每个学生基本的学习需要，为了有尊严地生活和工作，为了充分参与、发展和改善自己的生活质量和做出睿智的决策所必需的继续学习的能力。

六、为学生提供高质量学习的环境与空间

综合学习体系的建构，要克服当前基础教育课程脱离学生生活世界，偏重科学世界的倾向，改变授受式教学为主的课堂教学，鼓励学生深入社会真实环境，投入生活实践、自主选择、个性化探究为主旨的，主张充分尊重学

生的生活、学生的探究本能和兴趣,给予每一个学生"元学习"提供空间,促进学生元认知、元理解、元分析能力的有序建构。

(一)强调"背景"——真实情境下探究

凡是进入书本中的知识,是经过教育学、心理学等相关理论过滤的知识,这些知识集中反映在学科课程中。这些知识相当于人类数千年探索的结果,学科课程更是结果的精华。这些精华难以直接进入学生的认知世界,学校教育引领,主要努力方向是缩小人类知识世界和学生经验世界的距离。为达成此目的,学校教育除采用别样的方式外,重要的途径就是帮助学生在教育的情境中,对人类知识形成过程进行还原,让学生体验知识形成的过程,在体验过程中理解知识、应用知识、学会知识。

(二)强调"还原"——探究真实问题

综合学习试图把学校严密的知识教育,与真实的社会性教育的优势结合起来,突出课程的情境性。课改以来,学科课程教学也注重体验,强调采用探究性学习、实践性学习等综合性学习方式,在某种意义上就是局部还原知识形成的过程,在学科范围内让学生局部地体验知识形成的过程。与学科课程教学不同,综合学习在学习目标、学习方法以及学习基础、学习内容、学习空间等方面,多是按照实践体验的环境要求设计,提供了知识发生发展形成过程的整体脉络和结构,是超越局部的"还原"。

综合学习过程中的体验较之学科课程教学,在体验的内容、时间、空间、目标等方面,具有明显的原生态性。当然,综合学习对局限的超越也并非"彻底",与人类发现知识的过程不能完全等同。综合学习一般是在学校教育的引领、指向下发生的活动,是在学校教育主体规划的时空里产生的活动,因此对知识的还原依然是有限度的,与完全意义上的社会性学习不同,更不同于放任的体验学习。

(三)强调"过程"——让高质量学习真实发生

综合学习体系关注自然、社会、自我等基本向度,不是停留在简单的体验过程,而是强调学生的亲历性,学生通过真实的实践探究,实现体验过程与认识过程的互相转化。综合学习的设计要基于学生需要和兴趣,从学生已有经验、学习生活、社会生活等领域选择活动内容,并围绕这些内容展开一系列实践探究活动,激发学生进行新的观察、新的判断和新的学习,扩大经验范围。这些经验虽然多以直接经验的方式呈现出来,但要把科学的知识、概念、思维、方法融合在活动过程之中。

社会性真实环境给综合学习的生成和发展创造了无限生机,但是综合学习活动的追求远不止于环境资源。学生基于这些直接经验，以及在活动过程中发展起来的能力，进而展开新的学习，将这些经验与自己已有认知结构逐渐融合，使原有认知结构更加充实、更加丰富、更有组织，进而逐渐地把学习所得引向具有科学逻辑体系的经验，从现在经验进展到以有组织体系的真理。因此，综合学习活动不仅使学生将未来经验建立在已有经验基础之上，而且还使原有认知结构重新改组，实现经验之间的融合和发展，进一步产生新的意义。

基于核心素养的校本课程实施体系构建

仲小敏[①]　金如委[②]　张立岩[③]

随着核心素养统领下的新一轮教育改革的实施，基于核心素养的课程建设成为基层学校的关注点。作为国家三级课程体系的重要组成部分，校本课程具有独特的优势，是培育学生核心素养的重要载体。针对当前校本课程建设中存在的体系不健全、师资力量不强、课程实施保障不完善等问题，本文以天津市第七中学（以下简称"天津七中"）的校本课程建设实践为例，提出基于核心素养的校本课程体系建设的几点建议。

一、构建多主体协同开发团队

校本课程开发不能仅局限于教师个人或学科组，而需要提倡调动和利用政府、高校、家长、社区及科研馆所等社会各方力量，构成多主体的协同开发团队。其中，中小学教师是校本课程开发的第一主体；地方政府为校本课程的实施提供有效的资源协调与保障；高校专家是校本课程开发的智囊团；学生家长是课程开发的重要外部资源；社区与科研馆所人员等是校本课程开发的渗透性力量，能为校本课程开发提供丰富的实践资源与场所。例如，天津七中聘请了天津师范大学教授、天津市教研室教研员组成专家团队，为学校的课程建设出谋划策；建立了由市区教研员、河东区名师工作室等组成的课程建设共同体，论证、研讨校级课程群的开设；出台了《天津七中课程管

[①] 仲小敏，天津师范大学教育学部副部长，教授。
[②] 金如委，天津师范大学教育学部教师，博士。
[③] 张立岩，天津外国语大学附属外国语学校教师，中学一级教师。

理办法》，规范学校课程开设的调研、论证和审批程序，完善课程管理机制；成立了由校长任组长，教学校长、教务主任、学科组长为成员的"特色课程建设领导小组"。此外，在区域馆所的助力下，学校学科特色课程基地发展得如火如荼。

二、确立以价值观为龙头的全方位目标体系

当前，一些学校的校本课程以知识目标为主，综合素养目标不突出，对学生体验关注不够。在核心素养视角下，要凸显课程的育人价值，应将校本课程与国家课程的校本化实施整体设计，确立以鲜明的"价值观"目标为龙头的全方位的育人目标体系，实现整体的、综合的育人效果。例如，天津七中设计了以"美丽杨柳青，铿锵复兴路"为主题的课程活动，学生通过走访杨柳青商贸旅游街和石家大院，感受悠久的历史和文化，思考古代民居是如何适应当地的自然环境的；学习非物质文化遗产——杨柳青年画制作过程，深化对中华民族传统文化的自豪感；考察古运河的分布，感悟交通线的布局变化对聚落的影响；考察生态观光农业，分析其发展的区位条件以及对区域的影响；撰写杨柳青古镇可持续发展研究性学习报告，学会研究性学习的方法，培养创新精神和实践能力等，课程设计与国家地理课程的价值目标浑然一体，体现了鲜明的育人导向。

三、构建"4R融合"的宽领域内容体系

不少学校的校本课程以学科为依托，不同课程内容之间缺少融合，学科界限明显，特别是缺少与国家课程、地方课程的整合。"4R融合"强调在课程内容体系的构建上关注国家、地方、学校三级课程间的融合、学科内部和跨学科间的融合、校内外资源的融合，以及信息技术与课程实施方式的融合。例如，天津七中以"大语文观"统领学科特色课程基地建设，利用校广播站、《长风》期刊、校图书馆、校史馆等校内资源和河东区图书馆、天津市图书馆等校外资源充实课程资源，实现了校内外、理论与实际以及学科间的关联。

四、创设立体化的开放学习空间

在校本课程实施过程中，要给学生足够的思考与体验的机会，教师应构建立体化开放学习空间，使学生通过目视感受和动手体验，亲历探究过程，在一系列的实践活动中提升素养。例如，天津七中创设了课上课下、校内校外、线上线下"立体化"的开放学习空间，包括讲坛学习、研究室学习及活动学习等。同时，学校与大学合作共建学科特色课程活动基地，这不仅丰富

了学习组织方式，更拓宽了学习空间，将校内课程与校外课程融为一体。物理学科与中德职业技术大学、天津民航大学、城建学院等单位合作共建课程实践基地，为喜爱物理的学生提供更为广阔的学习、研究平台，教师在其中也拓展了学科视野，其专业化成长得以延续。

五、实施高参与的深度学习

一些学校的校本课程建设仅限于发放校本教材，课程开发"因人（师）设课"，部分学校还误把校本课程等同于活动；同时，"师讲生受"的传统教学模式仍然广泛存在，学生难以实现深度学习，发展高阶思维。然而，实施高参与的深度学习是落实校本课程价值目标的关键所在。在校本课程实施过程中，教师应根据教学内容和学生的个性差异，采取多样化的教学策略，使学生始终对学习保持期待感、好奇感与兴奋感，促进深度学习。例如，天津七中通过改进演示实验促进学生深度学习。他们通过对教材中原有演示实验的改进、创新和拓展，引导学生更好地理解知识、感悟知识，充分体验科学探究的艰辛与乐趣，发展学生科学素养。

六、建立多层次的全程评价体系

在一些学校的校本课程实践中，校本课程评价的主体、内容及方式单一，忽视对学生学习过程的考察以及对学生个体的个性化评价。基于核心素养的校本课程评价应注重评价各要素的多维与多样，以实现"多层次"全程评价。例如，天津七中通过考勤、学习表现、行为表现、思想品德、学习作品、研究报告等多维度对学生的课程修习过程进行评价，评价主体包括学生自评、生生互评、教师评价等。这种方式多样、主体多元的表现性评价方式有利于更加全面客观地反映学生的综合素质。

总之，校本课程是学校教育教学活动不可忽视的载体之一。学生发展核心素养的提出，为校本课程的开发与建设指明了重点和方向；校本课程的开发，也为核心素养的落地生根提供了有机土壤。新时期的校本课程建设应有更高的站位和目标，在课程开发的目标、内容、学习空间、学习过程以及评价等方面需要统筹整体的设计，以培育学生应对未来世界挑战所需要的核心素养。

课程基地：凸显核心素养的培育优势

马　斌[①]

课程基地是江苏教育的原创，是以创设新型学习环境为特征，以改进课程内容实施方式为重点，以增强实践认知和学习能力为主线，以提高综合素质为目标，促进学生在自主、合作、探究中提高学习效能，发掘潜能特长的综合性教学平台和实践场所。通过课程基地建设，我们力图改变传统的教与学的方式，为学生发展创设新型情境的学习场域，为教师成长提供更好的专业平台，开辟基础教育的新疆界。即，通过课程基地建设实现：教学变革，找到做中学的支撑点；教师成长，找到专业创造的发力点；业态优化，找到学科文化的创新点；学力提升，找到主动学习的兴趣点；发展视野，找到开放共享的生长点；项目推进，找到上下联动的切入点。

当前，对学生核心素养的培育，已成深化课程改革的重点。寻找核心素养培育的技术路径，在"依靠什么"的问题上发力，成为落实核心素养最紧迫的任务，也是避免核心素养落空的根本所在。解决这一问题，我们试图在江苏课程基地建设上去找答案。经过课程基地的实践和对核心素养的学习，笔者认为，课程基地与核心素养的落实不仅有着高度的契合性，而且课程基地在培育学生核心素养上有着独特的优势，这种优势既是价值，又是操作路径，更是实践效果。主要表现在：

一、先行探索优势，实践成果契合核心素养主旨

一是实践超前。江苏从 2010 年起开始调研，提出建设课程基地的设想，2011 年 6 月《江苏省教育厅江苏省财政厅关于启动普通高中课程基地建设的通知》，首次提出"课程基地"概念，重点明确了课程基地的六大建设内容：创设具有鲜明主题的教学环境、突出核心教学内容的模型建构、建设促进自主学习的互动平台、开发丰富而有特色的课程资源、形成教师专业成长的发展中心、开辟学生实践创新的有效路径。2011 年来，省市县校约投入 16 亿元建设高中课程基地 324 个，一半以上高中建设了课程基地项目，取得明显成效。在中国学生发展核心素养框架发布之前，江苏教育已提前积累了六七年

[①] 马斌，江苏省教育厅基础教育处处长。

的实践经验。

二是动因一致。课程基地建设一开始就围绕促进人的发展，从钱学森"中国为什么培养不出创新人才"的世纪之问入手，围绕学生创新精神和实践能力的培养，从大中小学教育衔接，推进学生适合教育走向教育适合学生的转型；从教育兴邦的审思，提出只有科学的教育才能兴国；从国民性格的超越，挖掘中国人性格特征中最缺少的是实践创新；从教育瓶颈的突破，提出学校多样化在于课程及其实施方式的多样化，等等。与核心素养的培养目标高度切合，为探索核心素养的养成奠定了基础。

三是成果映照。几年的课程基地建设，其实践创新成果印证了核心素养的主旨要求，主要体现为：学科建设创生了新的教学环境，学科情境、学科文化、学科形态成为学校内涵建设、文化校园的新亮点；专业开发锤炼了教师发展的新高度，围绕基地建设开展知识建模和施工建设，全面提升了教师专业开发能力和水平；实践体验构建了教学改革的新模式，架起了学生在专业化教学场所中，知识学习、能力实践和素质浸润的重要桥梁；内心需求增强了学生主动学习的新动力，通过学科美感在基地唤醒内心需求，互动自主在基地激发学习兴趣，科学探究在基地激活创造欲望，社团活动在基地挖掘潜能特长，学生学习质量大为改变。课程基地突破了普通高中多样化、特色化推进困难的现实瓶颈。在课程资源上，国家基础课程、地方文化课程、专题学习课程的丰富性，成为高中多样之源、特色之根；在教学方式上，出现学生班级教室集体上课与课程基地个性学习并存的格局；在社会合作上，各方社会资源开始流向学校，提升了学科品质，谱写出不一样的教育风采。六年多时间，江苏高中学校以开创课程基地建设为突破、率先在全省整体探索课程实施方式的转变，在学生发展、学科环境、实践体验、综合学习等方面，积累了丰富的实践经验，为核心素养的落地提前奠定了优势基础。

二、工具杠杆优势，方法路径推进育人模式转型

在素质教育、核心素养、课程基地的三者关系中，我们认为：素质教育是目标、追求，是教育的方向，提出做什么；核心素养是要求、体现，是育人的蓝图，明确怎么做，达到什么要求；课程基地是平台、载体，强调依靠什么做，是成事方法、技术路径。三者是个完整的统一体，是课程基地—核心素养—素质教育的不断进阶。方法为王。在实施素质教育、培育核心素养上，课程基地有着独特的工具杠杆优势。

一是工具撬动。课程基地建设首先是从"创设具有鲜明主题的教学环境、

突出核心教学内容的模型建构"的学科物态建设入手的，开创了教学的物型、物化、物态的空间。学科环境是培育学科核心素养的软"工具"，发挥这样的工具平台的潜在作用，一旦着力于推进人才培养模式转变，核心素养就落到了实处。

二是学科承载。核心素养是通过学科核心素养实现的，学科教学是学科核心素养培养的主要途径。课程基地建设直接表现为学科的承载，是呈现学科文化、学科装备、学科内容的专业化学习场域，这为培育核心素养提供了系统建设的学科素养专业化的集中表达和物化载体。如数学核心素养包括数学抽象、逻辑推理、数学建模、数学运算、直观想象、数据分析等，江苏省泰州中学数学课程基地包括数学博览室、趣味数学体验室、数学实验室、数学制作室和数学文化素质教育资源库、网络平台资源库、数学探究资源库等。可见，专业化学科场所为学科素养的培育提供了专业化的情境空间和载体平台。

三是空间调节。新课标实施对学校影响明显，变革学校的教学组织方式，选修课比例增大，科目增多，选修制、走班制、导师制的实施成为重要的改革内容。专家预测，若实施走班制教学，普通高中现有教室需要增加三分之一，显然简单增加教室数量这种方法在江苏是不行的。而通过新建课程基地，极大地增加了教学场所。"十二五"期间，全省普通高中课程基地新建专用教室（场、馆）等约1000个，建筑面积达15万平方米，有的学校逐步实现了学生班级教室与课程基地并存的学习格局。南通大学附中五幢新楼建成数学与科学、工程与技术、文学与社会、体育与健康、艺术与传媒五大课程基地，推进课堂教学与基地学习有机结合。调节学生学习空间，不仅适应了新课程、新改革、新高中的要求，更是有力地促进了人才培养模式的转变，使学科核心素养有了发展空间。

四是模式建构。课程基地转变教学方式方面，各地各校都在积极探讨个性化的教学模式。省天一高级中学"STS综合创新课程基地"项目导学方式；省南通一中物理课程PBL方式，即基于问题的学习；省新海高级中学生物课程基地的"翻转课堂"模式等，不一而足，适应不同学科特点的学习模式的建构与创新，有利于学科核心素养的形成。

三、课程整合优势，综合素养依托学科融合提升

核心素养的培养更加强调课程的整合性，注重学科之间的相互融合。从课程基地建设的项目内容看，课程基地建设和使用都体现了综合性。

"十二五"以来，到 2017 年，江苏已有中小学课程基地 712 个，其中高中课程基地 324 个。从高中课程基地看，可分为三类：

一是多学科的国家基础课程。如语文、数学、物理等，这类基地有一种是申报项目时就确定文科或理科的综合性的课程基地。还有一种是在建设过程中由单科走向综合，如省锡山高中的语文课程基地，在分为三期的建设中不断地增加了英语、历史、地理等内容，原来的语文课程基地最终转型为文科课程基地。即便是单科的课程基地，如下文提到的历史课程基地中二战内容的学习，教学过程和内容远远不仅仅是历史的内容，体现军事、政治、地理等学科知识的综合性。

二是超学科的专题学习课程。如智能机器人课程基地是超越学科限制、各科交叉形成的综合性学科，它集运动学与动力学、机械设计与制造、计算机硬件与软件、控制与传感器、模式识别与人工智能等学科领域的先进理论与技术于一体。

三是跨学科的综合学习课程。如环境教育课程基地，融合了地理、生物、化学、物理、天文等学科，从各学科中选取与环境科学有关的概念和内容，组成一门综合性的课程。研究性学习综合实践活动恰恰是学科核心素养培养的重要途径。课程基地学习都体现了一种活动性学习，同时也进一步推进了研究性学习的综合实践活动，是学科素养培养的有效途径。同时，核心素养对教师的要求，从"学科教学"转向"学科教育"，更强调课程整合。可见，核心素养是个体在解决复杂现实问题过程中表现出来的综合性品质，而课程基地以综合性内容和方式促进学生跨科学习，提升综合素养是水到渠成的事。

四、在场学习优势，实践能力凭借情境体验增强

核心素养的培养突出在真实情境中的学习，将学科知识与生活情境、社会情境和现实情境有机联系，凸显学科的实践和应用。教学实践是落实核心素养的又一重要途径，更多表现为基于问题、基于项目的两种方式。课程基地本身就强调情境实践特点，具体体现在三个方面：

一是强调场域学习。课程基地注重"做"中学，建设的首要内容，就是建构学习情境，不仅强调建设特色鲜明的教学环境，而且全部建设内容也都围绕实践教学展开。二是指向现实场景。在课程基地建设过程中就嵌入了许多核心素养所需要的"包袱"、结点，形成综合学习。"在场"学习，使课程基地成为核心素养培养的落脚点、接入点。学生通过看得见的学科现实场景和看不见的学科历史场景，建构认知，进而形成主见。以历史课程基地学习

为例，学生在跨学科的场景和内容架构上研读"事件"和"现象"。如在学习第二次世界大战，二战主题会从历史、地理和数学的视角检视：1. 先问起因，为什么会爆发世界大战；2. 再问二战中有哪些重要事件、重要人物值得深入研究；3. 追问有哪些地方，可以深入了解这场战争的方方面面；4. 联系现实，看结果，用数据分析今天欧洲的人口比例、经济实力及二战在其中起到的作用等。通过课程基地学习历史，二战中的许多历史"包袱"在这种学习情境中一一展开，学生不仅学到了历史、军事，还有史实研究、地缘政治、人物传记、地理变迁、国情、统计学、经济学、数据分析等内容。"学科场景+综合知识"式的学习成为在真实情境中培养学生综合素养的重要路径。三是凸显"纵""横"结合。实践证明创新实践能力培养，在于知识体系的把握与横贯能力的有机结合。课程基地探索建构了知识体系与横贯能力结合的一种新的方式，即纵向课堂教学的分科学习+横向的实际场景主题教学。课堂教学的分科学习，有利于知识体系的形成；实际场景主题教学，有利于学生发散思维的培养、横贯能力的养成，更好地促进了学生全面而有个性地发展。

五、自主发展优势，天赋潜能通过因材施教生长

实践证明，课程基地促进了学生内驱动力的主动生长。

一是更加适切。让学生学会学习、适应学习、主动学习是课程基地建设的重要特点和重要原则，这主要体现在所有课程基地因材施教的不同层次的建设上。例如，在对象选择上，呈现基础性、拓展性、探究性、创新性；在学习内容上，呈现知识类、制作类、验证类、实践类；在组织形式上，呈现个体的、小组的、班级的、全校的，如省锡山高中学生通过各个班级分工合作演《雷雨》，促进学生主动发展；在功能特点上，分为课标教材实验室、自主学习实验室、课题探究实验室、前沿体验实验室，省镇江中学物理课程基地这四个实验室的内容层次、适用对象、学习要求都不同，前一类实验是后一类实验的基础，整体呈台阶式跃进。其中课标教材实验室，可供学生动手体验教材中的演示实验，这都符合课程教学的基础要求。

二是多元链接。让学生平常就累积丰富的生活感触，将学科与生活连接，促进学校生活社会化。省锡山高中做了很好的尝试，将饭堂建设成生活技术中心，每天安排学生检测，并提供蔬菜农药残留报告，既加强了食堂卫生安全的管理，又增强了学生的食品安全意识、环境保护意识和责任担当意识。学习活动化是新课程的重要理念，而课程基地建设促使了各类课程学习的活动化、生活化、合作化。学生教学生有时候强过老师教学生。课程基地的知识主题性体现合作学习，更有利于学生之间的同伴互帮，学习团队的形成，促进学生相互学习和合作，共同进步。

三是学科滋养。课程基地通过建设学科文化，以学科历史、学科特色、学科体系，呈现学科情境、学科情趣，培养学生学科思维、学科情感、学科精神、学科伦理、学科志向，以及学科学习方法和能力，提升学生学习效能。让学生在学科知识的海洋里，在学科文化的世界中，耳濡目染，发现、喜欢、追求学习的乐趣，将天赋、潜能转化为成长优势和发展优势。

六、内涵集聚优势，学科文化借助社会资源丰厚

核心素养连着两端，一端是健全人格，一端是社会生活。社会生活是教育用之不竭的资源。课程基地建设重要途径之一就是利用洼地效应，将社会广泛的资源集聚并转化为学校的教育教学资源。项目建设的初衷，就是让学校成为地方课程文化资源的洼地，从而打破长期以来中小学校长特别是名校长"不求人""怕求人"的心理定式。

首先，挖掘历史资源打造经典文化。课程基地成了聚合各方力量的纽带。昆山中学顾炎武思想课程基地，现在的影响远远超出了学校当初的想象，得到昆山市教育局的充分肯定，被列为2015年昆山教育的实事工程；昆山市委宣传部、昆山市财政局、昆山市顾炎武研究会、顾炎武故居、苏州市名人馆等部门或单位也鼎力相助。顾炎武思想课程基地建设速度快，教学效果好，文化影响大，已成为昆山的一张文化名片。

其次，发挥校友资源完善现代文化。学校所需要的学科硬件和软件资源，都可以借助校友的人脉优势广泛收集，有条件的甚至建立专题场馆，为学生提供综合性学习的平台。省南菁中学依靠校友沈鹏、顾明远分别建起沈鹏艺术馆、明远书屋，省阜宁中学依靠校友朱训建立了朱训地质科普馆，这都是成功的做法，值得借鉴推广。

第三，借助项目资源建设共享文化。课程基地建设从结构布局就体现了外发性，结合学校的区位特点，形成如由校内向校外的特点，如环境、生态类课程基地就呈现校内课程基地原点、环保校园辐射、周边湿地相连的同心圆。省常熟中学与常熟翁同龢纪念馆等13家单位签约，成为学校"虞山文化课程基地"资源共享协作单位。同时随着学科知识、工程技术和教学改革，课程基地建设与高校、科研院所、高新企业广泛合作与共建，不仅提高了学校学科建设水平，更带动了高校高中"双高合作"的教学改革。如省课程基地——淮阴中学与南京航空航天大学就因航空航天课程基地的建设结缘，并

推动两校的深度合作与共建。

第四，汇聚乡土资源丰富课程文化。围绕课程需求和学校特色，将本地收藏家的藏品汇聚到学校，建设各类微型博物馆、收藏馆，以此丰富学校的课程和文化，不断拓宽学生的专业视野。

总之，课程基地建设，在功能定位上，以课程全面建设促进学生的全面发展，以课程学科的专业化建设规范学生的学养，以直观教学深化抽象思维，以具象化的学习体验读取学生最近发展区，以基地开放共享培养学生的社会智能，以生活教育浸润学生的幸福人生，以生活情趣增强教育魅力，为学生的兴趣、爱好、特长、专业、职业和事业融为一体的未来人生奠基，这不仅体现了核心素养的内容，而且成为培育核心素养的重要载体和平台。

在技术路径上，充分体现规划引领、实际实用；充分体现学生主体、面向全体，充分体现教师参与、层层推进，充分体现实践体验、载体创新，充分体现技术推动、人工智能，充分体现个性特色、学科文化；充分体现吸聚资源、合作共享。

在实践成果上，通过课程基地，立德树人这一教育根本任务的落实有了整体的载体平台、行事路径；体现了社会责任、实践能力、创新精神的人才培养的时代要求。从知识到能力的驱动力是实践使用，从能力到素养的催化剂是人文关怀。课程基地让核心素养落地生根，通过学科文化、学科知识、学科装备改变学习情境，以环境变化改变教学；通过实践学习，让学生在课程基地以体验发现兴趣、以兴趣焕发激情、以激情迸发创造力；通过课程基地创设的实际场景，处理真实情境中的问题，加强跨学科的学习，提升综合能力，呈现了课程基地在核心素养培育上的独特优势。

第二节 基于核心素养的教学观

深度学习是核心素养培育与发展的基本途径

郭 华[①]

一、深度学习是核心素养培育与发展的基本途径

(一)深度学习是我国课程教学改革走向深入的必需

改革开放40年,基础教育研究与实践的最大成就之一,就是树立了"学生是教育主体"的观念。但是,在课堂教学中,学生并未真正成为主体,大多数课堂教学也没有发生根本变化。为什么?因为大多数教学改革尚未抓住教学的根本,对课堂教学的研究还只停留在文本上、观念上,没有落到实际行动中。开展深度学习的研究与实践正是把握教学本质的一种积极努力,是我国课程教学改革走向深入的必需。

(二)时代剧变倒逼教学改革必须走向深入

当前,智能机器尤其是智能化穿戴设备的大量出现,部分传统职业已被替代,甚至有人认为教师和教学也可能被替代而消失。在这样的情形下,我们不得不思考:在智能化时代,真的不需要教学了吗?真的不需要教师了吗?当然,那得看是什么样的教学。如果把教学仅仅看作是知识的刻板传递的话,那么,智能技术完全可以胜任,教学和教师完全可以被智能机器替代了。借用马云(阿里巴巴集团创始人)的话说,在一个把机器变成人的社会,如果教学还在把人变成机器,是没有出路的。蒂姆西·库克(Timothy D. Cook,苹果公司现任CEO)曾说:"我不担心机器会像人一样思考,我担心的是人会像机器一样思考。"正是由于智能机器的出现和挑战,我们必须严肃思考:教学究竟应该是怎么样的?教学存在的意义和价值究竟是什么?事实上,教学的价值和意义一直都是培养人,但智能时代让它的意义和价值更加鲜明,不能再被忽视。因此,当机器已不只以存储为功能,而开始像人一样思考的

[①] 郭华,北京师范大学教授、博士生导师。

时候，我们清醒地意识到：教学绝不是知识传递，甚至知识学习本身也只是培养人的手段，教学的最终目的是实现学生的全面发展。因此，帮助学生通过知识学习、在知识学习中形成核心素养，在知识学习中成长和发展，成为教学的首要任务。

二、深度学习的内涵

那么，什么是深度学习？可以从两个层面来理解。一个是初级层面，是针对教学实践领域的弊端提出来的，是针砭时弊的一种提法。深度学习是针对实践中存在大量的机械学习、死记硬背、知其然而不知其所以然的浅层学习现象而提出的。这里的"深度"是指学生的深度学习。我们并不强求教师必须采用某种固定的模式或方法，而是强调教师要用恰当的方法去引发、促进、提升学生的深度学习。在这个意义上，深度学习是浅层学习的反面，是针砭时弊的。

但是，深度学习绝不只停留于这个层面。深度学习还有另一层面的理解，即高级的层面：深度学习并不只是为了促进学生高级认知和高阶思维，而是指向立德树人，指向发展核心素养，指向培养全面发展的人。因此，深度学习强调动心用情，强调与人的价值观培养联系在一起。每个教师都应该想：我今天的教学会给学生造成什么样的影响？能够让他有善良、正直的品性吗？会让他热爱学习吗？会影响他对未来的积极期待吗？……总之，深度学习的目的是要培养能够"百尺竿头更进一步"、能够创造美好生活的人，是生活在社会历史进行中的、具体的人，而非抽象意义上的有高级认知和高阶思维的偶然个体。

此外，我们的深度学习也与机器的"深度学习"绝不相同。我们所说的深度学习是要激发学生自己的想象力、原创力，培养学生的同情心、敏锐的感受力，提升学生的合作意识、信任感，等等，这是人的深度学习和机器的"深度学习"有根本区别的地方。综上，我们所说的深度学习，必须满足以下四个要点：

1. 深度学习是指教学中学生的学习而非一般意义上学习者的自学，因而特别强调教师的重要作用，强调教师对学生学习的引导和帮助。

2. 深度学习的内容是有挑战性的人类已有认识成果。也就是说，需要深度加工、深度学习的内容一定是具有挑战性的内容，通常是那些构成一门学科基本结构的基本概念和基本原理，而事实性的、技能性的知识通常并不需要深度学习。在这个意义上，深度学习的过程也是帮助学生判断和建构学科基本结构的过程。

3.深度学习是学生感知觉、思维、情感、意志、价值观全面参与、全身心投入的活动，是作为学习活动主体的社会活动，而非抽象个体的心理活动。

4.深度学习的目的指向具体的、社会的人的全面发展，是形成学生核心素养的基本途径。根据这四个要点，我们给深度学习下了一个界定："所谓深度学习，就是指在教师引领下，学生围绕着具有挑战性的学习主题，全身心积极参与、体验成功、获得发展的有意义的学习过程。在这个过程中，学生掌握学科的核心知识，理解学习的过程，把握学科的本质及思想方法，形成积极的内在学习动机、高级的社会性情感、积极的态度、正确的价值观，成为既具独立性、批判性、创造性又有合作精神、基础扎实的优秀的学习者，成为未来社会历史实践的主人"[1]。

三、课堂教学如何实现深度学习

我们初步构建了一个深度学习的理论框架[1]，目的在于真正落实学生的教学主体地位，正确处理学生个体经验与人类历史成果、学校教学与社会实践、教师与学生等几对关系，让学生在有意义的教学活动中得到健康成长。课堂教学中，必须做好以下几项工作：

（一）实现经验与知识的相互转化

"经验"与"知识"常被看作是彼此对立的一对概念，事实上却有着紧密关联。深度学习倡导通过"联想与结构"的活动将二者进行关联、转化。简单来说，"联想与结构"是指学生通过联想，回想已有的经验，使当前学习内容与已有的经验建立内在关联，并实现结构化；而只有结构化了的知识（与经验）在下一个学习活动中才能被联想、调用。在这个意义上，"联想与结构"所要处理的正是知识与经验的相互转化，即经验支持知识的学习，知识学习要结构化、内化为个人的经验。也就是说，学生个体经验与人类历史知识不是对立、矛盾的，而是相互关联的，教师要找到它们的关联处、契合处，通过引导学生主动"联想与结构"的活动，让学生的经验凸显意义，让外在于学生的知识与学生建立起生命联系，使经验与知识相互滋养，成为学生自觉发展的营养。

（二）让学生在活动中成为真正的教学主体

没有人否认"学生是教学的主体"，但在教学中如何才能让学生成为主体呢？有人把"学生主体"误解为让学生"自学"，放弃教师的作用。显然，"自学"不是"教学"。教学不是学生孤零零地自己学习，是有教师引导的。

也有人把教师引导曲解为教师灌输、教师替代，无视学生的主体地位和主体性的发挥。那么，究竟如何才能让学生真正成为教学主体呢？我们提出了"两次倒转"的学习机制。[2] 为什么要提"两次倒转"？因为，相对于人类最初发现知识的过程而言，从根本上说，教学是一个"倒过来"的活动，即学生不必经历实践探索和试误的过程，而可以直接把人类已有的认识成果作为认识对象、学习内容，这正是人类能够持续进步的根本原因，是人类的伟大创举。但是，如果把教学的根本性质（即"倒过来"）作为教学过程本身，那就可能造成教学中的灌输，强调反复记忆和"刷题"，无视学生与知识的心理距离和能力水平，致使学生产生厌学情绪。因此，在强调教学的根本性质是"倒过来"的基础上，要关注学生的能力水平、心理感受，要将"倒过来"的过程重新"倒回去"，即：通过教师的引导和帮助，学生能够主动去"经历"知识发现、发展（当然不是真正地经历，而是模拟地、简约地去经历）的过程。在这个过程中，知识真正成为学生能够观察、思考、探索、操作的对象，成为学生活动的客体，学生成为了教学的主体。正是这样的过程，让学生能够体验到个人与知识之间的深刻关联，激发内在动机，更重要的是缩短了高级知识和低级知识之间的差距，缩短了学生和教学内容之间的心理距离。在这个过程中，学生会发现所有的高级知识都是从低级知识走上来的，这样才会有继续去建构知识、发现知识的自信、能力和意识，以及使命感，这才是我们立德树人的落脚点。

（三）帮助学生通过深度加工把握知识的本质

学生活动与体验的任务，主要不是把握那些无内在关联的、碎片性的、事实性的信息，而是要把握有内在关联的原理性知识，把握人类历史实践的精华。因此，学生的学习主要不是记忆大量的事实，而是要通过主动活动去把握知识的本质。知识的本质需要通过典型的变式来把握，即通过典型的深度活动来加工学习对象，从变式中把握本质。同样，一旦把握了知识的本质便能够辨别所有的变式，举一反三、闻一知十。"一"就是本质、本原、原理、基本概念。当然，本质与变式需要学生对学习对象进行深度加工，这是深度学习要特别重视的地方。

（四）在教学活动中模拟社会实践

一般而言，学生是否能把所学知识应用到别的情境中是验证教学效果的常用手段，即学生能否迁移、能否应用。深度学习也强调迁移和应用，但我们不仅强调学生能把知识应用到新的情境中，更强调迁移与应用的教育价值。我们把"迁移与应用"看作学生在学校阶段，即在学生正式进入社会历史实践过程之前，能够在教学情境中模拟体会社会实践的"真实过程"，形成积极的情感态度价值观，因而我们强调"迁移与应用"的综合教育价值，既综合运用知识又实现综合育人的价值，而不仅仅是某个学科知识简单的迁移。它比一般的"迁移与应用"更广阔一些，学生跟社会的联系更强一些。

（五）引导学生对知识及知识的发现、发展过程进行价值评价

教学要引导学生对自己所学的知识及知识发现、发展的过程进行价值评价。例如，食物的保鲜与防腐。过去学这个知识，学生通常要掌握"食物是会腐烂的，想让食物保鲜就要加防腐剂"这个知识点，甚至初步掌握防腐技术。但那仅仅是作为一个知识点、一个技能来掌握的。深度学习要让学生讨论，是不是所有的食品都可以用防腐剂来保鲜？是不是防腐剂用得越多越好？这就是一种价值伦理的判断。深度学习不仅仅是学知识，还要让学生在学习知识的过程中对所学的知识进行价值判断。不仅仅是对知识本身，还要对知识发现、发展的过程以及学习知识的过程本身进行价值判断。当学生对所学知识及所学知识的过程进行价值判断的时候，就能够体会到：所有的知识都是人类发现、建构起来的，我们现在学的知识之所以是这样的形态，是前人不断发现、持续贡献的结果，所以知识永远是发展的，因此它是临时的。那么既然知识是临时的，是不是就不需要学了呢？如果不学它，这个知识就不能继续向前推进，所以在此时此刻它是完成性的、终极性的知识，将来它还会继续向前发展。谁来把它推向前进？是我们，是今天学习这些知识的人。因此，价值与评价是深度学习里面非常重要的一个部分，这也是培养学生独立性、创造性非常重要的一环，它不是某一个环节，它融合在所有的教学活动、教学过程当中。在信息时代，引导学生进行这样的价值评价，引导学生养成正确的价值追求，形成较强的评判能力，尤为重要。

四、打开"黑箱"——深度学习的实践模型

它不是知识单元、内容单元，而是学习单元，是学生学习活动的基本单位。过去我们的教学知道要学什么，也知道要考什么，但中间的环节，例如，学习目标是怎么定的，活动是怎么展开的，我们明确知道的东西很少，所以教学中间的两个环节是"黑箱"。深度学习就是企图把中间的这个"黑箱"打开：目标是什么？根据什么确定了这样的目标？为了达到这个目标我要设计什么样的活动？图1中的箭头看起来像是单向的，实际上应该有无数条线条，表现不断循环往复的过程。图1中的四个形式要素跟前面讲的理论框架是内在一致的，单元学习主题实际上就是"联想与结构"的结构化部分。单元学习目标就是要把握知识的本质。单元学习活动是活动与体验、迁移与应用的

一个部分。因此，单元学习主题就是从"知识单元"到"学习单元"，立足学生的学习与发展，以大概念的方式组织"学习单元"，在学科逻辑中体现较为丰富、立体的活动性和开放性。过去的学科通常都是封闭的，现在要把它变成一个开放的、未完成的东西，有了未完成性和开放性，为学生提供探究的空间，有重新发现的空间。

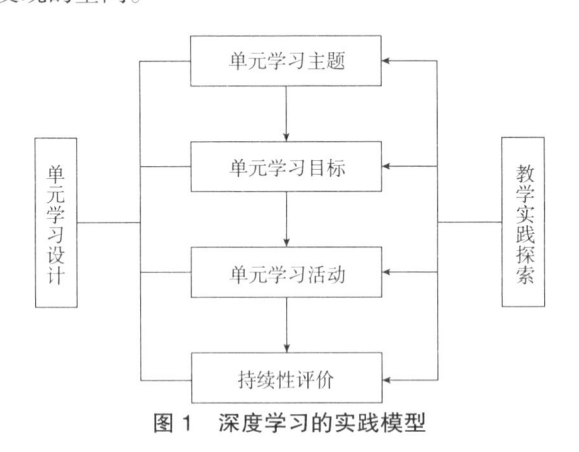

图1 深度学习的实践模型

单元学习目标是从学生的成长、发展来确定和表述；要体现学科育人价值，彰显学科核心素养及其水平进阶。

单元学习活动要注重几个特性。首先是规划性和整体性（整体设计），体现着深度学习强调整体把握的特点。其次是实践性和多样性，这里强调的是学生主动活动的多样性。再次是综合性和开放性，即知识的综合运用、开放性探索。最后是逻辑性和群体性，主要指学科的逻辑线索以及学生之间的合作互助。

持续性评价的目的在于了解学生学习目标达成情况、调控学习过程、为教学改进服务。持续性评价形式多样，主要为形成性评价，是学生学习的重要激励手段。实施持续性评价要预先制订详细的评价方案。

总之，对深度学习的研究，是一个对教学规律持续不断的、开放的研究过程，是对以往一切优秀教学实践的总结、提炼、提升和再命名，需要更多的教师和学者共同的努力和探索。

参考文献：

[1] 郭华. 深度学习及其意义 [J]. 课程·教材·教法, 2016（11）: 25-32.
[2] 郭华. 带领学生进入历史："两次倒转"教学机制的理论意义 [J]. 北京大学教育评论, 2016（2）: 8-26.

教学何以"回家"

卢　臻[①]

在《基于课程标准：让教学"回家"》一文中，华东师范大学课程与教学研究所崔允漷教授主张"出家"或"离家"的教学要"回家"，课程标准是教学的"老家"，一致性地回答"为什么教""教什么""怎么教""教到什么程度"等四个课程问题是教学"回家"的基本路径。教—学—评一致性法则为教学"回家"做出了可行且有效的设计方案。这是从教学设计层面讨论课程标准与教学关系的，即课程标准是教学设计的依据，制订教学目标须依据课程标准。那么，从教学实施的角度看，教学的"家"是何处？教学何以"回家"？

一、教学"到家"了吗

2011年起，河南省某市以年度为单位，与北京师范大学中国基础教育质量监测协同创新中心合作，周期性开展"区域教育质量健康体检"项目（以下简称"质检项目"），对小学四年级和初中八年级学生学业质量及其相关影响因素进行测评与分析，旨在建立区域教育质量"健康图谱"。连续4年的检测数据显示，该市中小学参测学生达到课程标准要求的比例达90%，远高于全国常模水平。[1] 如果教学的"家"是课程标准，这个数据足以证明该市中小学教学"回到家"了，但是另外两组数据则让人对此产生质疑。

数据1：该市睡眠时间达到国家规定的小学生仅约占参测学生的三分之一，中学生约占十分之一，且均呈现连年走低趋势；作业负担则持续增高，过半中小学生的作业量超过国家规定时限1至2小时。

数据2：该市中学生有关问题解决能力的测试题目平均得分率仅为40.0%，小学生在面对复杂问题时不愿意去尝试的人数比例逐年升高，亦即中小学生在学习过程中面临挑战时表现出的毅力水平远低全国常模水平。

质疑一："达到课程标准基本要求"意味着什么？该质检项目对各学段、各学科学业质量测试工具的开发遵照课程标准，依据国际认可的学习结果分类理论，将学科及不同考查能力上的表现分为A、B、C、D四个水平，其中A水平为优秀，B水平为良好，C水平为达到课程标准的基本要求，D水平

[①] 卢臻，河南省郑州市教育局教学研究室教研员，中小学正高级教师。

为未达到课程标准的基本要求。（该分类及文中数据均来自中国基础教育质量监测协同创新中心的《某市教育质量健康体检项目区域报告》）这就是说，上述所说课程标准90%的达标率是指处于C水平以上的学生，是达到课程标准"基本要求"的比率，而处于D水平即未达到课程标准基本要求的学生仍占十分之一。课程标准是什么？作为国家制定的某一学段共同的、统一的基本要求，课程标准是一个"最低标准"，是一个绝大多数儿童都能达到的标准。[2] 如果达到的仅仅是课程标准的"基本要求"，说明学生只在某个方面某种程度上是达标的。仅以中学数学为例，近两年的测试数据显示，在"了解"和"理解"两个维度，C水平以上学生分别占87%、88%，而在"应用"维度上，C水平以上学生仅占78%，表明学生在低层级能力上达标程度较高，而在稍高层级能力水平（即"应用"）上达标程度很低。

"达到课程标准要求"与"达到课程标准的基本要求"是两个概念，后者中的"基本"含有未完全达标之意。该质检项目将中学数学C水平描述为"掌握基础知识，能记忆和辨别数学概念，用常规的数学方法解决熟悉的或已练习过的问题"，其水平层级的实质为"识记""积累"，这在某些学习领域显然大大降低了课程标准的要求。以一次函数为例，课程标准的表述为"理解正比例函数"，"能根据一次函数的图像求二元一次方程组的近似解"，其水平层级显然为"理解"及"能用一次函数解决实际问题"的应用、迁移能力，学生在一次函数的学习上只有达到这个程度，才算"达到课程标准的要求"，否则就是不达标。因此，不能被"中小学参测学生达到课程标准要求的比例达90%"这个结论所蒙蔽，事实上，应该有远超我们想象的学生群体没有达到课程标准的要求。

质疑二：学生高学业质量的背后是什么？不管学生学业质量达到C水平以上人数是90%，还是达到B水平以上人数为67%，这些数字后面均藏着一个可怕的事实，那就是学生学业质量的获得主要依靠两点：一是牺牲睡眠时间，二是负荷大量作业。只有将教学定义为"识记""积累"，才可能产生大量死记硬背及重复练习的作业，从而导致学生睡眠不足。数据1是学生的学习基本处在"识记"和"积累"层级上的明证。安德森等人将认知过程从低到高分为识记、领会、运用、分析、综合、评价等六个层级，认为"识记"主要涉及对言语信息的简单记忆，而"领会"及其以上层级则是加工知识的方式，需要学习者在心理上对知识进行组织或重组。可见，专注于"识记""积累"的教学，并没有引导学生实现真正的学习；没有真正的学习也就没有真正意义上的理解。理解是一种运用所学的知识灵活地思考与行动的能力……，也是一种与机械背诵与固守答案相反的实践能力。[3]只有对概念、规则、原理、定理等做到了真正意义上的理解，才能实现灵活地应用、迁移、创造，才能将学生从海量的作业中解救出来。

理解是创造的源泉，它不仅意味着掌握了知识，还意味着培养了一种适应不同环境与条件的能力，这种能力能够促使学生在面对复杂情境或困难时生发敢于挑战的勇气和信心。也就是说，只有用理解力武装起来的学生，才有可能实现创造、创新。这就是设立数据2背后的深刻原因。只会死记硬背的学生无异于有枪有弹而不会用、不知何时用的士兵，与其说他们"不敢"尝试复杂问题，毋宁说他们是"不会"尝试、"不能"尝试。

二、教学的"家"是何处

课程标准是对某一学段学生"应知"和"应会"的界定与表述，承载着国家对学生学习结果的期望。这种期望能否实现，最终取决于学生学习结果的达成，学生的学习结果实际上是教学的最终归宿。教师教得好坏，需要通过学生学得好坏反映出来，教师的教不过是为学生的学提供帮助，学生的学及学会才是教学设计与实施的唯一旨归与显著证据。依据课程标准，学生的学习结果主要包括学生的学习表现及伴随学习表现的情意态度等。

（一）学生的学习表现

"你认为学生的学习效果好指的是什么？"我们就这个问题在该市做过长达一年近50节课后访谈，以下按回答次序及所占百分数列出接受访谈教师的答案："完成了既定教学任务"占48%左右，"课堂容量大"近29%，"学生学习积极，课堂气氛好"约18%，"学生学会本节课要学的知识和技能"为5%。近八成教师仍把教学看作"推送"教学内容。这种教学内容不管对课程标准、学情做出多大的参照与把握，在很大程度上都是一种基于教师自身经验的"教师的课程"，它只是厨师做好的菜肴；教学则是帮助学生将这份菜肴一口口吃下且消化成能量。而这部分教师则严重混淆了"做菜"与"吃菜"的主体与目的，未做或未做好、做足角色转换，在课堂上成了"教师的课程"的搬运工，课程从教师"头脑"那里来，又到教师"唇齿"那里去，从出示目标环节到课堂检测环节，不管期间学生做多少活动、完成多少次讨论，都是在一丝不苟地"推送"教师的教案，"推完"了教案就完成了教师意念上的"回家"之旅。从"教教材""教大纲"到"教教案"，从"满堂灌"到"满堂说""满堂动"，教学总围绕着教师这个中心打转，尚未将指针真正转向学生的学及学会。学生的学及学会的证据就是学习表现。

学习表现是内在能力与行为倾向变化的外在反映，具体为会说、会做、会计算、会实验、会演讲、会朗诵、会写报告等，它往往经过一番智力上的"野外生存训练"，是经历了一定过程、体验的结果。因此，要想获得学生的学习表现，必须给予学生表现的机会（即复杂的任务）、完成任务的标准、基于标准的反馈和指导。只有受到学生学习表现这个结果的驱动时，教学才能真正由聚焦教学内容转向关注学生学习，才可能真正回"家"，学生才是教学的"家"的主人。

（二）学生的情意态度

质检项目除考查学生的认知水平外，还以问卷形式探索影响学生学业质量的主要因素。比如，八年级数学即以"我很喜欢上数学课"这个题目考查学生对数学的学习兴趣，结果选择"非常不同意"和"不同意"的比例达61%；而在外部动机上，认为学习数学是为了"找到好的工作"和"能够考上好的学校"的学生占68%。学习兴趣是一种自发地、主动地专注于学习的倾向性。唤起学生的学习兴趣，除营造相应的学习环境之外，根本的路径是帮助学生回答"为什么要学习、学习对于自己究竟有什么意义"的问题。如果将学习更多建立在"考学""找工作"等客观需求上，就很难引发深刻的学习意愿和学习愉悦，这可以从学生对"我喜欢阅读数学类的读物"这个题目的选择上找到佐证，回答"非常不同意""不同意""不确定"者占66%。把学习当作"走出校门"的工具，把成绩当作"谋生"的手段，教学在很大程度上仍受功利思想驱使，学生的情意态度仍是教学的附属品。

布卢姆等人把学习结果分为认知、动作和情感三个领域，认为在经历各种学习体验活动后所形成的同情感、价值观、信念是人的素质的重要内容，这些情意态度与认知学习同等重要，这在我国新课程改革提出的三维目标中也有体现。但是，情感领域的学习结果如何达成呢？说教式的灌输显然不能将情感意志"镶嵌"到学生的内心去，最好的方法是把学生放到"学习活动"中去，让学生在过程中寻求解决问题的方法，养成合作、探究的习惯与精神，培植敢于挑战困难的信念与勇气，具备责任担当和实践创新的品质与意志。

三、教学何以"回家"

当前，在我们用核心素养定义教育教学目的和任务的背景下，教学的"家"一定是隐藏在课程标准之中的"人"，这个"人"有血肉，有精神，有硬骨。我们的任务是借助课程标准找到这样的"人"，帮助这个"人"成为人应该成为的样子，具有人之为人的核心素养。教学的问题还必须由教学来解决。在我们长期深入课堂,以科学取向的教学观审视当下教学时,发现课堂教学有三大途径可以通往学生核心素养的胜地。

(一)把握系统思维

思维是人脑对信息加工、处理的过程,以探索和发现事物的内在联系与规律性为旨归,具有逻辑性、深刻性、创新性和批判性等。就教学来讲,思维意味着分析、评价、创造等高层阶知识的学习,这些学习必然自有一套内在的信息处理系统,比如,"分析"是指将信息分解为各组成部分并确定这些组成部分是如何相互关联的过程,这里暗藏着"如何分析"的内在机制。也就是说,如果把学习目标定为"分析材料与观点的关系",那么不仅意味着对"材料与观点"等知识内容的明确,更意味着对"如何分析关系"这个过程或程序的界定。如此,我们就可发现课程标准中深藏着的教学奥秘。新颁布的普通高中课程标准是以学科核心素养为统领的,而目前还在使用的义务教育2011年版课程标准中的课程目标以认知动词和知识名词组建句子来描述学习结果,如"理清思路""理解主要内容""体味和推敲重要词句在语言环境中的意义和作用"等,这些目标看起来显明而清晰,课堂上去引导学生实现这些结果就可以了;实际上学生真正要学的、课堂教学真正要教的是达到这些结果的思维过程,即"如何理清""如何理解""如何体味和推敲",只有将教学重点放在这些"如何"上,教学才可称得上是培养学生的思维,才可引发学生学习的深层兴趣,才可据此逐步养成与之相关的核心素养。

我们的教学一度被批判为"教教材""教大纲"等,实际上教学的真正问题是"教结果"。这些结果或是教材上现成的事实、结论,或是学科重要的概念、规则、原理,其背后都存在一个重要的"因"或"理",找到"因"才能理清事实、结论背后的内在联系,从而使之成为具有逻辑关系的知识体系;找到"理"才能申明概念、规则背后的意义和逻辑,从而使之成为解决问题的程序或步骤。而我们的教学一少"找因",二少"循理",困在重复"记忆"事实、结论和"操练"概念及规则上,以致高耗低效,再致高分低能。

(二)建构知识结构

教学的重要任务是教会学生思维。思维活动是在组织良好和极易通达的基础知识上产生的,而基础知识的条理化,即知识结构,是思维活动产生的关键。知识结构就像一个由各种知识逐层搭建起来的金字塔,从底部向上是逐渐增多的具体事实、概念以至系统的规则和原理。这个金字塔坚固而灵活,各层知识纵向贯穿、横向交通,牵一发而动全身,在解决问题时可以随时提取并有机运用有用信息。因此,认知学习理论特别强调教学要帮助学生建构学科知识结构，认为正确的教学过程就是学生建构知识结构的过程。[4] 如何建构知识结构？——绕到知识的背后去，将教学目标定在知识之间的条理性、组织性上。知识之间的关系可以反映出学生对规律、规则和复杂知识的理解程度，也可反映出学生对学科学习的钻研程度。学生一旦发现学科知识之间的关系，就会发现深藏于事实背后的无穷奥秘，这些奥秘会促使他更加深入地探索、发现，从而产生持久的学习意愿、自我效能，当然，科学精神、学会学习等核心素养也必然相伴相随。

学习很努力但学业质量不理想的学生往往是因为学习了大量孤立的知识，这些知识就像随手堆起来的砖块，只有量变没有质变；对学习无兴趣、不能沉心学习的学生，也大多是因为浮漂在知识表面，没有在知识的海洋里体会到探求知识间秘密的乐趣。学科的问题还必须到学科中去解决，学生学科学习的碎片化、机械化理应归因于教师教学的肤浅化、程式化。当前许多教师注重概念图、知识地图的构建，说明知识结构的重要性已成为共识。但要认识到，知识结构必须由学生自己建立才能起到应有的作用，教师只可采取必要的引导而不能越俎代庖。

（三）聚焦核心价值

教学的着眼点是"人"，教学的抓手则是"物"。受功利主义驱使或评价方式的影响，教学极易走上见物不见人的道路，"教教材"就是其典型表现。教材是课程资源，是教学目标的物质载体，许多教师却把它当作课程本身，认为教教材就是完成学科教学任务，教完或教好教材就达到了教学目标，这是教学观念的问题。实际上，如果教师真能把教材教好，通过教教材实现了教学目标，也不失为一种教学策略。关键的问题是许多教师只教教材"个例"，而不能将"个例"推演到"类型"，导致知识孤立化、零碎化。"教材无非是个例子"，叶圣陶先生这个论断早已为人共识。那么，例子意味着什么呢？例子意味着一般、规律、类型，我们分析教材个例，是为了寻找例子背后具有普遍性、规律性的内容，正所谓"解剖麻雀，探求本质"。对于教学来说，"麻雀"就是教材表面那些孤立而散乱的事实性知识或技能，"本质"则是这些事实背后起支撑性作用的关键概念、规则或方法，这些内容就像车轮上的螺丝钉，是学生知识结构得以建立并灵活运用的关节点、契合点，是理所当然的教学核心价值所在。也就是说，教材一般具有多种教学价值，在学习时间有限的情况下，教师要善于引导学生超越教材表面简单而零碎的现象，即绕到教材的背后去，围绕教材的核心价值进行深入追问、探究、发现，解决学生学习道路上的迷惑点、障碍点和混沌点。只有这样，我们的教学才能具有不可替代的启发、激励作用,学生对学习才有可能具有持久不衰的兴趣和探索欲望,学生的参与、创新意识才有可能真正被唤醒、激发。

学习如同探险。而所谓的"险"往往在常人不能到达之处。如果教学常将学生带到"险"处,使其看到"奇伟、瑰怪、非常之观",何愁学生学无兴趣?探究性学习何愁不能实现?在核心素养理念下,是教学"找到家""回到家"的时候了!

参考文献:

[1] 田保华.让评价引领学生健康快乐成长[EB/OL].http://blog.zzedu.net.cn/tianbaohua/article_3lvbtj2enx1pmt98.html,2015-10-21.

[2] 朱慕菊.走进新课程:与课程实施者对话[M].北京:北京师范大学出版社,2002.

[3] (美)威金斯,麦克泰.理解力培养与课程设计——一种教学和评价的新实践[M].么加利,译.北京:中国轻工业出版社,2003.

[4] (美)博里奇,汤伯里.中小学教育评价[M].国家基础教育课程改革"促进教师与学生成长的评价研究"项目组,译.北京:中国轻工业出版社,2004.

如何将"学科素养目标"转化成"课堂教学目标"

唐少华[1]

为落实立德树人根本任务,2016年9月,《中国学生发展核心素养》正式发布。之后,2017年版普通高中课程方案和语文等学科课程标准等陆续完成。其中,学科课程标准的首要变化就是凝练了学科核心素养,并将其作为教材编写和课程实施、评价的依据。最近一两年,"素养"一词几乎充斥教育类的各种会议、培训、论坛之中,可谓是逢会必讲。那么,学生素养培育和发展的路径和方法有哪些?作为学生学习的主渠道——课堂教学,该如何去落实素养目标,确保素养目标的实现?本文就学科素养目标与课堂教学目标的区别、转化策略及表述方法,谈一些自己的思考和实践。

一、学科素养目标与课堂教学目标的区别

学科素养目标不等于课堂教学目标,两者之间是有区别的,他们在完成

---

[1] 唐少华,浙江省杭州市千岛湖建兰中学校长,特级教师。

时间、面向对象、上位概念、表述方式等方面都有不同（表1）。

表1 学科素养目标和课堂教学目标的区别

	学科素养目标	课堂教学目标（课时）
完成时间	是长期目标，是学生在长期学习某课程之后形成的素养，至少需几年时间	是学生在一节课（如40分钟）学习之后要达成的目标，是教师预期达成的学习结果
面向对象	素养目标是国家层面制定的目标，是面向全国不同年级所有的学生的	教师面对某学校一个班的学生，其心理特点、学习基础与全国学生相比，一定有其自身的特点
上位概念	其上位概念是党的教育方针、立德树人的根本任务、学生核心素养，以上三者的具体化	因为只有一节课的时间，教学任务不可能很多，课堂教学目标往往是课程标准之中目标内容的具体化
表述方式	行为主体是国家，如培养学生某某素养，相对来说比较笼统	课堂教学目标的行为主体应该是学生，学生在课堂上学会了什么、学会了多少、学完之后能够干什么，是具体、可操作、可检测、可观察的

可见，素养目标与课堂教学目标之间是有差别的，它与课堂教学目标之间不是一一对应的关系。即便是素养目标之下的课程目标，与课堂教学目标之间也不是一一对应的关系。课程目标的达成需要用几年的时间，它是国家面向全国学生制定的目标，需要教师分解到每一节课，形成一个个具体的课堂教学目标。

二、学科素养目标到课堂教学目标的转化策略

1. 转变思考框架

新课程改革以来，教师在设计与编写课堂教学目标时采用的思考框架是三维目标，即知识与能力、过程与方法、情感态度与价值观。然后再根据教学内容、学生学情、目标水平来设计和编写课堂教学目标。在素养立意的课堂，我们应该转变课堂教学目标编写的思考框架，采用各学科核心素养的目标来思考。可是，学科素养的目标表述又比较笼统，教师在设计和编写教学目标时，很难将学科素养目标与教学内容直接联系起来。所以，教师还是需要在学科素养目标与教学内容之间找到桥梁。这个桥梁到底应该是什么？有人说，学科素养目标的二级指标就可以起到很好的桥梁作用，还有人说，得以知识点为载体，我个人觉得还是以学科学习技能（或学科思维能力）为桥梁比较合适，以思维点串联知识点教学。总之，学科核心素养与每一节课的教学内容之间是存在一段距离的，如何根据学科素养目标来设计和编写课堂教学目标，还有待进一步探索。

2. 确定核心目标

每个学科的学科核心素养都涉及几个方面，如历史学科核心素养包括唯物史观、时空观念、史料实证、历史解释、家国情怀等五个方面。教师不可能在每一节历史课上，都将这五大素养一一落实。教师需要根据不同的教学内容、学生的学习情况，确定一个核心的目标，然后围绕这个核心目标来设计课堂教学目标、教学任务和教学方法。即便是有些教学内容能够与几大核心素养都联系起来，能够去体现几大核心素养，但由于教学时间的限制，教师还是需要有取舍，确定这节课的核心目标。只有这样才能突出教学重点，很好地完成教学任务，逐步培养和发展学生核心素养。什么教学内容适合培养学生什么样的素养，需要教师和教学研究人员对几年的课程做出整体设计，有意识、有计划地将素养目标落实到日常的课堂之中去。

3. 突出素养水平

知识立意的课堂教学目标，侧重的是学生记忆、理解知识，要求把握学生掌握知识的多少和掌握到什么程度。素养立意的课堂教学目标，应该突出素养水平。核心素养包含必备品格和关键能力，无论是能力还是品格，都离不开思维，思维能力是核心。而思维能力的形成离不开技能的习得，技能包括思维技能和动作技能。因此，我们在设计课堂教学目标时，要特别关注学生学科学习技能（包括学科学习方法、学科思想）的训练，从技能训练的视角切入，将技能训练融入学科学习内容中，从而帮助学生掌握方法，提升思维能力。如数学学科的重要素养之一"数学抽象"。怎么"抽象"？有哪些具体的学科方法？教师在设计某一内容的课堂教学目标时，不可能不去考虑"怎么抽象"的问题。再如，历史学科的素养之一"历史解释"。要培养学生"历史解释"素养，教师需要搞清楚历史解释到底要学生解释什么，怎样解释。怎样解释，就是学科学习技能。解释的方法很多，不可能在某一内容学习时都必须用上，而是应选择一两种方法并结合具体的学习内容来训练。学科质量标准将素养水平进行了分类，但那依然是"终极目标"，不能替代一节课的学习水平目标。在设计一节课的课堂教学目标时，教师应该将具体的学习技能结合学习内容来进行水平划分。如历史学科的"历史解释"素养，其中重要的一项是解释历史结论，即历史结论是怎么得出来的，论从史出。我们可以将这种推导技能的不同水平进行划分，如史论基本相符、史论相符、有自己的看法等。

综上所述，素养立意的课堂教学目标设计思路应该是：以学科素养目标为思考框架，再根据课程标准的目标和教学内容，结合学生情况，确定某一课的核心目标,再细化为相关的学科技能,并对学科技能学习结果进行水平划分(图1)。

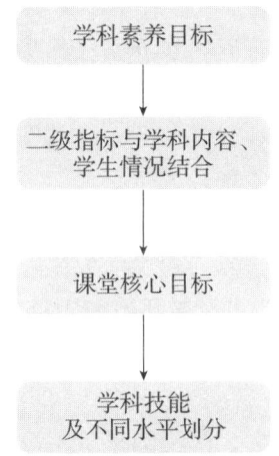

```
学科素养目标
    ↓
二级指标与学科内容、
学生情况结合
    ↓
课堂核心目标
    ↓
学科技能
及不同水平划分
```

图1 素养立意的课堂教学目标设计思路

三、素养立意课堂的教学目标表述方法

教学目标的表述应根据预期的学习结果来表述。[1] 预期的教育结果有很多层次,既可以包括国家层面,如素养目标,也可以是学校层面的广义上的教育目标。[1] 而这些目标的最终实现,课堂教学是主渠道,所以设计和编写课堂教学目标显得十分重要。课堂教学目标是学生在一节课或几节课的学习完成之后要达成的预期学习结果,即学生在学完了某一内容之后,学会了什么、学会了多少、能够干什么。可见,课堂教学目标应该是学生的目标,是看学生在课堂上学什么、怎么学、有没有学会、学会了多少。反过来看也就是说,一节课是否有效,不是看教师有没有完成教学任务,不是看教师的工作是否足够努力和辛苦。因此,我们在设计和编写课堂教学目标时,应该按照"学生学什么、怎么学、学得怎么样"的逻辑来表述。结合其他学者的观点,我将其归结为下列几种表述方法(表2)。

表2 素养立意课堂的教学目标的表述方法

课堂教学目标表述方法	举例
1. 主体 + 预期学习结果	复述平行线的性质
2. 主体 + 学习行为 + 预期学习结果	学生阅读、讨论,解释什么叫有理数
3. 主体 + 学习条件 + 学习行为 + 预期结果	阅读补充材料,思考、讨论、交流,概述新航路开辟的必要性、可能性及影响

（续表）

课堂教学目标表述方法	举例
4. 一般教学目标＋具体学习结果	一般教学目标：理解辛亥革命的意义 具体学习结果：（1）用自己的话解释；（2）从史实中推导结论；（3）举史实证明

表格中的四种表述目标的方法，与国家层面提出的素养目标、课程目标的表述方法有一个明显的不同点——行为主体不同。素养目标、课程目标的行为主体往往是国家，如历史学科的课程标准会这样表述：培养学生国家认同感和社会责任感。但作为课堂教学目标，关注的应当是学生学会什么，学会多少，所以其行为主体应该是学生。表2中目标表述方法与原来三维目标的表述方法也有不同。三维目标的表述方法有其不足之处，如三维之间的目标容易重复，即使有的教师不是按照三个维度去表述的目标，也有一些问题，如目标的行为主体是教师而不是学生，预期的学习结果不清晰、不可检测、不可观察，以致目标成为教学设计时的空头摆设。

教学目标的设计与编写其实很复杂。许多学者将教育目标进行分类研究，不同领域的目标又可以分为不同层次，其表示方法也有许多不同。表2中目标表述方法1、2、3，简单容易操作，但是对于一些复杂的学习任务，尤其是高级认知学习任务、情感领域的学习、跨学科及综合领域的学习，其学习结果要做到具体化、可观察，必须使用表现性评价方法，即根据学生具体的学习表现来解释一般教学目标。素养目标涉及能力与品格，甚至价值观念。很多学习结果无法用纸笔测验来完成，只能通过学生学习行为表现来评价，所以，素养立意课堂教学目标的表述应该更多地采用表2中的第4种表述方法。

参考文献：

[1]（美）诺曼·E.格朗伦德，苏珊·M.布鲁克哈特.设计与编写教学目标：第八版[M].盛群力，郑淑贞，冯丽婷，译.北京：中国轻工业出版社，2017.

基于核心素养教学改进的落地 导引

中学历史学科核心素养的目标化分解

於以传[①]

一、问题的提出

2018年1月，教育部颁布《普通高中历史课程标准（2017年版）》（以下简称"课程标准"），坚持主流意识形态，立足学科本体认识，倡导史学思想方法，强化立德树人导向，提出学科核心素养的概念及要求，明确历史学科的核心素养"包括唯物史观、时空观念、史料实证、历史解释、家国情怀五个方面"[1]，为高中历史教学及评价指明了方向。课程标准的附录1"历史学科核心素养水平划分"、第五部分"学业质量"，从不同视角对这五个方面核心素养的具体内容作出了渐趋下位的诠释性说明，为基层教学制订单元及课时教学目标提供了支持。

课程标准作为宏观层面的指导文件，对学科核心素养的表述写到一定的层级已足够。只是作为基层教师的日常教学，如果仅是生硬地照搬照抄，不与具体的课程内容相结合，不关注学情特点，不求更细致、更有针对性的明确指向，那么，学科核心素养极有可能变成"标签"或是"膏药"，课课都贴、课课贴满，却不着边际，说了等于白说。例如，无论是学习秦皇汉武还是了解鸦片战争，无论是理解辛亥革命还是认识改革开放，均在课时目标里写上一句"培养唯物史观、时空观念、史料实证、历史解释、家国情怀的核心素养"，稍好点也无非是"能从特定的时空框架下认识过往；能从不同类型史料中汲取信息；能解读历史文献，作出历史解释；能认识历史的多样性与复杂性"，这些表述"放之四海而皆准"，同质化倾向明显。如此泛化地设定课时目标，恐怕教学很难获得实效。这种对落实学科核心素养"教条化乃至庸俗化"的现象亟待改变。

无疑，学科核心素养的落实需要一个目标化的分解过程。一方面，历史学科核心素养的五个方面是一个整体，但立足于具体而细致的教学，受制于教学时间这个常数，课堂教学中对于核心素养的落实总要有所侧重，这种"侧重"与学生实际、课程内容往往紧密相关；另一方面，课程标准所规定的

[①] 於以传，上海市教育委员会教学研究室中学历史学科教研员，历史特级教师。

学科核心素养及其水平划分、学业质量要求等毕竟只是宏观原则的导向，落实于常态教学，必须针对这种宏观表述、原则要求制订出更下位而具体、更有针对性和操作性的目标。本文借助对学科核心素养的目标化分解，以期进一步明确学科核心素养的内在关系、达成载体、实施路径，使基层教师既脚踏实地、贡献智慧，又行之有据、施之有法。

学科核心素养的目标化分解，原则上应包含分类、分层和分配三步。理论上讲，历史学科核心素养的五大方面均可作出这种分解。鉴于唯物史观和家国情怀的目标化分解主要是基于课程内容载体作具体表述（本文第五部分会就此问题再作展开），其分解的观念及方法与时空观念、史料实证、历史解释等三个核心素养的操作有所不同，下文先着重就后三项的目标分解依次作出说明。

二、学科核心素养的目标化分类

目标的分类细化旨在避免对学科核心素养泛泛而谈，它是对时空观念、史料实证、历史解释等学科核心素养内涵与外延的进一步梳理，也是对学科核心素养作出分层和分配的前提。

历史学科核心素养中的时空观念、史料实证、历史解释，均指向认识历史的史学思想方法。这些素养的具体内容，从分类的角度看，过往的高中历史教学鲜有涉及。而基层教学针对核心素养的目标制订及落实，史学思想方法却又是绕不过去的"坎"。基于课程标准对时空观念、史料实证、历史解释的概念界定和宏观要求，从史学思想方法的基本规范出发，汲取以往教学及其评价的经验，我们尝试对这三项核心素养作出如下目标化的分类。

1. 时空观念

"时空观念"一般可以分成两类，对每一类又可具体作出操作性的例举或说明，这种例举或说明也可称作"二次分类"，下文在句首标有"●"的即属二次分类。

（1）知道和理解史学常用的时间、空间等表达形式

● 知道和理解史学常用的时间、空间术语。如：年、年代、世纪；史前、古代、近代、现代；早期、中期、晚期；年号、庙号、谥号；公元纪年、干支纪年、民国纪年；时期、朝代等；中原、西域、关内（外）；西洋、南洋；巴尔干地区、西欧；古代两河流域文明、罗马帝国、文艺复兴、长征、"大萧条"、冷战、第三世界、南北对话、南南合作等。

● 使用两种以上的时间、空间术语描述同一史事。如 1932 年与民国 21

年、抗日战争初期与二战之前等术语的交替使用。

●形成历史时间、空间的结构。如以时间轴、事件年表、人物年谱、地图、空间示意图等方式整理、表达相关历史信息。

（2）从时间与空间的视角解释历史。时空观念与史料实证、历史解释不是并列关系。时空观念既是判断史料证据价值的依据，也是历史解释的一种思想方法，因此在将这三项核心素养进行分类时，无法做到逻辑上的不交叉。本文对时空观念分类的基本依据是基于如下认识：时空"观念"的培养有一个从（时空）技能到（解释）能力再到观念（形成与固化）的过程。

●运用相同与不同的概念范畴，发现与整理史事的延续与变迁。运用原因与结果、联系与区别的概念范畴，解释史事的延续与变迁。

●运用对立与统一、量变与质变、动机与后果的概念范畴，评价史事的延续与变迁。

●基于将史事置于其发生、发展的时间与空间下加以审视的原则，反思以上的解释与评价，形成或强化这一原则所本的观念。

2. 史料实证

"史料实证"一般可以分为如下四类，同样，对这四类也作出更下位的指引性说明。

（1）获取史料的途径

●懂得史料是史学的最基本依据。

●懂得文本、口述、实物等资料的检索和调查访问是获得史料的基本途径。

（2）判断史料的性质

●懂得区分原始资料与非原始资料、一手资料与转手资料、有意史料与无意史料，能汲取和整理其中的表面和深层信息。

●懂得因对象和问题不同，史料的有效性与可靠性会发生变化。

（3）史料证史的路径

●懂得包括文学艺术作品在内的不同类型史料的证史价值。

●能从时代风貌、作者观念、社会反响等路径汲取和整理其中的信息。

（4）史料的比对归纳

●通过归纳和比较，发现史实间重大或主要特征的异同点。

●知晓证据链对于认识历史的作用。

3. 历史解释

"历史解释"一般可以分为如下六类，对每一类也作出细致的说明。

（1）区分表述与评价

●区分历史文本中史实的表述和有价值评判的解释。

●知晓历史著作、教材是作者的认识。

●知晓历史真相的揭示是不断清晰、深入的探究过程。

（2）评人的主要视角

●能初步从社会、家庭、友人、经历、职业、思想、个性等视角，了解已学的历史人物。

●能初步从具体处境、条件与行为以及社会作用等视角，简要评价已学的历史人物。

●能综合上述视角，知晓和评价其他重要历史人物。

（3）评事的主要视角

●能初步从经济状况、政治格局、文化传统、社会风俗、思想潮流或当时形势等视角，了解已学的历史事件。

●能初步从主要当事人、直接有关者等视角，简要评价已学的历史事件。

●能综合上述视角，知晓与简评其他重要历史事件。

（4）评文明成果视角

●能初步从创新特征、主要贡献等方面了解已学的优秀文明成果。

●能初步从基本特征、社会影响等方面简要评价已学的优秀文明成果。

●能综合上述视角，知晓与简评其他重要的优秀文明成果。

（5）质疑他人的结论

●能根据一定的史实、史料或视角，质疑有明显错误的历史叙述，简要说明理由。

●能根据一定的史实、史料或视角，质疑有明显错误的历史解释，简要说明理由。

●能根据一定的史实、史料或视角，质疑有明显错误的历史评价，简要说明理由。

（6）反思的基本路径

●对比较浅显的既定问题或论题，从材料、视角、方法等角度提出大致的解决思路。

●对比较浅显的既定问题或论题，从问题分解、过程设计、成果表达等方面构建解决问题的大致实施路径。

●通过查证史料的有效性、可靠性，检验思维逻辑的合理性，反思自己认识与解决问题过程的正确和准确程度。

借助以上关于时空观念、史料实证、历史解释三方面核心素养的目标化分类，教师在具体的教学设计时，能相对容易地认识到具化核心素养要求的价值与目的，并意识到这种目标表述指向更为清晰、明确的意义所在。

三、学科核心素养的目标化分层

分类仅是学科核心素养目标化分解的第一步，从目标本身所蕴含的达成进阶要求以及学情出发，经分类后的目标还必须分层，从而体现实事求是、循序渐进的原则，并使目标的落实具有一定的弹性和梯度性。经分类后的时空观念、史料实证、历史解释等学科核心素养，一般通过添加不同要求的行为动词以示分层。但针对目标化分类的方法及结果，其分层又可梳理出三条路径。

第一，目标经二次分类后，已初步具有分层的意味，基本上可以直接引用。如本文第二部分关于"历史解释"中"评人""评事""评文明成果"的二次分类，最后一项关于"综合"的要求是相对于前两项而言的，第一与第二项的表述中不仅有视角的差异，在行为动词上也有"了解"和"简要评价"的不同要求，因此已具有分层的意思；"时空观念"中"从时间与空间的视角解释历史"的二次分类，分别指向"发现与整理""解释""评价""反思"等四个不同层级的要求，这同样也已具有分层的意思。自然，在实践操作时，已具分层特征的这类目标，在设定与达成上一般须按部就班，顺序落实。

第二，目标经二次分类后，其分层意味尚不明显，需结合实际进一步分层。如本文第二部分关于"史料实证"中"证史路径"的第一项，二次分类"懂得包括文学艺术作品在内的不同类型史料的证史价值"，既隐含着进一步分类的持续性要求（如关于史料"文献""实物""口传""文字""静态图像""口述音频""影像视频"等不同类型的划分法），又揭示出以文学艺术作品作为主要载体破解史料一般证史路径的要求。因此，无论是诗歌、戏曲、小说、歌曲、影视，还是漫画、油画、版画、连环画乃至照片等，只要属于文学艺术作品，其证史路径的目标分层应该还可分解为"知道文学艺术作品的史料价值，汲取和整理其直接的历史信息""汲取和整理文学艺术作品中象征性的历史信息""汲取和整理文学艺术作品中折射的个人与社会等深层信息""提炼文学艺术作品证史的一般路径，用以解释作品的历史内涵及意义"四个层级。当然，教师视实际情况也可作调整、完善。鉴于学情和课程内容载体的差异，这种分层本质上无法如分类般相对明确、细致地表达出来，它的最终确定及实施，还得依靠广大教师基于史学思想方法的规范，随机作出处理。

第三，目标经二次分类后，套用史学思想方法"教师示范—学生模仿—学生迁移"的达成模式，以三阶段分层予以实施，这种模式的运用基本可以视作常态。应该承认，史学思想方法的培养离不开教师的示范。可以说，中学阶段几乎所有的史学思想方法目标，在最初实践时，均是由教师依托相关知识内容作认识路径、方法、过程及其逻辑的示范。相对于教师的示范，学生处于接受的地位，接受是理解的前提，因而不能忽视接受的价值，更不能简单地否定。我们要关注的是教师的示范是否科学，是否切中学生的认知心理，是否有助于进一步激发学生的学史兴趣，尤其要关注的是这种示范是否凸显了史学思想方法在历史学习中的价值与地位。学生经由教师示范，建立起史学思想方法的模型后，便可进入模仿运用的层级。让学生模仿教师运用史学思想方法的路径、方法、过程及逻辑等，尝试集证、辨据、解释、评价，以解决相同情境乃至新情境下的历史问题。进而，学生能在教学活动中，体现对于史学思想方法的迁移意识及能力。迁移的本质意义不仅在于历史材料、学习情境的差异，更在于对以往习得的史学思想方法模型能作出修正、发展和完善。[2]这一分层模型，比较适合于目标经二次分类后表述相对清晰、操作路径相对明确的状况。

四、学科核心素养的目标化分配

教学目标的达成必须依托一定的知识载体和实施条件，由学科能力、方法、情感、态度与价值观等所凝聚成的核心素养，其落实无疑也是以知识载体、实施条件为基础的。这种将学科核心素养目标化分类、分层后，置于具体课程内容下寻求实施载体和条件的做法，称之为分配。

学科核心素养的目标化分配，在方法上一般有两种。

第一种方式是根据课程内容寻求相匹配的目标，即依据实施载体，创设实施情境，确定可落实的目标。如《中外历史纲要》（本文所引例子均源自《中外历史纲要》上册中国史部分的教学，具体行文中"上册"两字从略）第1课"中华文明的起源与早期国家"，课文中多次出现"考古发现""古史相传""考古学证明""史书……记载""据载"等表述，可以据此通过文本解读及一系列的问题设计，传达"不同类型史料所构成的证据链对于认识中华远古历史的价值与方法"，从业已分类、分层的目标中找到相关内容，结合传说、文献、考古等具体的依托载体，确定本课史料实证的目标。又如第8课"三国至隋唐的文化"中涉及唐诗的内容，可借唐诗传达文学艺术作品的证史路径，甚而借着唐诗的这种证史路径认识唐代儒、佛、道"三教合归儒"，及本课中提及的中外文化交流等史实，在赋予唐诗史料实证价值的同时，又使其兼具历史解释的功能，在相应的分类、分层目标中找到具体表述后，结合本课内容加以统整，便可相对细致地确定本课教学落实这两大核心素养的目标。

采用如上方式确定课时教学目标，好处是方便就地取材，即看即定即用，但最大的问题是缺乏整体感，容易造成目标制订的随意性和目标落实的不均衡。所以，在目标的分配上最好采用第二种方式。

第二种方式以课程内容的单元（无论是教材的自然单元，还是教师自行重新规划的单元）为基本单位，依托单元内容作整体分配。也就是说，可考虑将业已分类、分层的史学思想方法目标，基于单元内容载体，每单元分配1~2条目标，全盘规划，确保所有的史学思想方法目标均能找到落实的单元内容载体。而且，又可因每单元下设2~4课的缘故，使分配后目标的达成具有时间及数量上的弹性，即只要规定这1~2条史学思想方法目标只在最终达成时列出（通过本单元的教学必须达成），何时开始、怎样具体化，以及实践次数与方式等由教师根据学生实际情况决定。

通过规定单元的史学思想方法目标，既可做到分配到位、全员覆盖，又为基层教师在课时教学中具体制订、落实这些目标留出了时间与空间，对教师教学风格的形成与创新都是有利的。因此，第二种方式的实施价值应该优于第一种。当然，第一种方式也绝非一无是处，其对具体制订每课的史学思想方法目标也是有借鉴价值的。

五、学科核心素养中唯物史观和家国情怀的目标化分解

把学科核心素养中的唯物史观和家国情怀的目标化分解单独列出，是有道理的。从历史学科五大核心素养的关系来看，唯物史观既是世界观（史观），也是方法论，具有高屋建瓴的总领地位；时空观念、史料实证、历史解释指向相对具体的认识历史的史学思想方法；家国情怀是输出端，是通过唯物史观指导下的史学思想方法的培养，也就是中学历史思维能力中关键能力的培养，最终形成的必备品格。也就是说，时空观念、史料实证、历史解释是唯物史观指导下的史学思想方法，家国情怀则指向以上史学思想方法践行后的效果。从这个意义上讲，时空观念、史料实证、历史解释的目标化分解处理好了，唯物史观、家国情怀这两大核心素养的达成是水到渠成、其义自见的，因而也就不必非常刻意地对唯物史观、家国情怀作出目标化的分解，只需结合具体的课程内容，从史学思想方法出发寻求本课教学目标的"起点"

和"终点",相对具化这两大核心素养的表述即可。

但是,如果对唯物史观和家国情怀的具化表述仅是停留在"知道生产力与生产关系、经济基础与上层建筑之间的辩证关系""具有对祖国和人民的深情大爱"等上位层面,不能认识到唯物史观和家国情怀其实是具有丰富内涵、其目标化的表述也完全可以多彩的话,以下所尝试的对唯物史观和家国情怀的目标化分类就不能视作是画蛇添足。

事实上,唯物史观和家国情怀也是可以作出目标化的分类、分层与分配的。只是针对这两项的分类,无法如时空观念、史料实证、历史解释三项那般相对充分、完整罢了,因而下面采用例举方式对这两大核心素养的分类作出说明。

1. 唯物史观

就"唯物史观"而言,其目标的分类具化可遵循课程标准,从历史课程内容与总体要求出发,尽可能采用表述准确又相对通俗,也比较容易借助史实或史论达成的话语。比如:

● 生产力是生产发展中最活跃、最革命的决定因素,是社会发展的最终决定力量。人是生产力诸要素中主导的决定要素。科学技术是生产力,是在历史上起推动作用的、革命的力量。

● 社会意识是社会存在的反映。政治、法律、哲学、宗教、文学、艺术等的发展是以经济发展为基础的,但是它们又都互相作用并对经济基础发生重大影响。

● 思想的变革是社会变革的先导,一经人们掌握就会变成巨大的现实力量。

● 历史是许多单个意志相互作用的结果,无数互相交错的力量和力的平行四边形决定其演变和发展。

● 人民群众是历史的创造者,杰出人物有卓越的作用和影响。个人的价值取决于他的智慧、意志和社会贡献。

● 实践是检验真理的唯一标准。判断个人、团体、政党,或政策、制度,不仅要看其声明或主观愿望,更重要的是看其行为及客观后果。

● 自由、平等、博爱、民主、法治是人类追求和创造的文明成果,有历史的特点。

● 1840年以来,一切有利于中华民族生存、发展,有利于抵御国内外敌人的贡献或斗争,都是中国人民争取民族独立和自由幸福的组成部分。

● 和平与发展是当今世界主题。构建包含相互依存的国际权力观、共同利益观、可持续发展观和全球治理观在内的人类命运共同体这一全球价值观。

2. 家国情怀

就"家国情怀"而言，也可从课程标准规定的原则要求出发，从个人观、社会观、国家观、全球观四个方面结合具体的课程内容与要求作出相对的细化。比如：

● 敬畏历史，尊重先贤，有正义感、荣辱感和责任感，认同和欣赏杰出人物的历史贡献。

● 体验人与社会、人与自然关系的文明历程，推崇文化进步、科技创新、民主法治和高尚世风。

● 敬仰前人对民族自立、平等、和睦的追求，以历史主义态度肯定民族自尊、自强的思想与行为。

● 感悟历史的多元演进，认同文明的差异、交融与共进，赞赏合作竞争、平等互利与和平发展，形成人类命运共同体的理念。

以上这些例子（本文关于时空观念、史料实证、历史解释等的目标化分类，以及唯物史观、家国情怀目标化分解的举例，参考了上海市教育委员会教学研究室编著的《上海市高级中学历史学科教学基本要求》中的课程目标部分。该书于 2010 年、2017 年分别出过两个版本，均由华东师范大学出版社出版。），仅是提供唯物史观、家国情怀这两方面核心素养目标化分类的参考性视角。在分类基础上再做分层，唯物史观部分可借助诸如"相信""认同""效法""感受""感悟"等不同水平要求的行为动词解决；家国情怀部分的例举虽已使用行为动词，但仍可视实际情况调整用词以界定不同的层次。至于分层后的分配，当然要结合具体的课程内容，尤其是时空观念、史料实证、历史解释等史学思想方法的目标诉求，制订相应更为明确、细致的达成目标。

六、学科核心素养目标化分解在课时教学目标中的表述

学科核心素养经目标化的分类、分层和分配后，落脚于课时教学目标，其表述理应更为明确，指向更为清晰。

以时空观念、史料实证、历史解释等三方面的核心素养为例。

就"时空观念"而言，《中外历史纲要》第 4 课"西汉与东汉——统一多民族封建国家的巩固"，可表述为"能用谥号与庙号表达历史时期"；第 5 课"三国两晋南北朝的政权更迭与民族交融"可表述为"能以地理示意图的形式表示这一时期的政权分立与最终统一的局面"；第 11 课"辽宋夏金元的经济与社会"可表述为"能综合历史地图所蕴含的信息，运用原因与结果、联系

与区别的概念范畴，解释两宋时期经济重心南移的表现及原因"。

再以"史料实证"为例分析，第5课"三国两晋南北朝的政权更迭与民族交融"可表述为"能从描述南北方环境的诗歌、墓葬画等材料中提取有效信息，习得从这些史料的写实与象征功能及其所折射的社会心态视角证史的基本方法"，这里既点出了史料类型即证据来源（分配），又具化了这几类史料的证史路径（分类），并点明作为目标是要"习得"方法（分层）；第24课"正面战场、敌后战场和抗日战争的胜利"，可表述为"通过分析与综合中、日、美、苏、英等多方史料，运用互证方式，认识中国战场是世界反法西斯战争的东方主战场"，同样既点出了目标的分配（注意行文中的"多方史料"），也明确了目标的分类（注意行文中的"互证方式"），更以行为动词"分析""综合""运用""认识"等，昭示了目标的分层意义。

再以"历史解释"为例，第12课"辽宋夏金元的文化"可表述为"能基于辽宋夏金元特定的时空框架与时代底色，理解社会环境与文化发展之间的联系"，即是对"评事"目标二级分类第一条的变式表述，本质上也进一步强化了对"唯物史观"中"认同社会意识是社会存在的反映"目标的理解；第19课"辛亥革命"可表述为"学会从时代特征、个人经历、历史贡献、阶级属性等多元视角解释和评价历史人物（指孙中山）的基本方法"，也是捏合"评人"目标二级分类第一、二条而来；第18课"北洋军阀统治时期的政治、经济与文化"可表述为"以'新旧交替'为主线，尝试从时代大势、传统文化、基本特征、社会影响等视角解释与评价北洋军阀统治的主要特点"，也非机械照抄"评人""评事"的分类目标，而是基于具体的课程内容，梳理基本的认识线索，即所谓"以'新旧交替'为主线"，多有整合（实则指向目标的分配），并借助行为动词"尝试"点出目标的分层意义。

同样的道理，唯物史观和家国情怀这两个方面的核心素养，在具体的课时教学目标表述及落实中也必须"往下走"，即结合具体的课程内容，从历史的时代特征出发叙写目标。如第14课"清朝前中期的鼎盛与危机"，可表述为"感叹明清时代的落日辉煌；体认封闭与开放对民族兴衰的重要意义"。第25课"人民解放战争"，可表述为"认同在中国两种命运大角逐的关键时刻'得民心者得天下'的历史启示；感受中国共产党在革命斗争中的政治智慧"。第28课"中国特色社会主义道路的开辟与发展"，可表述为"赞赏真理标准问题大讨论对思想解放的重大意义；理解解放生产力就要坚持实践是检验真理的唯一标准，体会生产力中最为核心也是最活跃、最革命的因素是人；感受十一届三中全会以来在经济建设和祖国统一方面的辉煌成就"。这样的课时教学目标表述也就具有其自身的特质，具有紧扣相应课程内容和实施情境的个性化特点，绝非"宏观""上位"到放在每一课均可通用的。

值得一提的是，在制订课时教学目标时，我们固然是从学科核心素养的每一方面思考其目标化的分解，并尽可能具体、清晰、准确地设定及表达，但最终形成关于课时教学目标的一段文字时，却需要运用统整的方式去表述，而非简单地从五个方面罗列。毕竟，学科核心素养的五个方面是一个整体。

仍以第12课"辽宋夏金元的文化"为例。上文已例举了这一课的"历史解释"目标，并指出这种解释是基于唯物史观主要观点的，因而解释中已隐含了"唯物史观"的目标诉求，而且在某种程度上，表述中提及的"时空框架"也已涉及"时空观念"的目标要求，即置于这一时期特定的时空审视其文化的主要特色与内在联系，所谓什么样的时代有什么样的文化，什么样的文化又在某种意义上表征了时代特征、丰富了时代内涵，其实这在本质上也是呼应唯物史观的。本课的"史料实证"目标可从文献、实物史料入手，探索各类史料之间的互证关系，为历史解释的可考与可信奠基；"家国情怀"目标最终可指向"把握中华文明多元一体的发展特征"，内在逻辑为辽宋夏金元的民族交融，以及这些民族通过独立发展、交往交融对中华文明发展所作出的贡献。

因而，最终以一段文字呈现本课的教学目标，可统整表述为"能基于辽宋夏金元特定的时空框架与时代底色，通过对文献、实物等不同类型史料的解读互证，了解辽宋夏金元文化发展的主要内容及特征；理解社会环境与文化发展之间的联系；体会各民族间文化的相互交融与共同进步；领悟中华文明多元一体的发展特征"，这既包含了学科核心素养五个方面的分解目标，表述也相对更为简洁明了。

高中历史学科核心素养的目标化分解，旨在帮助广大历史教师正确、全面地认识与理解学科核心素养对于日常教学乃至评价的意义，在观念转变与实践操作间架设桥梁，从而能有的放矢、有据可依、循序渐进地结合课程内容，制订及落实切实可行的单元或课时教学目标，使核心素养的培育真正落到实处。

参考文献：

[1] 中华人民共和国教育部. 普通高中历史课程标准：2017年版[M]. 北京：人民教育出版社，2018.

[2] 上海市教育委员会教学研究室. 中学历史单元教学设计指南[M]. 北京：人民教育出版社，2018.

教学目标设计四部曲

国赫孚 [①]

2017年版的普通高中课程标准出台，各学科明确了学科核心素养。如何将其落实在课堂，成为当前课堂教学亟须解决的问题，其关键还在于要为一线教师提供可操作的教学设计路径。目前教学内容设计方面存在的突出问题是知识肤浅化与内容应试化。知识肤浅化指教师只注重事实性知识，忽视概念性知识的教学。教学内容应试化则是知识肤浅化的延伸，教学以习题训练代替知识的理解，忽视了蕴含着核心素养的定义、原理等内容的教学。

美国格兰特·威金斯和杰伊·麦克泰格所著《追求理解的教学设计》一书反映了美国深度教学研究的重要成果，与我国培养学生核心素养的教学价值取向不谋而合，书中介绍的逆向设计的方法为我们提供了有益的借鉴。本文旨在借鉴逆向设计方法，为教师提供教学目标设计时可操作的方法与途径，从而使学科核心素养在课堂教学中得到落实。逆向设计，即以终为始，从学习结果开始思考教学设计。逆向设计分为三个阶段，第一阶段是确定预期结果，即教学目标设计；第二阶段是确定合适的评估证据，即评价设计；第三阶段设计学习体验和教学，即教学过程设计。本文研究的内容为第一阶段的教学目标设计，提出四部曲操作程序，即教师在设计教学目标时的操作程序，一是分清三类知识；二是提炼学科大概念；三是叙写预期理解；四是设计基本问题。

一、分清三类知识

三类知识即事实性知识、概念性知识和程序性知识。[1]

事实性知识是通晓一门学科或解决其中问题所必须知道的基本要素。其特征在于：一是点滴性或孤立性；二是人为规定或约定俗成，抽象水平较低；三是基础性。

概念性知识包括三部分。一是定义；二是原理，原理是若干概念之间的关系，包括定理、定律等，如勾股定理、欧姆定律；三是理论、模型和结构，是由若干事实、概念、原理按一定的关系组织而成的知识体系，它们对复杂

[①] 国赫孚，原天津中学校长。

的现象和问题做出了清晰、完整和系统的阐述。

程序性知识是关于如何做事的知识，体现为一系列的步骤或程序，如解方程的方法。三类知识之间的关系：事实性知识是概念性知识的前提；概念性知识是程序性知识的前提。理解后者对于教学尤其重要，由于忽视了概念性知识的理解，学生运用程序性知识做题常常是照猫画虎。以笔者曾为一位数学学习困难的学生做诊断为例。我让这位学生做一道导数应用的数学题，她非常熟练地做完了题，而且结果正确。我请她解释解题思路，说出每一步的依据。我问她，第一步为什么求导？她说："老师做这类题都是先求导。"我接着问："老师为什么先求导？"她摇了摇头。这个例子充分说明了她只知道程序性的步骤，但并未理解其中蕴含的原理性知识。这说明了概念性知识是核心素养的载体，应该成为教学设计的重点。之所以要分清三类知识，目的正是在于引导教师把教学设计的重点放在概念性知识方面。

二、研读课程标准，把握重点内容——大概念

什么是大概念？大概念是指在学科领域中最精华、最有价值的学科内容，即学科内容的核心。大概念通常蕴含着学科的思维方式、思想方法，运用大概念能够强有力地解释学科现象，提供对科学的综合考察。一般说来，2017年版普通高中课程标准中的核心素养都是大概念。如抽象、推理、模型是数学的基本思想，在此基础上提炼出数学学科的核心素养，即：数学抽象、逻辑推理、数学建模、直观想象、数学运算、数据分析。这些核心素养体现了数学学科构建与发展的思维方式与方法，因此，都可以成为大概念。同样，"人地协调"是地理学科的核心素养，是研究地理问题最上位的指导原则与最基本的思维方式，因此也是地理学科的大概念。

大概念的形式包括概念、主题、观点。数学课程标准中的课程内容的主题如集合、常用逻辑用语、相等关系与不等关系等体现了函数中的重点内容，都是大概念。大概念有时用陈述式来表达一个观点。如"细胞是生物体结构与生命活动的基本单位"体现了生物学科的重要结论，是生物学科的大概念。

大概念具有统摄性，能够将分散的学科知识联系与组织在一起，避免知识的碎片化，有益于形成认知结构。大概念具有持久性与可迁移性的特点，对知识的学习具有举一反三的作用。例如"数形结合"是处理数学问题的基本方法，毫无疑问应该是数学学科的大概念。以高中数学内容为例，研究函数的性质要运用数形结合，解一元二次不等式要运用数形结合、导数的应用仍然要运用数形结合，反复运用大概念能够强化学生对数学基本方法的理解；

再如高中历史课"罗斯福新政"中提炼的"国家干预"大概念，不仅运用于历史学科，在政治学科中也同样具有意义；高中政治经济学市场经济中的"宏观调控"政策可以看作是"国家干预"的迁移，等等。

如何提炼大概念？大概念是核心素养与学科内容嫁接的结果，需要在钻研课程标准与教材的基础上予以提炼。如高中数学"抛物线方程"一节课中，《普通高中数学课程标准（2017年版）》中可以找到依据："通过圆锥曲线与方程的学习，进一步体会数形结合的思想。"于是"数形结合"就是本节课的大概念。如何提炼大概念是教学设计研究中的一个重要课题。如果各学科能够系统地提炼出学科的大概念，课堂教学落实核心素养就有了必要的基础。大概念就是核心素养的落脚点和载体，在教学中应该置于无可置疑的重点位置。无论课时如何紧张，在教学目标设计中，都应该将大概念教学放在优先考虑的地位。大概念是抽象的，不是事实性知识，不能采取灌输的方式进行教学，需要设计学生的探究活动。预期理解与基本问题的设计正是为学生的探究活动提供条件。

三、围绕大概念写出预期理解

什么是预期理解？预期理解聚焦于大概念，是大概念需要理解内容的具体展开，是教师期望学生学习后获得对知识特定的具体理解。在追求理解的教学中，"理解"是一个核心的概念，追求理解即教学的目的，是为了让学生获得理解。此前，布鲁姆教育目标分类学中已经对学习行为进行了分类，即识记、理解、应用、分析、综合、创造。追求理解的教学明确了理解是这6种学习行为中的关键。什么是理解？人们通常认为知道和理解是一回事，其实，对学习来说"知道"和"理解"并不一样。如知道一个事实，但未必知道其意义，而理解不仅知道事实，还要明白事实中蕴含的意义。知道多个事实，未必知道这些事实间关联的意义，而理解则是在知道事实的基础上对事实间的联系有了清晰的认知。[2]意义、联系是达到理解的两个重要的指标。预期理解可以陈述为一个命题，具体地揭示了学生在学习结束后，能够对知识中蕴含的意义和联系的理解。

能够将大概念表述成为预期理解，对教师来说是一项挑战。教师常常认为对教材内容已经了如指掌，但需要表述成为精炼的、具体的一个陈述句往往还要绞尽脑汁。

如何叙写预期理解？预期理解陈述句的表述应该具体。例如："我希望学生理解南北战争。"这样的表述过于笼统，是理解南北战争原因、经过还是影响？没说清楚。"我希望学生理解南北战争的原因。"这样的表述仍不具体，是什么原因？"我希望学生理解：几个相互关联的重要原因导致了南北战争，如：奴隶制的道德问题、对联邦政府职能的不同认识、区域经济的差异和文化冲突等等[2]。"以上的陈述句即为预期理解。叙写预期理解对于教学设计具有十分重要的意义。预期理解不是写给学生，而是写给教师自己的。能够条理清晰地写出预期理解标志着教师对大概念有了深刻的理解，对评价学生做到心中有数；体现了在教学活动开始之前，就对评价学习结果有了充分的考虑。这正是"逆向设计"的初衷，其原因在于若是教师没有想明白也不可能把学生教明白，而这一环节是过去普遍被忽视的。预期理解的表达使得基本问题的设计易如反掌。其实，问题设计就是将预期理解的陈述句表达为疑问句。过去，我们认为问题设计对于课堂教学十分重要，现在我们清楚了，提炼出大概念并写出相应的预期理解，问题设计就易如反掌。预期理解的实现是需要推理的，因而需要通过不同层次的思维活动来实现，且必须用探究的方式。设计基本问题正是实现预期理解的手段与途径。

四、设计基本问题

教大概念不能通过灌输的方式，只能以探究的方式，教师设计基本问题就是给学生的探究活动搭建平台。

如何设计基本问题？一是可以采用"五何"（即是何、如何、为何、若何、由何）方法进行设计。在《追求理解的教学设计》中，作者给出了对应着达到理解的6个侧面的问题设计方法，即解释、阐明、应用、洞察、神入和自知，这样的方法对于提升学生思维品质十分有效。关于6个侧面的意义，我们给出如下简单的解释。[2]

解释：解释现象、事实和数据，揭示事物间的联系并提供例证。

阐明：即能够揭示观点和事件的含义。

应用：在真实情境中有效地使用知识。

洞察：批判地看待、聆听观点。

神入：感受到别人的情感和世界观的能力。

自知：反思学习和经验的意义。

同时，尝试做出如下关于高中政治"经济全球化"一节课的问题设计的案例（案例为内蒙古通辽新城一中姜宏伟老师设计）。

1. 解释：请说出经济全球化的含义及表现。

2. 阐明：请说出经济全球化的实质。

3. 应用：我国如何应对中美贸易战？

4. 洞察：有人说，中美贸易战两败俱伤，因此贸易战打不起来；有人说中美贸易战是必然的，我们应做好长期的准备。你同意哪种观点，并请说出理由。

5. 神入：如果你是特朗普，对贸易战要坚持怎样的立场？

6. 自知：通过中美贸易战，你认为我们自身存在哪些问题？

五、四部曲目标设计在实践中的效果

目标是教学的起点与归宿，对达成教学的有效性具有重要的意义。我们运用四部曲的方法设计教学目标，在实践中取得了很好的效果。例如，天津育红中学郭雅琴设计的"抛物线几何性质"一课，开始是按照教材的内容教两道例题：

例题1：已知抛物线的顶点在原点，对称轴是 x 轴，抛物线上的点 $M(-3, m)$ 到焦点的距离等于5，求抛物线的方程和 m 的值。

例题2：斜率为1的直线 L 经过抛物线的焦点 F，且与抛物线相交 A，B 两点，求线段 AB 的长。

我建议她按照四部曲的方法，设计教学目标。先明确了概念性知识是抛物线的定义与性质；从中提炼出大概念："抛物线的开口方向（形）与六个数的因素相对应"；接着写出预期理解：希望学生能够理解：1.抛物线方程（数）确定，则开口方向（形）确定，随之焦点坐标、准线方程、x 与 y 的取值范围和对称轴确定。2.以下六个数的因素即准线方程、焦点坐标、x 与 y 的取值范围、对称轴方程和曲线上一点坐标可以确定抛物线的开口方向（形），其中前三个数的因素只需一个条件即可确定开口方向，后三个数的因素需要两个条件。3.焦点坐标、准线方程、x 与 y 的取值范围、对称轴，两两之间存在相互确定的关系。

最后，设计出基本问题一：

哪些数的因素可以影响抛物线开口方向？

●根据焦点坐标如何确定开口方向？

●根据准线方程如何确定开口方向？

●根据对称轴如何确定开口方向？

●根据 x、y 的取值范围如何确定开口方向？

●根据抛物线上某点坐标如何确定开口方向？

●以上确定抛物线开口方向，只需一个条件就可以的是哪些，还需要添

加其他条件才可以的是哪些?

●通过以上探究,你对解析几何学习有什么感悟?

(基本问题二、三从略)

完成这些内容需要一课时。学生上课时首先阅读教材,然后思考教师设计的基本问题,后面进行小组交流与展示。这节课非常成功,首先体现在基本问题设计引导学生进行探究学习,有效地避免了灌输式教学。其次,交流与展示培养了学生的语言表达能力。再则在学习过程中暴露出一些问题,教师通过问题解决,培养了学生的思维能力与语言表达能力。如回答:"准线方程与焦点坐标之间的关系"问题时,一个学生思考了一会说:"我明白,但说不出来,我举一个例子吧。"他的例子举对了,但不会表述成"焦点横坐标与准线与 x 轴交点横坐标是一对互为相反数"这样有些难度的规范语言。教师从学生的例子出发,循循善诱,通过追问的方式让学生说出了上述语言。最后,教师与前面的椭圆与双曲线的教学做了对比,学生对抛物线的性质掌握得十分到位,不仅能够顺利解题,还可以编制习题。

对这节课反思时,教师总结出"我理解了什么是教学的重点。成功原因是增加了一个课时专注于概念性知识,而不是过早地进行习题训练"。现行理科教材在给出了如定义、原理之后通常都是直接给出例题,教材中并没有对概念性知识做深入的剖析与追问,于是蕴含在概念性知识中的核心素养的载体常常被例题中的程序性知识所淹没。教材编制中的这些问题也是造成课堂教学过于注重习题训练的原因之一。现在,需要教师在定义、原理等概念性知识之后停下脚步,先不要进行例题教学,而要对其中的大概念进行剖析。这样的剖析教材中没有给出提示,只能靠教师的创造,因此,提炼大概念与叙写预期理解对教师来说极具挑战性。

教师在备课时经常要强调一句话:突出重点、突破难点、抓住关键。这样的话讲了几十年,但重点难点是什么?怎样突出,怎样突破?这两个重要的问题,在教学设计中是模糊的,缺乏可操作的手段。重点难点一定是和核心素养有关的,怎样突出?四部曲的方法可以把重点难点的问题明确化、操作化。怎样突破?四部曲中的分清三类知识,可以使教师注重在概念性知识中寻找大概念,这就使突出重点有了保障。而大概念正是核心素养的载体,这就使核心素养在目标设计中有了栖身之地;预期理解是对大概念的具体展开,学生对预期理解的实现意味着核心素养在课堂教学中得到落实。而基本问题是围绕着大概念设计的,好的问题设计不仅能够激发学生的探究兴趣,提升其思维品质,可以有效地避免灌输式的教学方式。四部曲的方法提供了教师落实核心素养、进行目标设计的可操作的手段。

参考文献：

[1] 皮连生. 教学设计 [M]. 北京：高等教育出版社，2009.

[2]（美）格兰特·威金斯，杰伊·麦克泰格. 追求理解的教学设计：第二版 [M]. 上海：华东师范大学出版社，2017.

教学目标：教育价值观和专业知识结构的映射

卢　臻[①]　刘笛月[②]　白真真[③]　李　俊[④]

怎样使教学从"育分"走到"育人"上来？对这个问题的回答，首先要求我们在教学实践上做到由一贯"关注教学内容"转到切实"关注学生学习表现"上。关注学生学习表现，首先意味着教学目标对"学生能够做哪些学习开始时不会做的事情"的追问与回答。只有指向学生"不会做的事情"，教学目标才算冲破"识记""积累"的樊篱，真正关注学生的能力提升与素养养成，因而才值得追寻、探讨、达成，才具有评价的意义和价值。

教学目标决定着教学的价值和效益，它看起来不过是一节课或一个单元的学习结果，却凝结着一位教师的见识、智慧、能力和专业知识，是教师的知识观、教材观、学生观、学习观等的综合反映。下面以高中语文《我有一个梦想》（人教版必修第二册）教学目标的制订为例，探讨教学目标的制订与教师教育价值观和专业知识结构完善程度的密切关系，以期找到教师专业发展的着力点和学生核心素养养成的教学突破口。

第二册第四单元包括三篇演讲辞，《我有一个梦想》是第二篇。这篇文章是黑人领袖马丁·路德·金于 1963 年 8 月 28 日，在华盛顿 25 万人的集会上，为争取黑人自由平等而发表的演讲。从内容到形式，可资学习的方面不一而足，在有限时间内，学什么最有价值？学什么才能导引学生核心素养的养成？为此，实验教师及其团队先后制订了三套目标方案，每套方案都反映

[①] 卢臻，河南省郑州市教育教学研究室教研员，中小学正高级教师。

[②] 刘笛月，华东师范大学课程与教学系博士研究生。

[③] 白真真，河南省郑州市第六中学教师。

[④] 李俊，河南省郑州市第六中学教科室主任。

了在科学取向的教学观下教师的专业思考及教师在专业发展上所做的努力。

第一套目标方案：

1. 抓住关键信息，概括演讲辞的主要观点和梦想内涵。
2. 借助典型语句，赏析比喻和排比等修辞手法及其表达效果。
3. 朗读生动形象的语言，归纳演讲辞使人激动、产生情感共鸣的一般方法。
4. 运用所学方法，尝试写一段鼓动人心的演讲辞。

【研讨】单元目标明确了演讲辞的学习重点，即善于抓住文章的主旨，明确作者的主要观点；理清文章的结构，把握其深刻透彻的说理方法；体会演讲辞的情感力量和多样化的表现手法。这个单元第一篇演讲辞《就任北京大学校长之演说》的突出之处在于观点的针对性和深刻性，第三篇《在马克思墓前的讲话》的精彩之处在于严密的逻辑结构和深刻透彻的说理方法，而《我有一个梦想》的重点在哪里呢？教师通过查找背景资料及聆听马丁·路德·金的演讲录音，发现这番不足18分钟的演讲引发了24次之多的雷鸣掌声，它最终促使美国国会通过《1964年民权法案》宣布所有种族隔离和歧视政策为非法政策。由此，教师确定这篇文章神光凝聚之处即是它富有感染力的语言，亦即单元目标指向的演讲辞的情感力量和多样化的表现手法，于是将主目标定为"归纳演讲辞使人激动、产生情感共鸣的一般方法"，并为之制订了两个支撑目标，一为概括文章的主要观点和梦想内涵，二为赏析比喻和排比修辞手法及其表达效果，同时学以致用，要学生能够运用所学写一段鼓动人心的演讲辞。

【评析】《我有一个梦想》堪称演讲辞经典。清点手边能查到的"优秀教案"，有关这篇文章的教学目标涉及文章的思想内容、语段含义、写作思路、修辞运用、文体特点、作者的斗争精神等，可谓面面俱到，几乎可以套用在任何一篇演讲辞上。千篇一律，经典沦为庶众，华章屈作俗类。尤其很多教师把重点放在"梦想是什么？""为什么会有这样的梦想？""如何实现梦想？"等答案的找寻上，将这篇著名演讲辞当作一般性阅读文章供学生筛选、理解信息之用，大有暴殄天物之嫌。演讲辞本就以通俗易懂、明白晓畅为旨归，内容理解根本不是问题。问题在哪里？问题在于学生字面上看不到的东西。

歌德说，内容人人看得见，内涵只有少数人看见，而形式对大多数人来说是个秘密。这篇文章值得学习之处就在于"形式"这个秘密。这个"形式"说服了现场25万情绪激愤的听众，说服了百年来不兑现承诺的美国政府，说服了一个不把黑人当人的时代。它就是悬挂在学生心头想说而未说或不能说的疑问——这篇文章为何有那么大的感染力？这个问题深藏在文章字面内容之下，又能将字面内容包括上述各个目标要点附会其中，既能引发学生探究的欲望，又能将教学重点引到一般法则上，由教材"个例"上升到普遍规律，完成"用教材教"的华丽转身。因此，这个目标方案中主目标的定位比较准确、适切，"准确"表现在抓住了文本核心，"适切"表现在贴合学情，将目标定在学生如鲠在喉却又不能自取的地方，以使学有所得、学有所用。

这套目标方案体现了实验教师先进的知识观和教材观。对学生来说，知识不是现成的信息，只有经历发现、建构的信息才能转化成知识，而且只有程序性知识才能生成实践技能。同时，教材不是用来"教"的，而是拿来"用"的，它必须经教师和学生智慧的唤醒才能爆发无穷的生命力。

然而，目标方案中的其他目标与主目标自成体系吗？达成目标1和目标2能自然推衍出主目标吗？目标4是主目标的拓展运用吗？这些问题的出现反映了教师专业发展上存在什么问题？

第二套目标方案：

1. 抓住关键信息，概括本篇演讲辞的主要观点和梦想的具体内涵。
2. 找到表现力强的语句，从比喻、排比等修辞角度剖析语言表达效果。
3. 小组合作，归纳演讲辞语言生动形象、感染力强的一般方法。
4. 运用所学方法，尝试写一段语言生动形象、感染力强的演讲辞。

【研讨】按第一套目标方案上课，出现两大问题。一是目标1占时过多，且与目标2的关系不明。为完成目标1，教师设置了两个学习活动，首先（速读）用一句话或几个字概括马丁·路德·金梦想的主要观点，其次（朗读）通过对比现状和未来具体理解"梦想"在政治、物质和文化方面的内涵。为了赶时间，在学生并未深入理解、朗读相关内容的情况下，就匆忙赶向目标2。那么，目标1究竟为目标2提供了什么支持呢？二是目标2定得有些低，与主目标的关系不够紧密。为完成目标2，教师设置了寻找并分析语句、对比分析语句、朗读排比语段等三个活动。

其中主要活动是让学生找出最有表现力的语言，并用"运用了……（修辞手法），生动形象（修辞特点）地写出了……（内容），突出了……（表达效果）"的格式标注。学习活动进行得很顺利，虽然已没充分时间达成主目标，但学生还是比较容易地推出结论，即演讲辞"使人激动、产生情感共鸣"的一般方法是综合运用比喻、排比等修辞手法。但是，这个结论尽管是从这篇文章得出的，却是学生早已有之的经验，难道学生学一节课就是为了熟悉一下比喻、排比修辞手法的作用？另外，主目标中"使人激动、产生情感共鸣的一般方法"与比喻、排比修辞的关联性不大,能让人产生"情感共鸣"的应是思想认识,能"使人激动"的恐怕也不只是排比修辞。

经过研讨,教师发现目标1与目标2为并列关系,目标1的学习主要是梳理文章的基本内容;为让目标2与主目标一致,在第二套目标方案中将主目标的关键词改为"演讲辞语言生动形象、感染力强的一般方法",并将目标2的重点放在比喻、排比等表达效果的分析上;同时将目标4改为"写一段语言生动形象、感染力强的演讲辞",使之与主目标保持一致,也就是学用一致。

【评析】教学目标是学习一定时间后的结果,指向"学生会做学习前不会做的事"。这里包含三个信息:一是目标要定在"技能"上,即程序性知识的理解与运用,而非事实性知识的积累;二是目标是学习之后达成的结果,即在旧知基础上建构的新知,而非学生已有的知识、经验;三是目标值得花费时间探究,即须历经一定的过程才能达成,而非学生俯拾所得。以此推之,第二套目标方案将主目标的关键词改为"演讲辞语言生动形象、感染力强的一般方法",较之第一套中的"演讲辞使人激动、产生情感共鸣的一般方法"更具一般性、普遍性,因而更具探究性和适用性,促使学生跳得更高一些去"摘桃子",以求学生更合理的进步与成长。

一课或一个单元的教学目标不是孤立的,而应是一个围绕主目标建立起来的目标群。这个目标群一方面表明学习是一个主动建构的思维体系,一方面表明课程是一个不断在习得内容的基础上建构的螺旋组织。第二套目标方案中的目标2与第一套目标方案中的目标2相比,表面看仅是措辞发生稍许变化,将"赏析比喻、排比等修辞手法及其表达效果"改为"从比喻、排比等修辞角度剖析语言表达效果",实际是教学重点已由分析修辞手法转向了赏析语言表达效果,这样既侧重对文本内容的深度理解,又注重语言感染力的赏鉴,与主目标达成了某种程度的统一,又将学习引向学生审美意识、能力的培养。

第二套目标方案的修改、完善,建立在教师积极的学生观和学习观之上。学生是学习的主体,学习是主动建构的过程,教师只是帮助学生建构学习的人,因此教学的一切事务均须围绕学生的成长来安排,尤其是制订教学目标。教学目标决定着教学的高度和深度,也决定着师生的默契、合作程度。教师如果总能站在学生背后观察、辅导、促进学生学习,教学目标自然就是围绕学生成长的罗盘、风向标。

但是,这套目标方案仍然将学习局限在修辞的运用上,没有挖掘出这篇演讲辞感染力的真正源头，更没有就这个问题深度激发学生探究、合作的学习力。难道只有比喻、排比修辞才能增强语言的感染力？那么这篇文章和一般演讲辞有什么区别？重点放在观点及其内涵上的目标1与感染力有关系吗？这些问题不解决，这篇文章的教学价值就难以实现。

第三套目标方案：

1. 小组讨论，多角度分析文章的语言特色。
2. 师生合作，归纳演讲辞语言感染力强的一般方法。
3. 以"理想"为话题运用所学方法仿写一个演讲片段。

【研讨】因为这篇文章内容浅易，虽然第二套目标方案中目标2将教学重点放在修辞表达效果的分析上，教师在教学实施中仍觉这个目标定得低，学生还是"吃不饱"；另外，目标1占时太多且仍不充分的问题还未得到解决。问题出在哪里呢？有教师建议先梳理文章结构以使学生更顺畅地理解内容，但这篇文章在结构上并不突出，且恐怕会费时更多；有教师提议推倒原方案，将目标定在多角度鉴赏语言上。究竟何去何从？

这里引用实验教师在教学反思中写的一段话："思路、内容的梳理放在预习环节是不是更合适？既有利于把握文章，也不占用课堂时间。除了修辞这个角度外，是不是还有其他角度能增强语言感染力？主目标中的关键词'语言生动形象、感染力强'是否有些重复？我很无助地问还有哪些角度呢？卢老师说句式是不是一个角度？遣词造句是不是一个角度？我一下子就豁然开朗了：修辞是一个角度，这是课后研讨练习反复提及的；句式上不仅有长短句，还有整散句，这也是很好的角度。那么遣词造句讲什么呢？动词？形容词？回归课文，我要从课本里寻找答案！"实验教师再次研读文本，并再次征求团队教师的意见，最终明确是修辞运用、整散句结合、语言形象化与抒情性融合等共同促成了《我有一个梦想》这篇演讲辞的非凡感染力，因而顺理成章地建构了第三套目标方案。

【评析】我们常将教学革新的希望寄托在教师观念的转变上，认为一旦转变教学观念，课堂教学就能走向"生本"，就能实现自主学习。这组目标案例的制订过程让我们清晰地看到这样一个事实，教学观念转变需要教师专业能力做支撑。没有能力，只会在新观念下走老路；具备能力，观念一转就能走上创新之路。因此，教师专业发展的关键是教师专业能力的提升。案例中的实验教师工作认真、积极，具有改革课堂的生本意识。但其在第一套、第二套两个方案实施中均未做到让学生自主探究，是受其所订教学目标的局限。那么，教师专业能力提升的关键在哪里呢？形成演讲辞感染力的因素有很多，单就《我有一个梦想》这一篇文章来说，语言的思想性是其感染力的主要源泉，它的每一句话都融汇了马丁·路德·金的主张、见地、意志、信念、精神，因而掷地有声，撼人心魄，振聋发聩。这是情感与思想的力量。其次才是表现形式的力量。第一是对比手法产生的力量，作者将百年前后黑人的希望与失望作对比，将百年之后黑人的境遇仍然悲惨、恶劣的情况"公之于众"，使听众产生强烈的画面感、鲜明感，从而深深攫住听众的心，使之产生强烈共鸣。第二才是比喻、排比修辞的综合运用、整散句式相结合等。这样，借助这一篇文章，就可帮助学生建构有关语言感染力的知识网络，无论是阅读鉴赏还是进行创作，学生都可从内容和形式两个方面去解决相关问题。

然而，很多学生直到高中毕业或许都不能建立这样的知识结构，根源主要在于教师知识结构不完善。案例中的实验教师在这点上认识很深刻："长短句、整散句、形象化和抒情性相结合这样的专业知识在我的储备里面是有的，可是我想不起来把它们组织在一起啊！我的知识是零散的，是不成系统的。"知识结构不全的表现即知识是堆积性的、孤立的、零散的，只知其一不知其二，导致教学上教师只教自己知道的，只强调某一试题考查的内容。其恶果是学生的知识零散、堆积，不能随情境迁移、运用，不能用以解决复杂的实际问题。

教师是重要的课程资源。教师专业知识结构完善与否在很大程度上与教师的课程观密切相关。把课程定位于教授现成的书本知识或考试关注的内容，教师就会一味专注于教材显性知识的学习与考试试题的演练，忽视学科知识的梳理、提炼、建构及与其他课程知识的融会贯通，从而导致专业知识结构的片面、机械、局限；相反，把课程看作引导学生学习知识的内部联系或起实质作用的概念、规则、原理，以促其培养灵活的实践能力，教师就会自动地将个人专业发展放在知识系统的建构之上。教育心理学把完善的知识结构看作专家型教师的显著特点，认为拥有完善知识结构的教师往往能够抓住教学的重难点，激发学生深入探究的旨趣，培养学生自主学习的能力。

实践证明，教师知识结构不完善是教师专业发展道路上的暗礁，在我们忙于组织各种活动去"促进"教师专业化发展时，不如放慢节奏，让教师休养生息，静静地去自我学习，自我建构。

探索课堂转型，落实学科核心素养的培养

王云生[①]

学科核心素养的培养，要求把各个学段的培养要求落实到单元教学和课堂教学的设计和组织中。为此，要实现学科教和学的方式的变革，探索课堂教学的转型。

我国传统课堂教学设计，大多以教材章、节为基本单位，着眼于学科知识点、学科基本技能的传授、学习内容重难点的突破，缺乏结构化，也没有反映课程发展学生学科核心素养功能。发展学生的学科核心素养，需要教师学会基于核心素养的教学单元设计。

基于"核心素养"的教学单元设计不是单纯知识点传输与技能训练的安排，而是教师基于学科素养，思考怎样描绘基于一定目标与主题而展开探究的活动，目的是为了创造优质的教学。国外一些国家的学科课程标准，在学科修习内容的选取和编排上采用学习单元建构的方式。例如，澳大利亚高中化学课程标准把高中化学修习内容设计成四个单元（化学基本原理——结构、性质和反应；分子相互作用和反应；化学平衡、酸碱和氧化还原反应；结构、合成和设计）。每个单元的学习内容都依照学科核心素养的要素，以整合的方式设计学习内容，把知识技能、研究方法的认知，科学价值和科学与人文的关系和认识融合起来，反映"自然和科学的发展是建立在科学探究的基础上，旨在回应和影响社会"。

课程标准对各单元学习内容的说明，都以整个课程的理念、学习目标为指导，分别用单元概述、学习目标（学习要求）、内容描述、学业达成标准四个部分做分析。论述单元学习目标及其缘由，描述预期的学习结果，罗列出所规定的学习主题的内容、制定学业达成标准。单元学习内容的说明，从学科核心素养的培养出发，环环相扣、逻辑关系明确，体现了核心素养培养的整体性。

学科核心素养的培养，要求学科课堂教学在教学设计组织上选择合适的课程资源、教学策略和教学方式。例如，创设与现实生产、生活紧密关联的、真实性的问题情境供学生学习，精心设计教学活动（如基于问题、基于项目

[①] 王云生，福建教育学院化学教学研究所研究员、特级教师。

基于核心素养教学改进的落地导引

的活动，基于合作和探究的体验式的学习），帮助学习者在复杂性和结构化程度不同的情境中主动参与科学探究学习活动。鼓励、指导学生依据自己的需要，灵活地采用多种学习方式，在与情境的持续互动中，在尝试问题解决、创生意义的过程中建构知识。在学习过程中形成（跨）学科观念、（跨）学科的思维模式和探究技能等关键能力和必备品质。促进结构化的（跨）学科知识和技能的不断发展，促进学科观念、思维模式和探究技能的形成，发展学科核心素养。

转变教学方式方法

靳建设 [1]

基于核心素养的教学是怎样的？这是一线教师共同关注的问题。对此应达成共识：只有能将学生引向"深度学习"的教学，才是基于核心素养的教学。所谓"深度学习"就是指在真实复杂的情境中，学生运用所学的本学科知识和跨学科知识，运用常规思维和非常规思维，通过高层次的思维参与与投入，将所学的知识和技能用于解决实际问题，以发展学生的批判性思维、创新能力、合作精神和交往技能的认知策略。正如余文森所言，"没有高水平的思维参与和投入，知识的学习就永远只会停留在符号知识（表层结构）的学习上，而不能深入知识内涵（深层结构），获得知识的价值和意义，进而使知识和思维能力获得良性循环的发展"。要大力引导广大教师切实转变教学方式，指向学生核心素养发展这一基本目标。

一是要实现由"三维目标"向"核心素养"转变。要引导广大教师深入开展基于"核心素养"的教学方式的课例研究，通过课例把核心素养真正落实到课堂教学中，落实到学生的学习方式和教师的教学方式的深刻变革中，从而力争将核心素养由一个抽象的理念变成一个看得见、摸得着的行动。

二是要实现由学科中心向学生中心转变。要积极引导广大教师从以学科为中心、学科核心知识为中心、学科考点为中心，转向以核心素养为中心。从核心知识到核心素养，其本质是从学科中心的课程观向学生中心的课程观的转变。当下，以学科核心知识为中心的教学，过于注重知识而轻经验、重

---

[1] 靳建设，甘肃省教育科学研究所党委书记兼副所长，教育部基础教育课程教材专家工作委员会委员，全国中小学教育督导评估专家。

学科逻辑轻心理逻辑、重学术性轻实用性。要倡导从学生的立场出发，核心知识与核心素养并重的课程教学理念，以学生为教学的出发点和落脚点，这要求我们广大教师在学科教学中，不仅要让学生熟练掌握语言文字符号所直接表述的学科知识和技能（概念、规律、命题、理论的内涵及其意义），更要让学生感受、体会和领悟到蕴含在学科知识内容和意义之中或背后的精神、价值、方法论、生活意义（文化意义）。任何学科的教学都不应仅仅为了获得学科的若干知识、技能和能力，而是要同时指向人的精神、品格养成、思想情感、思维方式、生活方式和价值观的生成与提升，指向人的文化意义、思维意义和价值意义的追求之中。

三是要实现由单一学习方式向多元化学习方式转变。"核心素养"一头连接"全面发展的人"，一头连接"真实的生活世界"，核心素养本身具有可塑造性、后天可培养性和可干预性等特征，因此，核心素养的培养要在真实的生活情境之中进行，要通过真实的情境、多元化的学习方式——如小组讨论、项目式学习、实践探究式学习等，把知、情、行、思、信等要素相融合统筹落实。

实验教学如何改进？

李正福[①]　何　龙[②]

新一轮基础教育改革提出教育教学要促进学生核心素养发展，物理课程既要着力促进学生物理学科核心素养的形成和发展，还要发挥学科育人的独特功能，促进学生全面发展。"物理学科核心素养主要包括'物理观念''科学思维''科学探究''科学态度与责任'四个方面。"[1]一般认为，物理实验在物理教学中起着重要的作用，具有激发学生的兴趣和求知欲、创设有效学习环境、训练学生的科学方法、培养学生的科学态度和情感等功能。[2]那么，物理实验教学如何促进学生学科素养的发展呢？

一、经典实验思维化：循科学思维深化实验设计

发展学生的科学思维是物理课程重要的教学目标之一。这里讲的科学思维是从物理学视角对客观事物的本质属性、内在规律及相互关系的认识方

---

① 李正福，中国教育科学研究院课程教学研究所助理研究员，博士。
② 何龙，清华大学附属中学永丰学校高级教师，博士。

式。从要素上看，科学思维包括模型建构、科学推理、科学论证、质疑创新等；从过程上看，科学思维包括基于经验事实建构物理模型的抽象概括过程，对不同观点和结论理性质疑和科学修正的过程，运用分析综合、推理论证等方法创造性解决问题的过程。在实验设计和探究实施的过程中，遵循科学思维的逻辑对经典实验进一步延伸、深化，能够更好地帮助学生认识经典实验，并通过经典实验体会、感悟、掌握其中的科学思维。

以北师大版初中物理教材"飞机为什么能上天"一课中"飞机机翼与升力演示实验"为例。在明确已有实验方案的基础上，分析其中的不足，遵循科学思维过程进一步优化设计。在传统的机翼升力演示实验中，多根据运动的相对性采用图1所示的仪器模拟风洞实验。但常规操作仅演示机翼模型正常放置时，风机启动后机翼上升过程。[3]这一操作只能证明机翼带给飞机向上的升力，却无法将飞机获得的升力与机翼形状结构建立关联。而这种"上凸下平"的结构才是升力产生的关键因素，对于学生理解流速与压强的关系十分重要。在这里，可以结合控制变量法、归纳法等来设计实验方案，让学生在观察、实验的基础上通过比较、归纳、推理等得到结论，由此培养学生的科学思维。

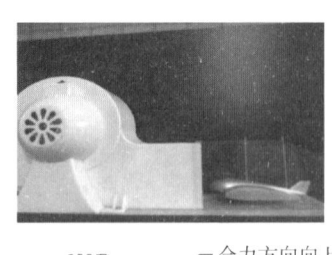

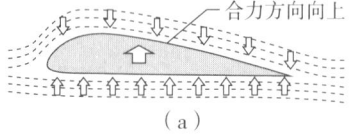

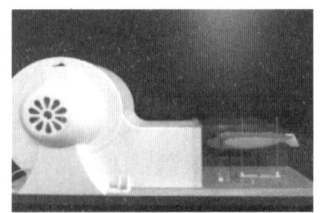

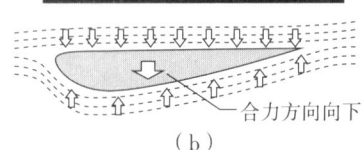

图1 飞机机翼与升力演示实验

为了能让学生真切感受到机翼"上凸下平"结构的设计意义，可以根据"穆勒五法"中的"共变法"优化改进演示实验，即在风速等其他条件不变的情况下，比较"上凸下平"和"上平下凸"两种情况下机翼的升降情况，进而对升力的方向做出判断。在改进实验中，除完成图1（a）正常凸面向上放置机翼模型外，增加机翼翻转环节，如图1（b）所示。先利用海绵塞将机翼凸面朝下适当固定，实验中机翼形状结构等其他条件不变，风机启动后（b）图机翼不升反降，快速下落。这一现象证明：机翼形状与其受力方向有着直接联系，空气快速流动使机翼受到的作用力总是指向凸起一面。

学生的思辨能力通常建立在对现象的观察、比较和思考之上。改进的实验操作从内容上只是简单反转机翼，但其带来的视觉冲击却会极大地刺激学生的原有认知，将学生的关注点聚焦到飞机升力产生的本质原因上。如果只有图1（a）实验，学生只能验证升力与机翼形状的关系；一旦增加了图1（b）实验，学生就能够获取更多的信息、提出更多的问题、做出更多的判断、进行更多的推理，进而在科学思维方面得到更多的训练。根据科学思维的逻辑对经典实验进行改造，深入挖掘经典实验蕴含的知识、方法、思维等内容，将会更大地发挥经典实验之独到的重要育人价值。

二、演示实验探究化：依科学探究改造实验过程

科学探究能力的培养是实验教学的重要内容，应渗透在实验教学的设计、实施和评价等全环节。物理实验探究可以促进学生基于观察和实验提出物理问题、形成猜想和假设、设计实验与制订方案、获取和处理信息、基于证据得出结论并作出解释以及对科学探究过程和结果进行交流、评估、反思等能力。对于演示实验，可以结合科学探究的要求将之改造成随堂实验或者探究小实验，使之在问题个性化、猜想多样化、方案差异化、操作规范化、结论精准化、交流多元化、反思深刻化等方面得到加强，以更好地促进学生科学探究能力的发展。

以"探究气体流速与气体压强的关系"实验为例。在已有的实验方案中，实验探究理念渗透不足，且多以演示实验为主，学生科学探究参与度不高。在"出纸片"或"吹乒乓球"等小实验的基础上，可以根据探究教学的需要，引导学生创新"气体流速与气体压强的关系"实验，并较为系统地探究两者的关系。

这里介绍利用一枚T形管和微小压强计U型管设计的学生分组探究实验，实验装置如图2所示。该装置创新地将T形管与U形管组合，当学生在T形管一端用力吹气时，U形管两边的液柱会发生相应的高低变化，从而判断T形管内气体压强的变化情形。在这个实验中，学生首先要明确探究目的，找准T形管内的气体为研究对象，关注这部分气体的流速与压强的关系；其次，学生要掌握U型管的使用方法，能够根据液面高低获取压强大小关系；最后，学生通过控制吹气的力度调整T型管内空气流速，U形管液面的高低可以直接指示其两侧液面上方气体压强的大小，就可以达到半定量分析讨论气体的流速与压强关系的目的。在这样的探究过程中，学生受到了科学探究的训练，

对于科学探究的某些环节有了更深的理解和掌握，有助于科学探究能力的发展。

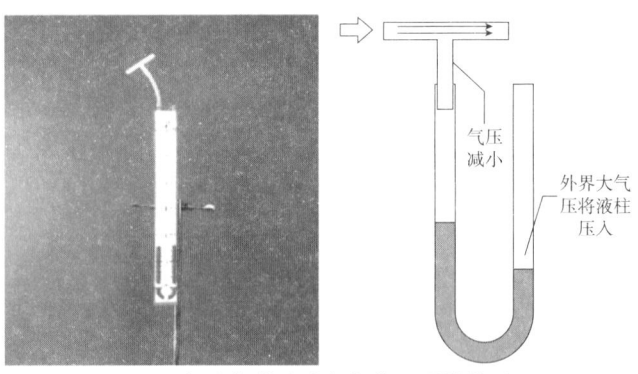

图2 探究气体流速与气体压强的关系

三、生活现象实验化：将科学态度与责任融入实验教学

物理课程重视对学生的科学态度与责任感的培养，将之列为重要的课程目标。科学态度与责任是一种探索自然的内在动力，是一种严谨认真、实事求是和持之以恒的科学态度，是一种遵守道德规范、保护环境并推动可持续发展的责任感。培养学生的科学态度与责任，不仅要在物理概念和规律教学中渗透，还可以引导和组织学生参与和所学内容有关的社会实践，增强社会责任感，提高运用科学知识分析、解决问题的能力。[4] 对于中学物理教育而言，教学的起点不在于对复杂物理现象的探索与阐释，而是要让学生在情境中切实感受一个物理学者对待问题应有的态度和责任感。将生活中的物理现象进行实验化的加工，通过学习、探究之后再回到生活当中，能够更好地促进学生形成科学态度与责任。以"历史上的真实海难"模拟实验为例。将海难发生的过程搬到实验室来，通过观察实验现象、分析海难原因、设计预防措施等学习任务，引导学生关注真实问题的物理内容，形成科学态度，增强科学责任感。

生活中，人们总需要遵守相应的交通安全规则，其中不乏对物理规律的应用，如列车站台前的安全线、海上航行时的安全距离等。本实验依据历史上真实的"奥林匹斯号海难"制作一组演示实验装置，需要的材料有一只大水盆、两支密封的小饮料瓶、一台潜水泵，其中饮料瓶内装入适量配重增加稳定性。为了方便学生观察实验现象，演示需由实物投影展示。将两支饮料瓶模拟海运船只放在水泵出水口两侧，水泵工作后向小船中间喷水，小船则缓慢向中间靠拢，如图 3 所示。

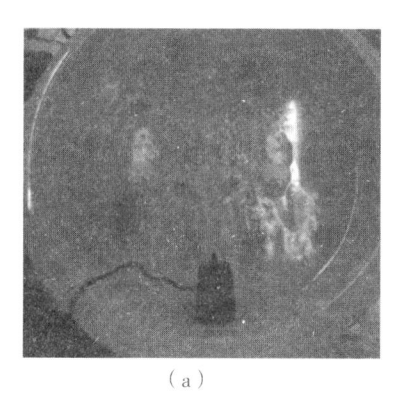

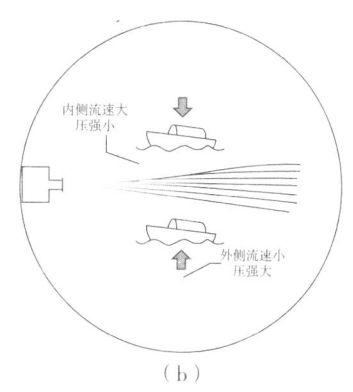

图 3　历史海难模拟实验

这一重大历史海难，发生的原因是什么？如何预防类似事件的发生？教师通过对真实事件的模拟，增加了物理与生活和科技的联系，创设了生动活泼的课堂氛围，激发了学生的学习热情；在海难发生原因的探讨分析过程中，学生可以充分发表个人的观点，并与其他同学展开深入讨论，提高个人物理术语表达能力；在预防类似事件发生的方案设计中，教师引导学生秉承造福社会的初心，利用物理知识提出负责任的解决方案，并在讨论交流中遵循基本的学术道德规范，正确处理质疑，不断优化方案，促使学生逐步修正并确立正确的科学观和价值观。

四、实验拓展项目化：化物理观念于问题解决

把物理观念放在最后来讲，并不是说物理观念不重要。从立德树人的角度来看，物理观念是物理学科核心素养的内核，引导学生形成正确的物理观念才是基础教育阶段物理教育最基本的独特育人功能。从物理观念的形成来看，物理观念是物理世界在人脑中留下的概括的形象，是物理概念和规律在头脑中的提炼和升华，是人对物理世界的根本认识。[5]换言之，物理观念不是强加给学生的，而是在物理探究过程特别是实验过程中、在训练科学思维并将之运用过程中、在科学态度与责任感推动下做出正确决策的过程中、在实际解决问题的过程中逐步形成的。在这其中，参照项目式学习进行的实验拓展是促进物理观念形成与内化最为有效的方式之一。

所谓项目式学习是指基于课程标准，以小组合作方式对真实问题进行探究，以此获得学科知识的核心概念和原理，提升创新意识和实践能力的教学活动。[6]项目式学习将所知与所为整合，将焦点再次投向学生而不是课程，

学生不仅学习核心课程的知识，还应用他们所知去解决真实的问题。在项目式学习中，学生的动机、激情、创造力、移情和变通能力等得到关注和培养，而这些是课本学习中无法获得的。[7] 同样如此，物理观念是物理概念和规律等在头脑中的提炼与升华，这种转变非经过问题解决和实践应用而无法实现，而项目式学习恰好提供了一种思路。

以项目式学习的核心理念和基本要求对常规实验进行改造，开展项目化的实验学习与探索，能够促进学生将物理概念和规律升华为物理观念，并促进物理核心素养的发展。常规实验设定只能对相应学习阶段的主要物理知识点进行描述和展示，而在项目式学习中，可以创设更多有意义的问题情境，引导学生利用一些实验器材和常见的物品，结合多样化的技术手段去开展丰富多彩的创新创造，让学生在参与实验解决问题的过程中学习物理规律，提炼、升华物理观念。本文指导学生自制了伯努利原理演示器、草原鼠的空调房、气体压缩式雾化器等器具，极大地促进了学生正确物理观念的形成。

1. 研制伯努利原理演示器，掌握物理概念和规律

该实验装置的主体为一个两端开口的透明玻璃管，管中放有一枚泡沫塑料制成的红色滑块，为了防止滑块滑出，上下开口处均用棉线进行拦截，如图4所示。教学中，先将玻璃管竖直放置，在其下端开口处用吹风机吹气，滑块上升说明其原因是自下而上的空气流动。然后在玻璃管上端沿水平方向吹气，发现滑块同样升了起来。学生通过自己动手制作和成功演示，能够准确地理解伯努利原理，并将知与行结合起来。

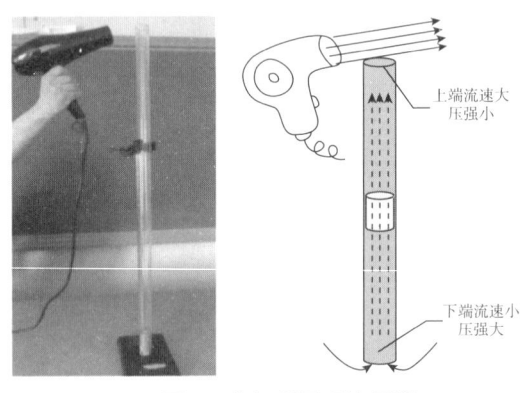

图4　伯努利原理演示器

2. 应用知识制作草原鼠的空调房，促进物理概念迁移

在自然界中并不只有人类能够利用各种物理规律寻求生存之道，有一

种名叫"草原犬鼠"的小老鼠就可以利用伯努利原理建造属于自己的"空调房"。"为草原鼠建一座空调房"项目如图5(a)所示。空调房的原理在于它的U形洞穴中,一端开口平坦,另一处却有一个凸起的土坡,而这个小小的凸起结构正是洞穴能够保持干燥凉爽的关键所在。据此,学生可以设计空调房,如图5(b)即为其中一个方案。装置主体为一只包装好的纸箱,一条塑料软管模拟U形洞穴,操作时先保持两个洞口处平整,利用吹风机加速洞口空气流动,小球没有运动;然后在一侧洞口增加凸起结构,重复上面的实验,可以看到吹风机工作时彩色小球迅速从有凸起的洞口飞出,表明洞内空气流通后带来凉爽。学生通过制作并演示该实验,能够进一步理解物理概念和规律,并将它们真正融入自然世界,而不仅仅囿于课本与习题。学生逐步将抽象的物理知识与鲜活的自然相结合,形成有真实世界的物理概念。

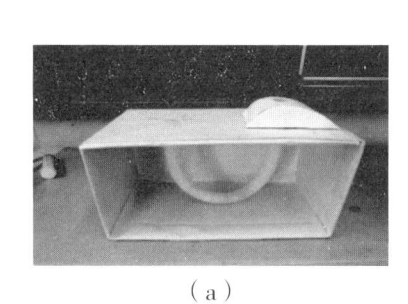

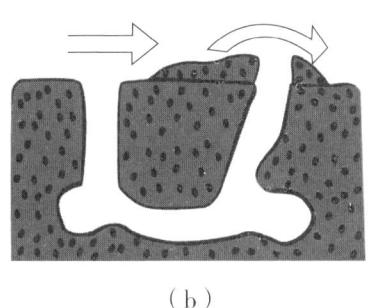

(a)　　　　　　　(b)

图5　草原犬鼠和它们的"空调房"

3. 优化雾化器,形成正确的物理观念

教师引导学生发现伯努利原理在生活中的应用,鼓励他们分析原理并提出优化方案,开展小发明小创造,利用物理知识更好地改善生活。比如,针对呼吸系统疾病治疗使用的雾化器,学生可以开展优化雾化器的项目,分析原理、发现不足、优化方案、创造物化。图6展示的就是目前主流医用气体压缩式雾化器的剖面图和实物图。其工作原理是利用外置的压缩气泵产生高速流动的压缩空气,根据流体力学中的文丘里效应,当空气通过逐渐收紧的喷嘴时其流速会进一步加快,最终由喷嘴喷出的气流会在其周围形成低压区,进而利用大气压将盛药杯里的药液经吸水管压至喷嘴处随气流一起喷出。高速喷出的气液混合物一同撞在隔片上,就会四散成为小液滴飞散开来,也就达到医用"雾化"的目的了。学生在了解基本原理后,就可以开展项目式学习。多次这样的项目式学习会逐步加深学生对规律涉及的物理概念、规律的适用条件等关键要素的理解,提升学生物理观念,进而促进核心素养的发展。

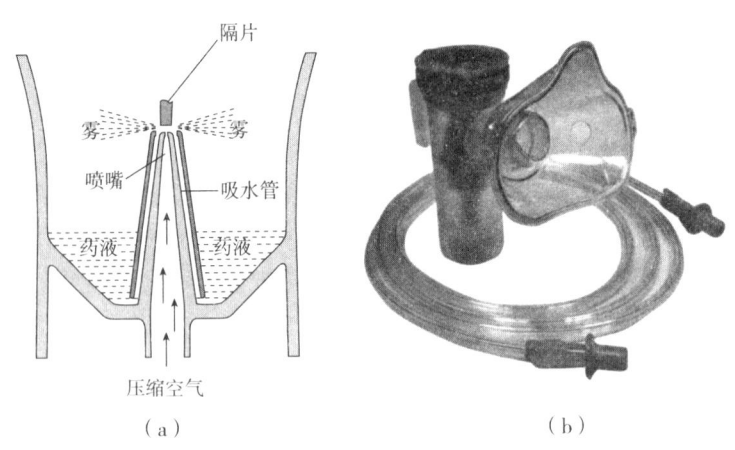

图6 气体压缩式雾化器剖面图（a）、实物图（b）

实验教学是物理教育的基础，不断优化实验教学、持续促使学生物理核心素养发展，将会是物理教育改革的重要内容。在物理实验教学过程中，教师不仅要科学设计教学方案，还要在实践中不断开发和优化实验教学资源，更要时刻准确把握实验教学的育人目标。唯有如此，实验教学才能够不断优化深入，物理教育才能够落实基础教育课程改革的新要求，才能够更好地培养学生的物理核心素养。

参考文献：

[1] 中华人民共和国教育部. 普通高中物理课程标准：2017年版 [M]. 北京：人民教育出版社，2018.

[2] 阎金铎，郭玉英. 中学物理新课程教学概论 [M]. 北京：北京师范大学出版社，2008.

[3] 阎金铎. 义务教育教科书物理（八年级下册）[M]. 北京：北京师范大学出版社，2017.

[4] 王云生. 加强高中理科课程的价值观教育 [J]. 基础教育课程，2018（7）：30-33.

[5] 张健，李春密. 以"静电场"教学为例，谈物理观念的渗透与培养 [J]. 物理教师，2018（6）：7-10.

[6] 胡红杏. 项目式学习：培养学生核心素养的课堂教学活动 [J]. 兰州大学学报（社会科学版），2017（6）：165-172.

[7] Markham, T. Project Based Learning[J]. Teacher Librarian, 2011（2）：38-42.

改进试卷讲评

赵万田[①]

试卷讲评是学生测试之后，教师对试卷的分析、点评和讲解，是中学教学不可或缺的一种重要课型。一堂成功的试卷讲评课，不仅能够查缺补漏，诊断学习障碍，反馈教学信息，促进师生反思教与学中存在的问题，调整教学策略，还能让学生有拨云见日、豁然开朗的感觉，激发起学生新的学习热情和求知欲望。令人遗憾的是，目前的试卷讲评课仍然存在"就题讲题""一讲到底""忽视素养"等问题，其结果是教师讲得累，学生听得烦，错误再现率高，教学效果堪忧。如果能以培育学生发展核心素养为导向，在试卷讲评中恰当运用新课程的理念与方法，将会收到事半功倍的效果。

顺应新一轮课程改革落实立德树人根本任务的要求，2016年10月教育部考试中心下发的《关于2017年普通高考考试大纲修订内容的通知》，增加了考查学科核心素养的要求：从修订原则看，要求"提前谋篇布局，体现素养导向"；从具体内容看，增加了中华优秀传统文化的考核内容；从考核目标看，逐步实现从能力立意到素养立意的转变。相应地，2017年高考各地单科卷和综合卷试题都着力考查学生的必备品格和关键能力，凸显学科核心素养。坚持素养立意，彰显价值引领将是今后各类考试命题的基本遵循依据。因此，作为与考试直接对接的试卷讲评课，从教学目标定位到教学过程设计，从试题立意确定到讲评策略选择，都要聚焦核心素养，真正实现由应试教育向素质教育的转变。

一、讲评前：聚焦素养，摸准学情，确定目标

教学目标是教师在课堂教学之前针对所教学生提出的预期学习效果，它是课堂教学的灵魂，支配着教学的全过程，规定着教与学的方向。美国学者布卢姆说："有效的教学始于准确地知道期望达到的目标。"因此，准确定位教学目标是教学设计的首要一环，是有效教学的前提。[1]

一套高质量的检测试卷，不仅能考查学生对知识的理解及运用，更能考查学生的人文情怀、理性思维、健全人格、国家认同等综合素质即素养。用

[①] 赵万田，甘肃省华亭县第一中学校长。

核心素养梳理培育目标，可以矫正过去重知识轻素养，重结论轻过程的教育偏失。试卷讲评课教学目标的定位不能只满足于让学生获得应试所需的学科知识和技能技巧，满足于应试的"有效"与"高效"，必须真正把触及学生灵魂、培育核心素养、落实立德树人作为教学的根本任务，着力培育"全面发展的人"。具体应当做到以下几点：

1. 基于课程标准。课程标准是确立教学目标的根本依据，教师在进行教学设计时，要正确解读课程标准中本学科的课程性质、基本理念、设计思路，正确理解课程目标中的总目标及分类目标，然后再对照试题所考查的知识、能力、素养，确定讲评目标。

2. 基于素养。有些试题，知识考查比较简单，其目的是考查学生的价值取向或人文情怀或理性思维等核心素养。只有理解试题的素养内涵，将每道试题蕴含的核心素养挖掘出来，才能设计出符合新课程理念的、助益培育学生发展核心素养的教学目标，讲评时才能更好地落实素养目标。

3. 基于学情。学情是确立教学目标的实践依据，只有适合学生的教学目标，才是最好的教学目标。要实现预期的讲评效果，就必须认真批改试卷，详细统计学生的答卷情况，并做好数据分析。既要掌握学生答卷中暴露的知识缺漏和技巧问题，更要关注学生的生活经验及情感态度基础，即核心素养方面的学情。

二、讲评时：自查自纠，互助合作，落实目标

锁定教学目标后，还要选择适切的教学组织形式，采取有效的教学方法，方能达到事半功倍的效果。

学生的习惯养成、知识获得、思维训练、情感体验、素养提升，都不是单靠教师"独讲"能够实现的。因此，试卷讲评课不能上成教师的一言堂，也不能单纯告诉学生结论或事实，而要留出时间，让学生自查自纠，互助合作，积极主动参与；给学生提供展示自己思维过程的机会，才有利于强化正确思维方式，弥补学生的思维缺陷，进而转识成智，提升学生核心素养。基于此，试卷讲评过程应当做到"三步走"。

1. 自查自纠，剖析错因

绝大多数学生接到试卷后，首先关心的是分数和名次，接着便会主动关注出错的题目。对于会做而做错（即粗心出错）的题目，学生多会为此懊悔和自责，教师不必多费口舌；对于那些当时不会做的题目，在考试结束后，也可能通过向他人请教或查找资料，基本掌握了全部或部分问题的解决方法。

学生这种主动纠错的积极性，教师应当十分珍视。因此，试卷讲评课上，教师既不能急于讲评，也不必诸题讲评，应根据学生答卷情况，给学生 10 分钟左右的时间，让学生对照试卷，自查自纠，自主解决因知识缺漏和答题疏忽而造成的错误；仔细体会，弄清试题的考查意图；剖析错因，总结答题的经验教训。对于重新审题、学习相关知识仍不能解决的难题要标注清楚，留待合作学习时寻求解决。

学生是学习的主体，是建构自身知识和能力的发起者。充分发挥学生的主体作用，通过自查自纠，能够有效地培育学生勇于探究、乐学善学、勤于反思、自我管理等素养和品质，让学生学会学习。

2. 互助合作，共同发展

对于自己通过努力仍不能解决的难题，学生则急切地想知道问题的答案和出错原因，此时，他们的学习动机和求知欲望最为强烈，正是开展合作学习的最好时机。（1）小组合作。在小组长带领下，小组成员就自查自纠时不能解决的问题向组内其他同学寻求帮助。（2）全班合作。对于小组合作还不能解决的疑难问题，由小组长提出，让其他小组成员解答，学生之间相互交流，相互取长补短，相互补充完善。只有在交流中，在思想的碰撞中，学生才会有更多的感悟和收获。合作学习更能体现出学生的主体地位，培养学生主动参与的意识，激发学生的求知热情，使不同层次的学生都能在原有基础上得到充分发展。通过学生讲解，可以充分展现学生的思维过程，暴露学生思维中存在的问题，以增强教师讲评的针对性。通过互助合作，最大限度地发挥了"兵教兵"的作用，有助于形成比、学、赶、帮、超的良好学风；能更好地培育学生的理性思维、批判质疑、健全人格、问题解决等素养。

3. 教师讲评，总结提升

在学生自查自纠、互助合作解决问题时，教师要全身心投入，巡回指导，适时点评，驾驭好课堂；要仔细观察，善于发现问题、收集问题，将学生学习中的共性问题进行梳理、归类，并找出学生出错的症结所在，做到了然于心。

对于互助合作仍不能解决的共性问题，教师要进行精要的点拨讲解，引导学生通过思考得出结论，去疑解惑；要进行必要的拓展延伸，引导学生多角度、多层面思考问题，启迪思维；要总结同类试题审题答题的共性方法，触类旁通；要着眼素养形成，让学生在获得知识、训练技能的同时，掌握科学的方法，形成健康的情感，树立正确的价值观，力求实现价值引领、思维启迪、品格塑造的育人目标。

三、讲评后：变式训练，辅导反思，巩固目标

1. 变式训练。"变式训练"是课内问题的延伸和深化，学生试卷中出现的问题大多是教学过程中的重点、难点、易错易混点，不大可能通过一次讲评就使他们完全掌握。因此，每次试卷讲评后教师还要根据讲评情况，精心设计训练题，变换考查角度及考查方式对相应内容做跟踪训练，让学生再练习、再提高，以巩固讲评内容；试题题材选用及命题立意要体现核心素养，让学生在寻求问题解决的过程中理解和运用知识，体会学科知识背后蕴含的精神、价值和方法论意义，形成核心素养。

2. 个别辅导。多数情况下，课堂上师生主要解决的是学生答卷中存在的共性问题，个别学生在答卷中的特殊问题，在课堂上往往无法得到关注，这就需要教师课后多与学生个别交流，进行个别辅导。在个别辅导时，教师要与学生一起分析考卷，找出学生出错的原因，给予学生具体的有针对性的指导；在帮助学生分析答卷中存在问题的同时，还要学会欣赏学生，充分肯定学生答卷中的成功之处，增强学生的学习信心。

3. 试后反思。试卷讲评后，让学生写出书面反思，分析失误类型、失误原因，制订（调整）今后的学习计划，明确努力方向和目标；将典型错题整理在纠错本上，更正错题不能满足于写出正确答案或正确解答，还应分析错因和所得启示等。学生的考后总结和错题更正内容，教师要及时批阅，并给予中肯的意见或评价。

教学不能离开知识，但不能止于知识。我们的教学特别是试卷讲评课能突破应试的桎梏，让学生真正能够超越应试获得持续发展所需的核心素养，为学生幸福成长奠基。

参考文献：
[1] 李仁华. 例谈教学目标的叙写 [J]. 思想政治课教学，2016（2）：41-43.

加强和改进教研工作

李爱杰[①]

随着基础教育课程改革走向深入，教研工作在推动课堂教学改革中功不可没。如何进一步发挥教研功能，提升教研能力，需要基层教研机构进一步认真研究分析当前改革的现状和问题，寻求解决问题的方法和途径。

一、加强教研的研究与创新功能是课程改革的催化剂

课程改革需要坚定信心、更新理念、重视教学实践、善于洞察与发现；更需要坚持不懈、求真务实。课程改革是从"改课"开始的，教学目标由"双基"到"三维目标"再到"核心素养"的变化，以及启发式教学、自主合作探究式教学、翻转课堂等模式的实施，都彰显了现代课堂的教学特点。因此，我们要继续坚持不懈地创新与实践，通过教研"三真"，朝着既定目标砥砺前行。

（一）以课题为载体，倾力开展"真研究"

要研究解决真问题，就要带着问题进课堂，把问题当课题，制定研究重点，破解难点，查找盲点，这样才能开展真研究。首先，教研工作需要精心设计科学合理的课题研究方案，使课题研究立足教育教学实际，这样才能有"真研究"的展开，才有取得"真经"的可能。其次，要从教育教学实际出发，坚持"从实践中来，到实践中去"，才能发挥指导教学的价值。课题研究必须重视对教学现状的调查研究，分析事实，得出结论。再次，要正确使用研究方法，避免成为"写给别人看"的摆设。因此，要进行"真研究"，必须按照"计划—行动—反思—归纳"的程序进行螺旋上升式的研究。为了使教研员们扛稳"真研究"的大旗，就要带领骨干教师组成研究团队，选择教研基地，开展有效的探索研究；要通过"实践—理论—再实践"的方式把有创意、有深度、有价值的研究反复打磨，取得课题研究成果，这样才能实现有效的课堂构建，落实学生发展核心素养的目标。

（二）以活动为平台，强力实施"真创新"

思路决定出路，创新永无止境，教育创新是给予课堂智力支持的核心，

[①] 李爱杰，河南省南阳市西峡县教研室主任。

基于核心素养教学改进的落地**导引**

教研创新的质量将决定基础教育的未来。提升教研的创新能力不是需不需要的问题，而是课程改革如何深化与升华的问题。面对"核心素养"的内涵，采取模仿法开展教研已经失去效用。教育教学如果只会模仿而没有创新能力就意味着快速僵化、快速同化，进而被快速淘汰。在创新的时代，教研的创新职能不再是由少数天才来承担，它呼唤每一个教师都要具备主动进取的创新精神，具备独立思考的创新本领。教研创新主要包括：1.教研创新意识的培养，新教育观念或新理论培训的同时，培养教师推崇创新、追求创新、以创新为荣的观念和意识；2.教研创新思维的培养，通过学习新的教法、新理论或新技术手段等活动，培养教师热爱、追求、奋斗和奉献教研的精神，培养教师在教研工作中具有积极的求异性、敏锐的观察力、创造性的想象、独特的知识结构以及活跃的灵感；3.教研创新技能的培养，通过应用新的教育组织方式和管理方法，培养教师创新的技巧，掌握应用创新技法的能力，以及创新成果的表达能力、表现能力及物化能力等。

（三）以基地学校为平台，勇于探索"真实践"

课程改革的核心环节是课程实施，课程实施的基本途径是课堂教学，课堂教学的改变主要就是教与学方式的转变。因此，要把改革课堂教学、创新教学模式作为课程实施的重点。为了使教研员勇于探索"真实践"，根据学科特点，综合考虑区域布局、学校规模、典型带动等因素，每学科确定一所教研基地学校，筛选骨干教师组成本学科教研团队。教研员要蹲点驻校，在基地学校带领教研团队直面在教学实际中发现的问题，剖析问题的根源，借助现代信息技术进行案例呈现，网络探究，同伴互动，着力寻求解决问题的办法与策略；通过讨论修订完善，探索出旨在培养学生创新精神和实践能力的新方法。

二、教研的引领与示范功能是课程改革的加油站

理论引领、指导教学、研究教学是教研部门的中心任务，紧紧围绕课程实施和管理、课程评价、教师的培养、地方和学校课程开发等问题，把握重点，有目的、有计划、有组织地开展在课程改革中的引领作用；学生发展核心素养，教师也要发展其核心素养，这就要求教研员以核心素养内涵为目标更新观念，提高素质，与学生共同成长；教研员提高自身素质至关重要，除自我学习外，还要参加"国培""省培"，参加国家级的专家引领活动，及时吸取课程改革最新研究成果，把这些新成果应用于教学实际。

（一）以以校为本研究为内容，开展教研机制的引领

教研部门要整合教研力量，建设适应课程改革需要的组织机构，建设一

支为课程改革服务的、有活力的、专兼职相结合的教研队伍，形成开放的教研员流动机制。通过兼职，在乡镇学校建立教研员队伍，并注重教研员的进修和培养，通过兼职教研员加强对学校教学研究的指导。

以校为本的教研就是把教学研究的重心下移到学校，以课程改革过程中学校所遇到各种具体问题为研究对象，以教师为研究主体，开展教学研究活动；以校为本的教研活动，要充分发挥教师个人、教师集体和教学专业人员的积极性。教研员要引领开发教师的研究意识，鼓励教师以研究者的眼光审视、分析和解决遇到的各种问题，把教学工作和教学研究融为一体，形成一种新的职业观念。要引领教师之间切磋、协调、交流和合作，共同分享经验，互相学习，彼此支持，共同提高。要引领教师对教学实践高度关注，积极主动地参与以校为本的教研制度的建设。教研员要以教学观念的更新和教学行为的改进为指导重点，注重教师教学潜能的开发和教学研究水平的提高，与教师建立平等的合作伙伴关系。

（二）以专业导航为内容，开展教研角色的引领

专业导航就其实质而言，是理论对实践的指导，是理论与实践的对话，是理论与实践关系的重建。教研员有着较为系统的教育理论素养，在课程改革中应是先行者、参与者和引领者，应从教师的教学工作中吸纳实践的例证，以完善对课程理论的理解、证明和修正，进一步指导教师在课程改革中的实践。教研员应是课程改革的理论工作者与教育教学实践的中介，是理论的验证者和实证材料的提供者，起着对理论的消化、对实践的指导作用，将课程改革理论运用到实际操作之中，内化并因地制宜地细化、改造和丰满这些理论。

专业引领的形式主要有学术专题报告、理论学习辅导讲座、教学现场指导以及教学座谈等，教研员应努力做到"到位但不越位"。到位就是给教师提供确实所需的帮助，不越位就是不越俎代庖，不包办代替，为教师搭建创造的平台。教研员在指导的过程中，与教师建立平等协作互动的关系，通过对话、参与、沙龙、论坛等多种形式，激发教师的探究意识和创新意识，使教师不仅成为已有专业知识和技能的继承者和实践者，更成为专业知识的发展者、研究者和创造者。

（三）以服务教学为内容，做好教研方式的引领

教研工作方式随课程改革的深化，要积极探索新的教研工作方式，为课程改革服务、为学校服务、为教师服务，从而更好地发挥研究、指导、服务的功能。教研活动要坚持以严谨的学风、科学的态度，创造性地开展工作。

教研工作通过专题研究、个案研究、实验研究、综合性研究、对话式评课、开放式网络研讨等方式，针对教学过程中发生的典型问题、热点问题、症结问题，采取突出重点，各个击破，逐步解决的方案。研究可采取分专题的方式进行，即在教学实践中，每一阶段确立一个专题，有针对性地进行研究；也可分工进行，一个实验教师研究一个问题，然后验证、探讨、交流，最后达成共识。以课题的研究，稳步推进课堂教学的改革。由教研员"独唱"向与教师"合唱"转移，变单程传递为多向交流，让实验教师在共同交流、研讨中，反思教学行为。这种全新的教研方式引领教师研究"学科核心素养"，掌握最新的课程改革理念，树立通过学科教学实现立德树人的意识，通过引领与示范带动一大批教师参与教研，为教师搭建活动平台，唱好课程改革大戏。

三、教研的督导与管理功能是推动学校课程改革的助推器

管理出效益，管理出质量。教研部门要以科学实用的管理评价体系为保障，推动教研工作持续深化和提高，建立以过程性监测与评价和终结性监测与评价结合的"教研监测与评价体系"，通过教研监测与评价，使教研工作落到实处，使学校教研具有时效性。

（一）开展联片教研，实现教研均衡发展

教研的督导与管理对区域教研部门教研监测目标包括：每学期要开展"联片教研"，组织辖区窗口学校和骨干教师有计划地开展经验交流、同课异构、集体评课、课件制作、技术应用等活动，探讨教学新理论、新技术，带动新教师；实施校际帮扶，促使教研协调发展。由于辖区学校之间存在教研水平、师资水平、教学质量的不均衡，用校际教研帮扶的方式促进课程改革先进学校帮扶落后学校、平原学校帮扶山区学校、窗口学校帮扶边远学校，定方案签协议，开展有效活动，实施连带评估，以此实现教研薄弱学校与先进学校的均衡发展。发挥单位职能，开展全员参与的教研。辖区每学年要开展课堂教学优质课竞赛、新上岗教师培训、青年教师培养、教师专业引领、课题研究等，在上级教研部门教研目标的框架下制订具体的教研工作计划，通过计划的落实带动教师积极教研，丰富教研内涵。

（二）严把"三关"，夯实教师教研基础

教研的督导与管理对学校教研监测的目标首先是教师培训过关，开展青年教师"新课程改革理论"和"课标"培训，达到参培率、合格率100%。其次是课堂教学过关，以"学科核心素养"教学理念融入课堂为主要内容，组

织听评教师的常态课活动。最后是组织教师开展教研沙龙、课堂竞赛、教学观摩、研讨交流活动。开展"五个一"活动，促教研工作深入开展，即：每周一节示范观摩课、一次教学研讨会，每月一次行政例会，每学期一次全员参加的赛课活动，每学年确立一个省（市、县）教研课题，根据实际选择课题，营造教研氛围。学校根据工作中遇到的问题确立课题，通过课题的研究提高管理水平和教师的业务能力。课题立项后学校要全力推动研究，给予工作和经济上的支持，从课题的立项到结题，纳入学校目标考评。

教科研监测与评价的考核和量化非常复杂烦琐，需要专门人员研究并组织核查，每年要及时总结表彰。只有长期坚持，学校才能高度重视，整体教研水平才能稳步提升，为全面提高教育教学质量奠定基础。

加强和改进教研工作是一项系统工程，是一项长期艰巨的任务。在教科研的实践中，要去掉功利化思想，不要急于求成，更不能做样子喊口号，要扎实地探索与研究，学习先进理论不断反思自己。教研没有终点站，只有加油站。在这条道路上，要以"坚持、深化、升华"为理念，以课程改革为己任，不断实践、不断研究、不断创新，使教科研真正发挥提高学校管理水平和教师业务能力、提升教育教学质量的功能。

第三节 基于核心素养的学习观

项目式学习：培育核心素养的重要途径

贺 慧[1] 张 燕[2] 林 敏[3]

核心素养强调学生关键能力、必备品格和价值观念的培育，深度学习因其更加强调关注学科本质、知识的迁移力和实践创造力等这些衡量学生核心素养发展的重要指标而成为实现核心素养发展的重要渠道。那么，什么样的学习方式通向学生的深度学习呢？我们认为项目式学习是一条重要途径。

一、项目式学习：深度学习的一种实践模式

尽管人们对于深度学习的内涵界定在角度、方法，尤其是侧重点上各不相同，但综合起来，学者都普遍认同深度学习拥有五个基本特质：一是深层动机。不可否认，深度学习涉及的是深层的学习动机而不是浅层的学习动机，是内在的学习动机而不是外在的学习动机。可以说，深层动机乃是深度学习的第一特质。二是切身体验与高阶思维。无论是知识的深度建构，还是问题的成功解决，抑或是自我的反省认知，深度学习在过程质量上都涉及切身体验和高阶思维两个基本特质。其中，切身体验指向学生的感受与观察、实践与操作和感悟与体会；高阶思维指向学生更为深刻的反思思维与批判思维、更为综合的整体思维与辩证思维和更为灵活的实践思维与创新思维。三是深度理解与实践创新。从结果质量上看，深度学习集中指向两个基本特质：深度理解和实践创新。其中，深度理解指向学生对事物或知识本质的理解、对事物或知识意义的理解和对自我生命意义的理解；实践创新指向学生的问题解决能力，包括迁移运用能力和融合创新能力。

在促进学生深度学习的学习方式中，项目式学习无疑是其中较为有效的一种实践模式，是引导学生在问题解决中开展深度学习的一种有益尝试。

---

[1] 贺慧，四川省成都市锦江区教师进修学校副校长，中小学正高级教师。
[2] 张燕，四川师范大学教育科学学院硕士。
[3] 林敏，四川省南部县王家镇小学教师。

项目式学习以完成真实的事情或任务为目标，旨在促成学生学习状态、学习内容、学习方式以及学习结果等方面的变革。在学习状态上，项目式学习要求学生从被动的接受者转向积极的探索者，从被动参与到主动参与，真正激发学生的内源性动机。在学习内容上，项目式学习的价值在于围绕一个富有挑战性的主题，整合学科内甚至是跨学科的学习内容，促进学生综合理解，实现学生的综合发展。在学习方式上，项目式学习要求改变以往以知识传授为主线的教学方式，用更真实、更综合的项目引导学生展开学习，让学生在问题解决中实现学用合一。在学习结果上，项目式学习强调学生的实践创新，让学生在探究与创作中形成一定的作品，如建立模型、设计方案、创编话剧等。[1]由此可知，项目式学习具有内源性、整合性、实践性以及创生性，而这四大特性恰好是深度学习的本质之所在。

二、核心素养导向的项目式学习实践

项目式学习作为一种新型的学习方式，能够较为有效地促进学生的深度学习和核心素养养成，但是在实践过程中也会给教师带来诸多挑战。为了将项目式学习有效地落实于课堂教学之中，我们需要对项目式学习的类型、设计方法、操作过程有一个基本的把握。

（一）类型：项目式学习的取向与方式

项目式学习以解决问题为根本目标，内容上强调完成真实的事项，如策划、组织、设计、调研、创作等，其基本方式为设计学习，最终要产生具有设计性的作品和产品。依照项目所涉及的领域和来源，可将项目式学习分为生活取向类、儿童取向类以及学科取向类三种类型。其中，生活取向类主要是基于社会生活中的实际问题而展开的项目式学习；儿童取向类主要是基于儿童普遍感兴趣的问题而展开的项目式学习；学科取向类主要是依托某个学科问题，进而围绕一个更具综合性、实践性和开放性的问题展开的项目式学习。根据实践方式，项目式学习可以分为调研类、实验类、设计类以及实作类四种类型。其中，调研类项目要求学生运用各种调查方式搜集客观信息，并对客观信息进行研究与分析，从表层调查到深究内因，如让学生调查超市中商品的销售状况、小区车位紧张的原因等。实验类项目旨在让学生运用所学知识检验某种科学理论或假设，进而探索其存在的合理性，如让学生验证风的存在、探索影子的变化等。设计类项目要求学生按照一定的目的意图制订方案、模型等，如让学生设计当地旅游路线方案、建立一个定位同学座位的模型等。实作类项目强调学生的操作和动手能力，让学生在实践中创生作品，如让学生制作一个简易的智能火车、创编花样跳绳等。以上四种项目实

践类型并非简单的并列组合，而是一种层级不断加深、对学生的综合素养要求不断提高的关系，力求让学生实现从简单的知识运用到实践创生，从单一的知识建构到社会身份建构的过渡。

（二）过程：项目式学习的操作环节

基于项目的学习是一种以学习、研究学科的概念及原理为中心，基于一个挑战性的真实难题，学习者以小组的形式，通过亲自制定计划、调研、查阅文献、收集资料、分析研究等活动，在一定的时间内解决一系列相互关联的问题，并将学习过程以产品的方式呈现出来的学习方式。[2]因此，项目式学习的操作过程可以概括为五个步骤：项目提出、项目分析、项目设计、项目执行以及项目评价。以小学科学课《制作纸板游戏机》为例。第一步，提出项目。根据要研究的关键性问题，以学生感兴趣的游戏为生发点，将项目锁定为"制作纸板游戏机"。第二步，分析项目。在项目分析过程中引出单元问题：要制作纸板游戏机，需要学习哪些相关知识？例如，制作游戏机需要用到几种简单机械：杠杆、轮轴、滑轮、斜面等，并简单讲述机械帮助人类省力的原理。第三步，设计项目。这一部分需要制订详细的项目计划，并确定项目团队。在将总项目分解成若干子任务的基础上，学生利用纸盒和几种机械开始设计草图，构想出制作思路。第四步，执行项目。学生按照设计的草图制作游戏机，教师适时介入，帮助学生将设计合理化、可视化。第五步，评价项目。一方面，学生将最终设计的纸板游戏机进行展示汇报，并根据一定的标准进行同伴互评；另一方面，教师应在此基础之上引导学生总结所用知识，归纳设计思路，以更好地完善作品。

（三）前提：高质量的项目设计

高质量的项目设计是实现深度学习的重要前提和基础。教师在日常教学中如何设计具有高质量的项目呢？首先，高质量的项目设计应当满足三个标准：妙、活、合。其中，"妙"即精妙、巧妙。一个设计精妙的项目既能触发学生的深层动机又能深入知识本质、抓住目标内核。"活"即鲜活、灵活。项目设计应该回归学生的实际生活，在生活中寻找项目原型。"合"即综合、整合。项目设计应当体现学科内部以及不同学科间的交叉与融合，从而实现学生的整体建构。其次，高质量的项目设计应当体现三个特征：真实性、探究性与实践性。"学用合一"是项目式学习的核心，学生在真实的、具有探究意义的项目中进行学习，在问题解决过程中寻求对项目以及自我的整体理解，从而实现在理解中实践，在实践中创生。再次，高质量的项目设计应当遵循四个步骤，即锁定核心目标—明确核心知识—设计核心问题—生成学习项目。

以北师大版小学语文课本"方寸世界"这一主题单元为例。

【案例分析】

核心目标：引导学生深度建构，促进学生创意表达。

核心知识：邮票的产生、邮票的历史、邮票的基本要素、邮票所蕴含的意义等。

核心问题："什么是最美邮票呢？"学生通过调查、采访身边同学、朋友、家人，了解到"最美邮票"的标准——"两美一全"。"两美"指外观美、寓意美；"一全"指信息全。

学习任务：设计、制作属于自己的"最美邮票"。学生在对"最美邮票"的标准有了一定了解后开始设计制作属于自己的"最美邮票"，最后师生共同举办"'方寸世界'创意表达项目之最美邮票"发布会活动，共享集邮之旅的硕果与快乐。

作为一种新的学习形态，项目式学习正在进入中小学的课程教学实践。而深入把握核心素养、深度学习与项目式学习三者之间的内在关联，进而探索出本土化的实践框架与策略体系，才能更为有效地提升项目式学习实践的自觉性与合理性。

参考文献：

[1] 李松林. 基于深度学习的课堂变革 [J]. 四川教育, 2018（1）: 21-23.

[2] 贺慧, 吉萍. 项目驱动研学旅行的内涵及策略 [J]. 教育科学论坛, 2018（14）: 18-22.

重构学习单元，促进核心素养落地

程　菊[①]

核心素养是个体在解决复杂的、不确定性问题过程中表现出来的综合性品质，这种综合品质的培养需要稍大的主题、项目、任务才可能承载，一个个知识点很难与核心素养建立关联，因此课程需要变革、需要重构。学生是学习的主体，课程内容要依据学生的发展需求进行架构，引导学生建立起知识、情境与生活的联结。在以往课程内容的建构中更多考虑的是学生该学习

[①] 程菊，山东省济南市教育教学研究院正高级教研员、特级教师，普通高中地理课标组核心成员。

哪些内容、哪些内容适合不同学段的学生学习，更多关注的是单个学习任务的结构与设计，较少从学生的认知水平、学习基础、学习过程等方面考虑课程内容的建构顺序与水平，对知识与知识、知识与生活之间关联的关注度也不够，导致学生学习的系统性不够强。通过"学习单元"对课程内容进行重新架构，以学习者的需求、实际生活需要为核心组织教学内容，达到连接知识、情境和学生的目的，从而不断增强学生面对不可预知的、未来的高级素养，特别是解决问题的能力。

一、学习单元重构的内涵与分类

1. 学习单元重构的内涵

学习单元是以学习者为核心，以学生的知识背景为基础，以学科核心素养及其进阶发展为目标，在细化课程标准的基础上，系统分析课程内容所承载的学生素养发展价值和社会应用价值，并根据学生的实际情况，将教学内容整合为具有一定主题的、结构化的学习单元。在学习单元中引导学生针对某一主题所涉及的重要概念、原理和问题进行深度探讨，将学科相关知识整合在主题所形成的脉络与情境下，使学习者获得综合、系统的知识、能力和态度，并最终聚焦到家国情怀和完整人格培育上。目前多数研究集中于传统意义上的"单元教学"中，传统意义上的单元教学多以单元中的教学内容为载体，教师制订相应的教学目标或学习任务来进行教学。与传统意义上的内容为王的"单元教学"不同的是，"学习单元"将以学科核心素养为依据，更加关注学习者的认知水平与认知特点，依据学习者的发展现状与发展潜力进行知识、技能以及情感等各要素的重组，突出学习者的主体地位。

2. 学习单元重构的分类

学习单元是一组知识与技能之间彼此关联的、结构化的系列教学方式，在遵循课程重构的目的性、综合性和开放性的原则下，按照学习单元主题所涉及的情境、目标和内容的不同，将学习单元重构分为以下几种类型：

（1）以学科知识体系为主题进行学习单元重构

此种学习单元重构是按照教材的章节框架来组织，与教材的章节框架基本一致，更多是关注知识点与知识点之间的内在逻辑关系，具有层次性和递进性，呈现教材单元的特点[1]。按照学科知识体系进行学习单元重构的目的在于学生形成完整的学科知识体系，促进知识的系统化与逻辑化。

（2）以核心任务为主题进行学习单元重构

核心任务紧密关联本学科的核心内容。教师通过确定本学科的核心任务，将教材中相似的主题教学内容进行整合形成学习单元，使学习单元呈现结构化、整体性和可操作性，进而促使学生发生学习迁移。以2017年版地理课程标准必修二为例，多条课程内容涉及"区位选择"的相关内容，我们可以结合相关课标的要求，将学习内容进行整合，重构学习单元。在"区位选择"的主题下又可以包含工业、农业与服务业的区位、交通运输路线、交通运输站点的区位。

（3）以生活中现实问题进行学习单元重构

按照生活中的现实情境进行学习单元重构需要学生运用跨学科的知识和技能，打破学科之间的界限，有利于更有效地培养学生的综合思维。以现实真实问题"海绵城市"的学习单元为例，学生为了研究海绵城市建设的原因、效益等问题，需要调用城市规划、水循环的过程和环节、地势地形的特点、岩石类型等相关知识，具备野外考察、社会调查与实验模拟等多种能力，以及参政意识、建设家乡的意识，在学习单元中这些知识、能力与情感也会得到进一步培养与升华。

纵观三种学习单元重构方法，我们倡导基于核心任务或现实问题情境的学习单元重构。在深入研究课程标准、教材和学生实际情况的前提下进行学习单元分析、重构与整合，体现学习内容的"内在关联性"，让学生在单元中进行探究、表达与体验，充分发挥学生的主体地位。在此过程中引导学生发现知识、技能、素养之间横向与纵向的联系，培养学生的跨学科能力。学习单元重构的关键在于如何引导学生将这些零散的知识系统化、结构化，建构起学科大概念，培育学生的学科核心素养。这就需要教师研读课标、精选学习单元主题、充分考虑学生的认知特点与个性发展需求，凸显学生的学习过程，让学生在学习过程中逐渐培养起学科核心素养，建立对知识与技能的理解，把学生的思维带到从未到达的地方，让学生感受到自我生命的成长与潜能的发挥。

二、学习单元重构的基本路径及方法

学习单元重构涉及学习单元情境、学习单元目标、学习单元活动、学习资源与评价等诸多要素之间的相互关系，如何处理好要素之间的关系是完成学习单元重构的基础（图1）。

如何形成解决问题的思维方式、建构解决问题的基本路径是未来学习的重要方法，因此学习单元重构尤其重视情境的选择、目标的确定，以及任务的设置，在学习过程中让学生依据学习资源、评价量规等进行学习体验活动，通过理清"清单式"课堂体系（目标清单——课堂要达成什么？任务清单——课堂要完成什么？资源清单——课堂要利用什么？工具清单——课堂要借助什么？诊断清单——课堂要测量什么？负面清单——课堂要规避什么？）来达成促进学生核心素养发展的目的。以下提供一个学习单元重构的基本路径（图2），并逐一介绍其操作方法。

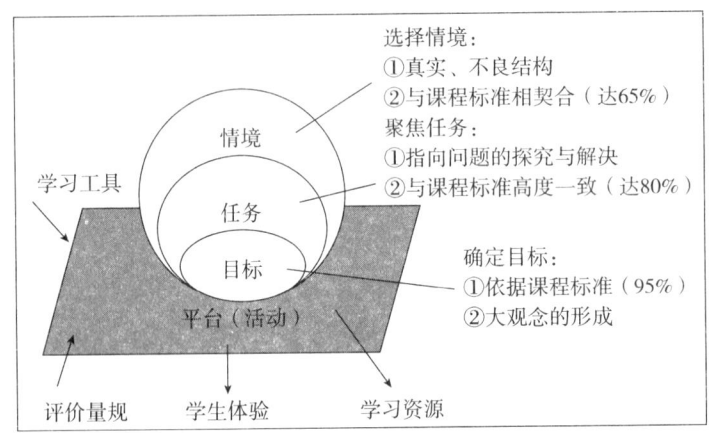

图1 学习单元重构要素关系示意图

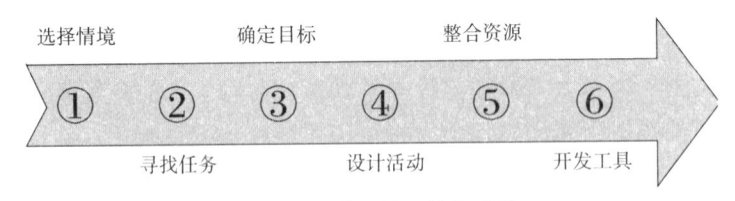

图2 重构学习单元基本路径

1. 选择学习单元情境

学习情境是教学活动的起点，学习单元重构需要借助真实的问题情境，这个情境与社会生活相关联，通过真实的情境不仅能够让学生"知晓什么"，而且明白"能做什么"[2]，学习单元情境是将知识、技能与素养连接起来的纽带。从更深层的角度来看，学习情境同时也隐含了本节课的教学目标与学习任务，所以学习情境的选择应该是来源于真实情境的，更是与课程标准相契合的。例如，在"探究农业区位因素的变化"一课中设置如下情境：

2018年以来，济南市南部山区管委会就卧虎山水库周边农业对产业结构进行调整，支持苗木花卉和林果产业，鼓励群众通过内部土地流转建设苗木基地，逐步减少蔬菜种植面积。

此情境与生活息息相关，并且符合课标要求，通过设置这样的学习情境引导学生对农业区位因素进行探究，在真实的案例情境中发现影响农业区位变化的因素；通过这种真实情境培养学生关心、热爱家乡和参政议政的意识；同时，将社会主义核心价值观"富强、爱国"自然渗透在教学中，完成教育的育人功能。

2. 寻找学习单元任务

学习单元任务指向问题的探究与解决，任务的确定必须与课程标准的要求高度一致，还要考虑到学生的认知基础与发展潜力、学科教学的基本要求。同时，学习单元任务的确定必须来源于学习单元情境，通过对真实情境的探究分析，学生需要从中确定出若干子任务，并依据相关要求整理建构成任务群，在完成任务群的过程中学生会整合相关知识，建构思维路径。学习单元任务不仅是对不良结构情境的提炼，更是实现单元目标的载体，学生在任务中会不断地完成一个又一个学习目标。因此任务是情境与目标的联结，既要关联情境，又要隐含学习单元目标的达成，从学习单元情境中衍生出来，又派生到学习单元目标中去。通过对学习单元任务的分析，准确把握学科教学的重难点、学科核心素养的要求，以及教学课时的安排。如在上述情境中确定以下任务：任务一：回首过去——探究早期卧虎山周边农作物种植类型的转型；任务二：发展花卉种植 vs 扩大蔬菜种植论证会；任务三：我为"三农"献计策。通过一系列任务引导学生加深对区位因素的认识，突破教学的重难点，让学生在做中完成学习。

3. 确定学习单元目标

学习单元目标要立足于学生，着眼于学生的持久理解，并能够迁移应用到新情境中，通过学习目标的达成度来衡量学生核心素养的发展水平与程度。在确定学习单元目标时我们可以采用逆向思维，即首先确定预期的学习结果，学生在学习活动中应该知道什么、理解什么，或者能够做什么；其次为了衡量学生学习目标的达成度，需要给予学生资源的支持，并确定合适的评估证据，如在学习活动中设置社会调查报告、实验探究、作品制作等环节，通过收集评估证据确定学生是否已经达到了预期的理解目标。以下提供一个重构学习单元目标基本路径示例（图3）：

另外，教师还要明确学习单元目标的表述方式，依据课标分析行为表现，确定行为条件，以及行为表现程度，设定层次清晰、有力可行的学习单元目标。

> 基于核心素养教学改进的落地导引

```
学习目标：能运用×××规律，解
释所调查的×××；通过分析调查
结果×××，加深对×××的理
解；能够正确解释、评价×××。
              ↓
预期目标：能在×××环境下，
完成调研任务，通过观察、分析、
比较、判断×××，呈现一份内
容翔实、图文并茂、有分析、有
推理×××的调研报告。
              ↓
过程支持：量规——帮助大家更
好的规划和完成任务；调研报告
形式——标题、摘要、调查内容、
对比结果、参考文献等；参考资
源——调查前需要思考的问题、
脚手架、工具等。
```

图3 重构学习单元目标基本路径示例

4. 设计学习单元活动

在明确了学习单元目标后，教师需要全面考虑学生将通过何种学习活动获得相关的知识与内容，重构学习单元重视学生能力与素养的自主生成，因此，核心素养的培养、知识的习得需要借助各种学习探究活动来实现。在设计学习单元活动时教师要着重思考以下问题：哪些活动可以使学生获得所需的知识和技能？在学习活动过程中学生需要哪些支持性的资源？需要指导学生做什么？如何借助最恰当的方法开展教学？[3]因此这就需要教师寻找1～2个适切的真实情境，通过引导学生对真实问题情境的分析提出基本问题，并进一步将基本问题转化为任务群，确定核心任务。在上面提到的学习任务中可以设置以下活动：社会调研——探究影响农作物区位选择的因素有哪些；开展论证会——说明你的观点并阐述理由，论证其可行性（在说明可行性的过程中着重阐述蔬菜或者花卉种植的有利条件或不利条件）；探究卧虎山水库周边农业的发展方向，引导学生通过小组合作探究的方式，解决如何实现卧虎山农业的可持续发展。依据核心任务设计学习活动体验，在学习活动中充分发挥学生的积极主动性，让学生通过体验去建构自己对知识的理解。

5. 整合学习单元资源

在学习过程中，为保证学生探究的高效性、合理性，教师需要对各种学习资源进行有效配置，为学生提供支撑性的材料和资源，如学习资源、开发工具、开发评价量规、创造性地使用教材等（图4），通过资源的配置引导学生的探究方向。

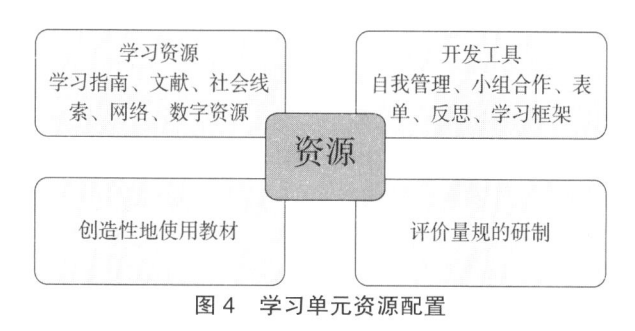

图4 学习单元资源配置

6. 实施学习单元评价与反馈

学习单元评价与反馈包括两层含义：一是根据学习单元目标要求以及不同的学习情境，对学生的学习结果、行为、情感与态度所进行的价值判断。二是对学习单元重构的效度进行评价，评价重构的学习单元在引导学生知识学习的系统性、大观念的建构，以及核心素养发展状况等方面的作用，引导教师对不适的学习目标或任务及时进行修正。学习单元评价的方式可以以编制的量规为载体，采用表现性评价、思维结构评价等评价方式，引导学生和教师总结反思所体验到的经验，并对所获得的经验进行加工与重组，实现教师与学生双方的共同成长与进步。

三、学习单元重构应注意的问题

重构学习单元以落实学科核心素养为目标，在细化课程标准的基础上系统分析课程内容所承载的价值，根据学生实际情况整体设计以主题为中心，实现学生学习的学习单元。在学习单元重构的过程中要注重从整体上架构，使其具有结构化和可操作性，具备相关性、阶梯性和整体性，并注意遵循以下基本思路：

1. 不脱离学科课程标准，注重课程标准内部各要素之间的一致性

课程标准对学生学习的内容以及学习程度都做出了明确的规定，课程标准是进行学习单元重构的基础，任何学习单元都不能脱离学科课程标准而存在。为了有效帮助学生发现知识之间的意义，完成教学目标，往往需要对课标或教材顺序进行改造，突破教材的约束，创造性的对课程标准的内在逻辑和联系进行分解和设计，找出课程标准中具有共性或者具有递进性的要素，进行学习单元重构的整体设计。

2.融入核心素养，明确学科核心素养的要求

学科核心素养是新一轮基础教育改革要求学生所具备的关键品格与必备能力，在学习单元中要融合学科核心素养的要求，以核心素养的落实为引领，引导学生充分体验学习过程，聚焦知识建构，学会分析问题、解决问题的思维方法，让学生发现意义，培养学生迁移应用的能力与开拓进取、知难而进的意志品质，进而撬动课堂转型。

3.凸显学科大观念，促进学生的深度学习

在进行学习单元重构时，需要重新对学习内容与学习要求进行审视，重点思考以下几个方面：最重要的学习内容是什么？各部分之间是如何衔接的？我最应该关注哪些内容？哪些内容是最不重要的？如何通过学习单元培养学生的大观念？通过对知识的灵活处理架构整合不同的学习单元，打破碎片化的知识状态，让学生在学习单元中建构大观念，发挥大观念的教育价值。

参考文献：

[1] 李莉.单元活动：连接知识、情境与儿童——研制《学科单元教学指南》的思考与实践[J].上海课程教学研究，2017（2）：29-32.

[2] 钟启泉.单元设计：撬动课堂转型的一个支点[J].教育发展研究，2015（24）：1-5.

[3] 格兰特·威金斯，杰伊·麦克泰格.追求理解的教学设计[M].上海：华东师范大学出版社，2017.

真实性学习：综合实践活动课程涵育核心素养的新视角

张 嘉[①]

当前，国际上兴起了研究"核心素养"的热潮，并以此界定21世纪社会所需人才学力的基本框架。横向分析欧盟核心素养、美国21世纪技能、中国学生发展核心素养可以发现：传统学科课程仍作为核心素养的基础，同时具有了统整性、迁移性和跨学科性，是"认知性素养"与"非认知性素养"的融合。这些素养框架的提出，虽然说法不一，但都体现了知识社会时代的教育不追求纯粹以知识为中心的学力，而是去寻求一种"通用能力"，即具备真实性学力。要形成这种真实性学力，即新时代公民素养，则需要我们追求一

---

① 张嘉，江苏省苏州工业园区教师发展中心教研员，中学高级教师。

种真实性学习。[1]

一、真实性学习的内涵特征

真实性学习（authentic learning）起源于20世纪60年代的真实性智力活动，当时美国学者纽曼等人开始关注学生学习的智力质量，从而建构了真实性学习的理论。所谓"真实性学习"是指通过各种各样的教育教学技术，将学生在学校所学内容与真实世界的事件、问题和应用相联系的学习。其基本设想是，只有当学生所学内容能够反映真实的生活情境，与其实践和实用技能相对应，能够应用于校外的相关生活主题时，他们对所学内容才会更感兴趣，也才会更有动机去学习新的概念和技能，从而为未来的成功做好准备。

1. 核心价值

真实性学习是一类解决真实问题、涵养高阶思维、培育真实学力的学习行为，以真实性、互动性的学习方式为主导。其核心价值具体表现在三个方面：一是真实性学习的目的在于提升学生解决真实问题的能力，而非一味地停留在认知层面的识记、理解等能力上；二是真实性学习重在让学生通过综合、概括、解释、假设等方式得出某种结论和解释，培养的是学生高阶思维技能，有助于学生解决问题、发现新意义和理解；三是真实性学习的最终目标是培养学生的真实性学力，从学生现有经验出发，通过自我建构、实践体验、反思提升，使学生的规划力、思考力、探究力、反思力等显、隐性学力都能得到有效的锻炼。

2. 基本特征

真实性学习的基本特征体现在三个方面。一是真实性。所谓"真实性"，指的是这种学习方式强调学生的真实体验，主张让学生在处理真实世界的真实问题的过程中进行学习。在信息化背景下，"真实性"已经不再局限于真实世界，而是可以借助信息技术建构的高仿真虚拟情境。[2] 所以，课程与教学设计都要强调真实情境和真实问题的创设。二是互动性。所谓"互动性"，指的是学习者主动参与真实任务，并积极参与互动和共享，包括认知实践、体验分享和批判性反思等。所以，教与学的过程中要强调学生的积极参与和共享。三是深度化。真实性学习要求培养学生的高阶思维能力，这要求学生进入更深层次的学习活动之中，如比较、论证、解释、解决问题等。

二、综合实践活动：构建真实性学习的积极场域

综合实践活动是从学生的真实生活和发展需要出发，从生活情境中发现问题，转化为活动主题，通过探究、服务、制作、体验等方式，培养学生综

合素质的跨学科实践性课程。基于其凸显学生实践能力、创新精神和社会责任感的初衷，其最内核的追求与目标是综合学习能力、实践创新能力、交往协作能力、社会服务能力、数字素养等学生核心素养。[3]此外，作为新课程的亮点课程，综合实践活动课程的开设就是为了转变学生传统的学习方式，其不可通约性体现在：一是真实情境中的现实任务、综合性问题；二是教师引领下的学生自主活动；三是跨学科学习，学以致用；四是旨在涵养核心素养。综合实践活动课程特质与真实性学习的核心价值与内涵特质相匹配，开展综合实践活动，就是要积极构建"真实性学习"，通过深入的师生互动探究，帮助学生获得真实的实践经验，锻炼高阶思维和创新能力。真实性学习下的综合实践活动，需要从目标设定、教学设计、教学评价等方面全面更新观念。从显性学力为中心向隐性学力为中心转移，求得显、隐性目标的统一；从"教"为中心向"学"为中心转移，求得教、学统一；从终结性评价为中心向过程性评价为中心转移，求得学、评统一。

1. 目标设定层级化

首先，教学目标设定时要思考宏观层和微观层。从宏观上来说，要明确主题活动或课堂教学设计的核心素养培养目标。从微观上来说，要以知识和技能为载体，关注过程与方法、情感态度与价值观。科学设计、有效落实教学目标，才能达到提升核心素养的目的。

其次，要思考具体教学目标层级化。即设定某一教学目标，还需要明晰其若干下位目标，甚至是若干下下位目标。如中期交流指导课《吃进嘴巴里的"隐患"》，其中有一教学目标为"培养反思力"。设定下一维度目标可以分成六项，而每一项具体可设定若干层级（表1）。同时，围绕具体学力目标，

表1 培养反思目标层级

反思力	1. 通过引导合理判断他组探究过程中的优缺点	（1）准确到位 5 分（2）基本准确 3 分 （3）无法判断 0 分
	2. 通过讨论自主发现本组研究过程中的优缺点	（1）准确到位 5 分（2）基本准确 3 分 （3）没有发现 0 分
	3. 能够采纳他人建议并自主提出修改策略	（1）合理采纳并修改 5 分 （2）采纳无修改 3 分 （3）无采纳无修改 0 分
	4. 能够从他组优点中找到适合解决本组问题的方法	（1）准确找到 5 分（2）基本找到 3 分 （3）没有灵感 0 分
	5. 通过引导能够归纳出解决问题的一般策略	（1）准确归纳 5 分（2）基本归纳 3 分 （3）无法归纳 0 分
	6. 能够针对具体问题制订下一步活动计划	（1）合理有效 5 分（2）基本有效 3 分 （3）思路混乱 0 分

通过课堂观察、赋分，进一步反映学生能力的达成情况。

2. 教学设计结构化

基于对教育理论的学习和课堂教学改革实践的总结，笔者初步探索出综合实践活动"真实性学习"课堂教学模式，即经历从真实问题、任务驱动、支架构建、协同学习、展示分享和评价反思六大环节（图1）。在真实课堂中，从"任务驱动"到"评价反思"是可以循环实施的。下面以课例"小米手环背后的秘密"来做介绍。

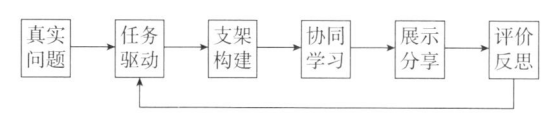

图1 "真实性学习"课堂教学模式六大环节

（1）真实问题

建设真实性学习场，有利于引导学生从现实生活出发，从自我具体经验出发，更深入地参与学习。初一学生普遍热爱电子产品，"小米手环背后的秘密"这个真实问题，能让孩子们产生好奇之心，从而积极地参与实践和体验；能让孩子们发现生活之美，从生活中捕捉信息，发现和提出问题；能让孩子们掌握科学之法，在"玩"中感受、认识和运用科学实验方法，用科学探究方法分析问题，证实假设，获取客观准确的结论等。

（2）任务驱动

所谓"任务"是让学生围绕问题共同思考。所以，教师需要思考两点：一是"任务"是否能引发学生的兴趣，从而促进意义建构；二是任务的难易度是否合适，从而促进成果产生。对于"小米手环背后的秘密"，学生通过头脑风暴，在小米手环众多卖点中，选择"计步功能"进行研究。确定这一课题，既符合学生目前的研究水平，也满足了学生的好奇心。

（3）支架构建

学习行为涉及两个过程，即从头脑中引出知识的过程和从外界吸收知识的过程。这需要在学生的既有知识和新建构的学习任务之间搭起支架。教师需要研究学生的知识储备、思维水平、探究方法等，以便更好地构建适当、循序的线索、提示等。在研究小米手环计步功能时，学生遇到的难点分别是"小米手环如何计步的？""如何设计实验来证实猜想？"基于这两个难点，教师搭设两个支架。支架1：引导学生思考小米手环如何计步的猜想和依据。支架2：与学生共同回忆探究实验的原则，给出实验设计的大致思路。有了这些支架，学生通过小组合作、组间交流，很快得出正确的实验方法。

（4）协同学习

"协同学习"，即小组合作学习，在知识学习场中，通过协同、探究调动全员学习积极性，使学习超越个人。协同学习需要考虑：异质的成员、各自的角色、对话的规则。在探究小米手环计步秘密时，小组成员自由组合，各司其职（组长、实验员、计时员、记录员、摄像员、汇报员等），根据教师的任务要求，开展讨论、实施实验等。在这样的协同学习设计中，每个学生都有自己的身份，能够发现任务的意义，最大限度地发展自己的学习能力。

（5）展示分享

展示的主要目的是让学生的思维可视化，获得有效表达学习成果的语言表达能力、批判性思考力等。教师在设计时需要关注并鼓励学生用开放的方式来发表自己的学习成果。例如，学生在展示小米手环计步方式、提出计步功能建议时，运用双板、iPad、在线查询、小米论坛发帖留言等方式发表学习成果，多维展示思维水平、技术手段，在整个展示分享环节，抓住锤炼思考力的机会，使学习成果达到新的高度。

（6）评价反思

教师的反馈评价，学生的个人反思，他者的评价欣赏等多形式、多主体的反馈方式，能够让学生获得直接和间接经验，并生成新的发现。这样的课堂对话过程，也是学生元认知能力不断发展提升的过程。

3. 教学评价多元化

真实性学习强调真实性评价，侧重于学习的过程，其目的在于激发学生探究的欲望，并通过及时反馈帮助学生反思和调整学习方法。[2] 所以，真实性评价强调过程性评价、量化与描述评价相结合。描述性评价以倾听与观察、理解与解释、研究与改进为特征，具体方式有：长跨度策略、反馈策略、自我评价策略、他者评价策略、表现性评价等。要评价学生在综合实践活动中能力发展的水平，表现性评价是最适合的评价方法。[4] 表现性评价跟传统纸笔测验不同，它强调在"真实情境"中评价学生整个活动，强调关注学生在活动中各方面的表现及成果，例如，活动主题的确定、活动小组的构建、活动方案的制订与论证、有效资料的整理、成果展示的评议等。如"记忆达人养成记"一课，展示"小组合作解记忆难题"任务的表现性评价表（表2），它的特点是，使用现场真实情境，根据表格，师生共同评判，要求学生合作展示记忆成果及记忆方法，激发学生的合作能力、表达能力、高阶思维能力等。

表2 "记忆达人养成记"表现性评价表

小组活动评价表			第　　小组
合作	规定时间内完成 ☆☆☆☆☆	超时完成 ☆☆☆	未完成 ☆
表达	仪态得体，流畅响亮， 2人以上参与	仪态较为得体，较 为流畅 ☆☆☆	声音较轻，未完 整表达 ☆
成果	描述清晰，展示精彩， 运用2种以上方法 ☆☆☆☆☆	描述清晰，展示 精彩 ☆☆☆	基本描述，展示 部分 ☆
发言	小组1次发言加一颗星		
倾听 （老师评价）	小组认真倾听加一颗星		
成果第二次评价	明天再来回忆下，还能 清晰记得吗？		

三、教师的挑战

真实性学习下的综合实践活动课堂，对教师的专业素养提出了更高的要求。朱小蔓教授曾提出，教师应该有其"独有的魅力"，即教师的核心素养，主要体现在以下三方面：信念素养、信息素养、创新素养。信息化背景下，教师要具有教育情怀、教育责任与使命，以创新意识、创新方式把学生培养成具有综合素养的社会人。作为综合实践活动教师，除具备以上核心素养外，还需要具备一系列的核心能力，如资源整合力、课程规划力、活动架构力、统筹组织力、语言表达力、方法指导力、评价反思力等。这需要教师不断构建动态的学习，一方面开展个体学习，学习综合实践活动课程的原理知识、方法论知识，学习广泛的跨界知识，从而不断深化对课程价值的认识，提高活动指导水平；另一方面构建学习共同体，开展以教研员指导为主的教师学习共同体，如骨干中心组、名师工作室等，开展基于同伴为主的教师学习共同体，如校本研修、网络平台研修等，全力为学生的有效学习搭好脚手架，支持真实性学习。

参考文献：

[1] 钟启泉. 课堂研究 [M]. 上海：华东师范大学出版社，2016.

[2] 毛齐明. 真实性学习的理念及其对大学课堂教学变革的启示 [J]. 教师教育论坛，2014
　（10）：60-61.

[3] 李树培. 综合实践活动课程核心素养与评价探析 [J]. 全球教育展望, 2016（7）：14–23.
[4] 万伟. 综合实践活动能力目标分解与表现性评价应用 [J]. 教育理论与实践, 2014（17）：45–47.

"学会学习"的内涵及培养策略研究

汤明清[①] 吴荣平[②]

"学会学习"这一概念最初是由联合国教科文组织在《教育——财富蕴藏其中》报告中提出，把"学会学习"作为 21 世纪教育的四大支柱之一，随后欧盟等国纷纷开始研究"学会学习"并将其纳入本国学生的核心素养。我国 2016 年也将"学会学习"作为学生发展六大核心素养之一，"学会学习"越来越受到我国教育研究者和实践者的关注。如何科学而有效地评价"学会学习"，首先要搞清楚"学会学习"的内涵，制定符合我国学生实际的科学的评价体系和评价工具，研究培养策略，将学生核心素养的发展落到实处。

一、"学会学习"的内涵

"学会学习"的内涵是科学评价和构建"学会学习"有效策略的前提和基础。许多研究者和学者基于不同的视角来界定"学会学习"：一是以学习者的学习结果来界定，即学到了哪些知识、技能和策略；二是以学习者的学习过程来界定，即学习者在学习过程中是否能够通过有效收集信息并加工、提取出有用的信息，从而建构新的知识；三是从学习者的视角来界定，即关注学习者学习的动机、情感、意志、态度和信念等在学习过程中的作用；四是从学习环境的视角来界定，即认为情境不仅是学习的影响因素更是学习的重要组成部分，学习是镶嵌于情境中，并与情境互动并发展学习能力。这四种视角有着各自不同的研究背景和目的，在实际应用过程中也各有优劣。

欧盟等国认为"学会学习"是一种针对学习时间和信息而开展自我学习的能力，是对学习的一种信念和激情，是对学习信息收集、提取和新知建构的能力，也是对学习追求和坚持的能力。这种对"学会学习"整合的视角观认为，"学会学习"有如下四个基本内涵：

---

① 汤明清，江苏联合职业技术学院高邮分院、江苏省高邮中等专业学校高级讲师。
② 吴荣平，江苏联合职业技术学院高邮分院、江苏省高邮中等专业学校校长，高级讲师。

一是主体性。"学会学习"认为学习是一种"责任"和"需要"而不是"负担"和"义务",强调学习是与自己的生活和工作密切联系的,强调学习者在学习中的主体性、主动性和创造性。

二是延展性。"学会学习"在时间上与终身学习联系,强调学习不再仅仅是在学校的"特权",而是包含岗前培训、在职培训、继续教育等多种联系不断的教育;在空间上,"学会学习"与无缝学习相联系,随着物联网和"5G"的实现,学习已经没有场所的限制,学习是无所不在的。

三是整合性。"学会学习"是一个复杂的整体结构,是情感、认知、身体、自信心、自控力、意志力等智力因素和非智力因素的统一。[1]

四是建构性。"学会学习"是情境化的过程,是一个动态的建构过程,是学习者基于自己已有的知识、经验在与多样化情境的互动过程中重新建构自己认知的过程。

二、"学会学习"的评价研究

"学会学习"对个体及社会发展具有相当的重要性,国际社会对"学会学习"的评价研究比较多,具有代表性的是芬兰、欧盟和经合组织。

(一)芬兰对"学会学习"的研究

1995年芬兰国家教育委员会将"学会学习"素养纳入该国评估教育结果框架,认为"学会学习"能力是跨学科、跨课程的内容,是学校所有课程的共同培育目标。1996年芬兰将"学会学习"定义为适应新任务的能力和意愿,将"学会学习"划分成认知和情感两个维度:认知维度主要考查学生获取知识及运用知识解决新问题的能力,包括基本数学计算、演绎和推理能力、阅读理解能力、形式运算思维能力等基本知识和思维技能;情感维度指激发并维持学生学习的动力因素,包括与自我及情境相关的信念。与自我相关的信念包括学习的动机、学习目标的制订、学习策略的选择、不同学科的学习自我概念、自我效能感、自我设限、学生对班级的知觉、学生的社会道德观等。与情境相关的信念指学习的支撑性环境,包括同伴、家长和老师等对其学习的支持感知等。该部分由自我评估问卷完成,同时还有教师问卷,从教师的教学方法、对所教学生和班级的评价以及学校的评价。

(二)欧盟对"学会学习"的研究

2000年欧盟将"学会学习"纳入教育质量考评体系,并于2006年提出"认知—情感"的"学会学习"二维概念框架,后又于2014年修正为"认知—情感—元认知"的三维框架。认知维度包括命题的识别、规则使用、心智工具的使用、命题和规则的检验；情感维度包括学习动机、学习策略、学业自我概念和学习环境；元认知包括元认知监测、元认知准确性和元认知信心。欧盟对"学会学习"的评价工具是在整合的基础上完成的，其认知维度的评价是基于荷兰和芬兰"学会学习"项目的研究成果；情感维度的评价是基于芬兰和英国有效终身学习的研究成果；元认知维度的评价是基于西班牙的研究成果。

（三）经合组织的国际学生评估项目

1997年经合组织开始启动国际学生评估项目（简称PISA），开展了基于学生素养的评价。PISA以测查学生的数学素养、学生阅读素养、科学素养为目的。PISA主要由认知评价和问卷调查两个部分组成，认知评价包括数学素养、科学素养、阅读素养、财经素养和认知协助解决能力等；问卷调查的对象包括学生、教师、家长、学校等不同主体，内容涵盖学习动机、学习策略等与学习成就相关度高的变量及其他背景信息。PISA的研究兼顾了调查范围的全面性（即内容的广度），也包含了调查重点学科内容（即调查的针对性和全面性），形成了对调查内容的主次分明和调查范围的全面覆盖。

三、"学会学习"的培养策略

（一）培养元学习能力，教学生"学会学习"

元学习的概念由美国心理学家Flavell于1976年提出，元学习就是"关于学习的学习"，元学习能力就是学习者能够有意识地运用学习策略，能够自觉地对自己的学习过程进行监督、评价和调控，能不断优化自己的学习心理和学习品质，持续学习以达到学习目的的能力。有学者指出，判断未来社会的文盲不是看其已有知识的多少，而是看其是否会学习。因此，元学习能力是"学会学习"的关键能力之一。

1. 创设适合的学习情境，促进元学习能力的培养

培养学生的元学习能力首先要尊重学生学习的主体性，考虑学生学习的独立意识和自我意识，要从个人、学校、家庭和社会等多个方面，营造适合学生的学习情境和尊重学生的学习氛围，让学生在元学习过程中培养元学习能力。学生自己要依据个人的认知基础、心智特征，搜集学习信息和资源，采取相应的学习策略，确定学习目的，同时要积极参与学习实践活动，在实践过程中不断总结自己的学习策略，优化学习方法，提高元学习能力。学校在教学环境上要凸显出学生的学习主体性，指导学生采用自主学习、小组合作探究等学习方法，创设出尊重学习的环境。教学目标要符合学生的认知基

础、心智发展规律和教学任务的需求，教学内容的选择要利于学生的发展，要能体现学生和学习的特征。社会和家庭要为学生自主学习、无缝学习提供便利条件和环境。

2. 提高学生元认知水平，促进元学习的自我调控

能够不断对自身的学习进行自我评价是元学习能力中的关键能力之一。因此在培养学生元学习能力的过程中，要加强在学生认知过程中对自我调节和认知结果进行自我评价的意识性培养，要培养学生对自身学习活动进行持续而有效的监督、调控和评价，从而提升学生的自我调控能力。自我意识是元学习能力的基础和重要组成要素，教师要从以下几个方面加强学生意识性的培养：一是学习目的达成意识；二是学习材料、内容和策略的选择意识；三是自身学习特征的评估意识；四是学习过程中自我监督和调控意识；五是学习结果的自我评价意识。教师的教学要有助于学生策略性知识的迁移，要通过提高学生的自我意识水平来提高学生的反省能力，从而促进学生认知策略的迁移能力提高，提高学生的元学习能力。

3. 加强学生非智力因素的培养，促进元学习能力的提高

在学习活动中，记忆力、思维力等智力因素起着直接的作用，而学习兴趣、成就动机、学习意志力、学习焦虑和支配性等非智力因素起着间接性和动力性的作用。有研究认为有 11 种非智力因素和智力活动与元学习能力培养存在密切的关系。

每个学生都希望在学习上获得成功，希望得到老师、家长和同伴的认可。因此，教师要帮助学生设立恰当的学习目标，帮助其强化成就意识，感受成功体验，形成成就动机。教师要指导学生多积累学习经验、优化学习策略、树立长远学习目标，持续激发自我学习兴趣，提高元学习能力。对自身学习能力的非客观评价及学习、生活的压力容易使学生产生学习焦虑，教师在培养学生客观评价自身学习能力的同时，还要让学生明白非智力因素在学习过程中同样起着非常重要的作用，让学生在保持适度学习焦虑状态的同时，树立正确的学习目的，通过学习过程的体验，增强学习意志力的锻炼。支配性强的学生具有坚定的学习信念和较强的反思意识，因此教师也要培养学生独立思考、独立学习的能力，从而提高学生的元学习能力。

4. 培养学生的反思性思维，促进元学习能力的提高

在培养学生反思性思维时，教师可以从几个方面来考虑。一是自己先学会反思。教师只有自己有反思意识、反思精神和反思能力，才会培养出具有反思品格和创新能力的学生，只有反思型的教师才会教授出反思型的学生。

二是培养学生的反思习惯。学生不会反思的原因，是因为学生发现不了问题，教师可以让学生开展自我提问和相互提问，从而培养学生发现问题的能力。学生可以根据自己的兴趣爱好、思维方式、学习内容的性质、学习策略等确定提问的内容，通过提问培养自己的质疑、评价等反思能力。三是暴露和展现学生的思维过程。思维活动属于学习行为，思考思维是元学习行为。思考能力是元学习能力的重要内容之一，在教学过程中教师不能仅仅重视知识的结果，更要重视过程，要把知识的形成过程、学生在学习过程中思维的暴露过程、知识的形成规律和问题的解决步骤作为课堂教学重点。教师要引导学生由重视学习的结果转向重视学习思维的过程，让学生在感知、概括思想的过程中掌握知识间的联系和问题解决的一般规律。

（二）培育积极情感，促学生"学会学习"

情感伴随着认知活动的整个过程，并在认知活动过程中起到重要作用，是认知主体结构中非常重要的非智力因素。情感对认知活动主体的形式作用影响是复杂和内隐的。

1. 营造氛围，激发情感

著名教育家塔巴说过，学生情感上的参与是有效学习的重要条件。只有当学生对学习产生积极的情感，才会出现主动的学习过程和深度的学习状态，学生才会在积极、安全和轻松的心理状态中学习。塔巴认为情绪和认知是相互联系和相互影响的，学习者对客观世界的认知都会有着自己特殊知、情、意的烙印。同时，学习者的认知观念、学习潜能和自我评价会受到本身和外界的影响。因此，教师作为学生学习的引导者，对学生学习动力有着助推和催化的作用。

教师要用自己艺术性的肢体语言、鼓励性的评价和灵动的教学艺术等营造积极的情感氛围，强化学生的内部动机。在学习过程中，当学生的思想和情感得到教师认可、关注和尊重的时候，学生将会向教师敞开自己的心扉，揭示自己的内心世界、暴露自己的思维过程。当教师的教学内容触及学生的兴趣点时，学生的学习过程将由"潜在"发展成"活动"的，学习过程实现情感、意志和认知上和谐发展。

2. 自主探究，提升情感

自主探究就是让学生亲历知识的生成和发展的过程，自主探究是学生成长的阶梯和学习情感的培育过程。皮亚杰说："一切真理都应该由学生自己探索或者重新发现，或者重新建构，而不是由教师直接告知。"当教师在教学过程中设置出有效的课堂活动并把传授的内容和生活知识有效地结合起来，让学生感受到知识与自己的生活及未来有着千丝万缕的联系时，学生情感的内驱力将在教与学、知与情、求新知与塑人格这些互动的综合体中起到催化作用，从而激发学生求知的冲动、探索的激情和体验成功的快感。

3. 培养习惯，稳固情感

教学过程就是认知和情感两个因素相互作用的过程，教师在教学过程中培育学生的积极情感有利于满足学生认知的需求和情感的体验。新课程改革后已经将情感作为教学目标之一，将学生的兴趣、习惯和意志等心理素质的培养列为教学目标。教师在教学过程中不仅要教授学生知识和技能，更要培养学生积极思维、主动探索、利用信息技术无缝学习等习惯，通过对学生良好习惯的培养，发展学生的素养、培育高尚的人格。学习不是一蹴而就的，学习的过程中会遇到各种各样的困难，此时需要教师鼓励和启发学生，当学生学习进展顺利时，需要教师及时肯定学生，并继续给予方向和方法上的指导，让学生在充满自信中继续前行。[2]

4. 实践反思，拓宽情感

著名教育家罗杰斯认为："教育的主要功能是激发学生的学习动机、发展学生的潜能，形成积极的、正向的自我价值观体系。"情感具有发散性，教师在教学中要强化学生的实践和反思，使学生的学习情感得到发散和拓展。

无论是新课程中的"三维教学目标"还是如今强调学生核心素养的发展，教学都不能仅仅局限于传统的对学生知识和技能的培养，不能把学习变成机械式的、重复的强化训练，这非常容易使学生产生学习倦怠。教师在教学过程中要注重对学生实践能力的培养，要让学生在知识学习的过程中发展学生的学习情感，如科学家严谨的治学精神，能工巧匠的工匠精神，改革开放四十年我国劳动人民打破多个国际技术壁垒去攻克技术难题的钻研精神、学习能力、创新精神等，让学生在学习的过程中感受知识的力量及情感在学习过程的力量，让学生产生对知识的渴望，体会到成功的快乐等。

教师还应该把教学的内容与生活、学生的认知结合起来，开放学科的外延，拓宽学生的知识视野，让学生感受到书本知识就在生活中，知识的学习不是为了考试，而是为生活服务，这样学生对学习意义的理解就会有深刻的变化，学生就会对学习产生积极的情感和浓厚的兴趣。

（三）构建学习共同体，让学生在共同学习中"学会学习"

研究表明，学生学习成绩不佳、学习效率低下，多数是因为学生的学习方式不合适。而多数学生又非常依赖原有的学习方式，哪怕是低效的、不合适的学习方式，学生也没有调整自己学习方式的意识。这就要求教师建立学习共同体，通过同伴互助，让优秀的学生成为其他学生模仿的对象和自主尝试时的帮手，让学生在模仿和帮助中逐步完成自主尝试，逐步建立新的有效的学习方式。

学习共同体组建的依据可以遵循以下两个原则。一是学习类型原则，组建学习共同体的目的是让学生在学习方式上互相帮助和互相启发，根据学习方式的主动性、意义性和探究性三个维度在个体上的明显差异，在全班实行异质分组，每个组尽可能包含多个学习类型，确保每个组都有一个意义型、探究型和主动型的学生。二是互利和就近原则，为了让每一个学生在组内有所收获、有所贡献，实行"互利"原则就很有必要。在分组时不仅要考虑学生在学习方式上的互补性，还要综合考虑学生学科学习成绩和研究性学习专长，这样就保证了在学习方式上有优势的学生在学习上也有所收获，从而确保共同体内所有学生都能自动、自愿地为共同体的高效运行贡献力量。同时为了便于组员的相互交流和互助，分组时还要从学生位置的"空间距离"和个人"情感距离"上考虑就近原则进行分组。

参考文献：

[1] 贾绪计，王泉泉，林崇德."学会学习"素养的内涵与评价[J].北京师范大学学报（社会科学版），2018（1）：34-40.

[2] 刘华.培育学习共同体：在共同学习中学会学习[J].中国教育学刊，2011（5）：43-45.

第四章

指向核心素养的教学实践

实践无理论则盲，理论无实践则空。做好了理念的更新与准备，指向核心素养的教学需要立足课堂，把握学科特质，通过注重学生自主建构、教师创设情境等，引导课堂从"知识"取向向"素养"取向转变，使核心素养在课程教学中落地生根。本章节选择了语文、英语、数学、历史等学科的实践策略，结合案例深入浅出地展示了核心素养的实践落地。这些策略有的结合学科核心素养论述教学设计，有的谈及深度学习的实施，有的涉及教学内容的确定，有的介绍学习路径的设计。

小说阅读教学的变与不变

徐思源[1]

小说阅读，是人们日常阅读中最为生动、最受欢迎的内容，也是文学阅读最主要的体裁。在高中语文教学中，小说教学也是文学教学的重要内容，它的重要性是毋庸置疑的。那么，在聚焦学生核心素养养成、基于核心素养培育的高中语文新课程标准出台的形势下，小说教学会发生怎样的变化呢？我想，变化当然是有的，但也有因小说阅读本身规律决定的一些不变的东西。作为语文教师，我们应该有所因应，遵循新课标的精神，从学生核心素养养成的需要出发，思考和改革小说教学。

---

[1] 徐思源，江苏省苏州第十中学，语文特级教师。

一、基于学科核心素养，小说教学怎么变？

小说是叙事性的文学体裁，用艺术的方式表现生活，表现社会与人性，它是现实生活的艺术展现，因此小说阅读在核心素养养成上有多方面的功能。从语文学科核心素养的四大项来看，小说阅读都与之有密切关系。小说阅读是阅读语言文字作品，阅读的过程就是语言实践活动，是"语言建构与运用"的过程；阅读小说的过程是体验生活、思考人生的过程，必然涉及"思维发展与提升"；小说是语言艺术，是极好的审美对象，阅读的过程就是"审美鉴赏与创造"的过程；小说表现人类生活，是文化的载体，包含丰富的文化内容，当然也是学生"文化传承与理解"的重要途径。我们应该在此基础上来看小说教学的变与不变。

讲到变化，首先要改变的是教师单向的讲授，要从教师单向讲授变成学生自行阅读，教师点拨引导。这也是课改的重要精神，即让学生成为学习的主体。这倒不是让大家跟风赶时髦，其实，学生主动学习是符合学习规律的。第一，教育心理学、学习理论都告诉我们，学习者的参与度越高，学习效率就越高。第二，语文课的阅读教学，特别是文学作品阅读，更需要让学生在自行阅读中获得初感，而后再与同伴和教师讨论以使知识内化、认识升华。文学阅读是一种情感体验和创造性的思维活动，每一个读者都是作品的创造者。而教师单向讲授，学生只能跟着教师的思路去体会、去模仿，就定死了学生思维的方向和框架，切断了学生体验和创造的路径。因此，针对文学阅读的小说阅读教学，教师要做的是点拨和引导，要依循"依学而教"的原则，给学生更多阅读体验并获得阅读初感的空间。

当然，教师的点拨引导可以是多样的。可以是学前的导引，也可以是学生阅读后的讨论指导，还可以是讨论中的解答点化。比较理想的状态是学生先阅读作品，做读书笔记如内容摘记、故事概述等，并提出理解上的问题，然后师生共同在课堂上讨论，或教师解惑释疑，将学习引向深入。但在起步阶段或是作品有难度、学生基础较弱的情况下，可以由教师提出问题，让学生带着问题去阅读，在教师问题的引导下逐步进入状态。比如，阅读《荷花淀》《最后的常春藤叶》《边城》《家》《三国演义》等，可以采用前者，让学生获得自己的阅读初感，提出问题然后进入讨论。而阅读《祝福》《药》这样的作品，在叙述方式把握和作者意图理解上有难度，教师可以提出问题，帮助学生梳理作品内容，理解作品主旨。如《祝福》，可以从这些方面发问：祥林嫂的生命历程是怎样的？倒叙的写法有什么作用？祥林嫂的故事为何要放在"祝福"的氛围中？谁杀死了祥林嫂？祥林嫂之外的其他人物与她是什么关系，构成了怎样的故事？《药》的难点在于双线结构和作品主旨。可以问：小说写了怎样的故事？夏家与华家的故事结合起来有什么意义？人血馒头的故事隐喻了什么？这些问题可以在学生阅读前提出，也可以在学生阅读后结合学生的问题提出，用这些问题引导学生梳理内容，把握情节，认识人物形象，理解作者意图，品味艺术表现。但不管怎样设计教学步骤和引导方式，最重要的是一定要充分给予学生自己去阅读、去获得自己感受的机会和思考并提出问题的空间。

变化之中有不变。读小说，就要遵循小说的体裁思维。教师要教给学生小说的体裁知识作为学习支架，要依循小说的体裁特征实施教学。但不变之中也有变化。以前教小说，很多教师只讲"三要素"，即小说的情节、环境、人物。做得好一点的，分析三要素之间的关系，引导学生如何通过对作品中三要素的分析去理解小说的主旨。一般的，往往只回答三要素在作品中"是什么"的问题，甚至连作品的主旨内涵和艺术表现也缺乏体味。这样做，强调了小说的体裁特征，但仅仅是静态的分析，其实是很机械的。有教师提出"读小说的五个层次"（王雷《无穷的远方无数的人们都和我有关——读小说的五个层次》，见作者博客"河的第三条岸"，2014-01-16），我感觉很有道理。第一是故事的层面，小说讲了什么故事、什么人物及其关系，事情的发生发展和最后的结局，等等；第二是理解人物的性格、命运及其原因，进而理解形象的意义；第三是小说的叙述，即作者是如何呈现这个故事、如何描摹环境和刻画人物的；第四是小说的现实意义；第五是在小说中读到自己。前三个层面基本是现行教学的内容，即故事、人物和作品的艺术表现；后两个层面更多的是从读者角度出发，是故事中的现实意义和故事中的"我"。

作者以《祝福》为例来说明。第一个层次，明确小说讲的是祥林嫂的故事，祥林嫂是个寡妇，她两次到鲁镇来做工，最后沦为乞丐贫困而死。第二个层次，首先要读出祥林嫂是一个普通的农村妇女，她勤劳诚朴，对生活要求并不高，只要有活干，养活自己是没有问题的。但是，丁玲在读《祝福》时，却读出了祥林嫂非死不可的悲惨命运，因为"同情她的人和冷酷的人、自私的人是一样把她往死地里赶"。鲁四老爷厌恶她是一个寡妇，婆婆有权把她绑回家卖到山里去，柳妈出主意叫她去捐门槛赎罪。然而，祥林嫂何罪之有？这样，从祥林嫂身上，我们看到思想、观念、礼法和道德是如何杀人的。第三个层次，要能体会作者把祥林嫂的故事置于鲁镇"祝福"的背景下，选取祥林嫂一生中的几个片段，通过叙述者"我"的所见所闻连缀成篇。而作者设想的祥林嫂故事的亲历者，也是这个故事的讲述者，同时又是这个故事中的一个人物，这样，作者就把"'我'的故事""鲁镇的故事"和"祥林嫂的故事"巧妙地结合起来，一起构成了"祝福"的故事，展现了旧中国农村的世风人情。第四个层次，从祥林嫂被人和人之间的隔阂和冷漠、虚伪和残忍害死，思考现今社会存在着的人性的虚伪和冷酷。第五个层次，文章说我们甚至会读出"我就是祥林嫂，我就是鲁四老爷，我就是鲁镇上的那些老女人"的感觉。确实，读小说读到最后，都是在读当下、读自己，因为过去的故事对今天会有意义，每一个读者在杰作中"领略人类所思、所求的广阔和丰盈，从而在自己与整个人类之间，建立起息息相通的生动联系"，也能"在其中寻觅并且体验到他自己"（见《黑塞说书》，杨武能译，《读书》1990年第4期，1991年第3期）。所以好的小说总是常读常新。相比以前的小说教学，五个层次的说法从静态的对象分析变为动态的阅读过程与路径方法的表述。之所以赞同这样的说法，我想强调的是，小说阅读教学，要更多地关注阅读者、学习者。这个不变之中的变化，其实是带有颠覆性意义的。

二、在学习任务群中，小说怎么教？

依循新颁布的高中语文课程标准，我们的教学还要有新的变化。高中语文课程标准的"课程内容"，以综合性学习的"学习任务群"统贯语文课程内容。综观18个任务群，与小说相关的不少。"文学阅读与写作"是必修课程中学时最长、学分最多的，而文学阅读中小说的阅读占了很大的比重。选择性必修课程中"中国革命传统作品研习""中国现当代作家作品研习""外国作家作品研习"都涉及小说，"中华传统文化经典研习"中还有古代小说。选修课程中"中国革命传统作品专题研讨""中国现当代作家作品专题研讨""中华传统文化专题研讨"中也有涉及小说的，而贯串三个学段的"整本书阅读"，更是少不了小说。

在"学习任务群"中，教学的变化除了强调学习者的主动性之外，还有两点要重视。第一，任务群的学习更具综合性。讲求综合，小说教学就不是以前比较单纯的由教师讲授的阅读理解和鉴赏了，而应该是通过阅读、讲说、写作等学生的语言实践活动，进行理解、分析、鉴赏，必修阶段的"文学阅读与写作"，更是提出了文学写作的要求。学生在任务群的学习中，要自己阅读小说，要思考并提出理解鉴赏中的问题，要与同伴和教师讨论研究问题，形成自己的见解。而伴随这些阅读思考活动的，就要做阅读笔记，或是摘录，或是批注，或是点评，要写出鉴赏评价的文章，要模仿原作，尝试小说的写作。还要有相关信息的搜寻、资料文献的分析，要有讨论中的口头发言和专题演讲。这是一个综合的学习过程，是读、想、听、说、搜、析、写的语言实践过程。第二，各个任务群中的小说阅读，有不同的要求。必修中"文学阅读与写作"，主要是觅得小说阅读的津梁，并尝试写作。在这一阶段，比较恰当的是选择内容相对浅显、体裁特征比较典型的作品，让学生通过阅读体会小说的特点及阅读的要领，了解小说写作的一般规律，并尝试实践。比如，前文所列的《荷花淀》《最后的常春藤叶》《祝福》《边城》等，都可以辅以小说体裁知识与阅读方法的指导，让学生通过阅读、思考、讨论、辨析、写作去达成目标。在这个过程中，有一些问题教师是要关注的，如中国小说与外国小说是不同的，教师可以有意识地引导学生去比较、分辨、体会。如将《荷花淀》《邮差》《说书人》《哦，香雪》等中国小说的散文化倾向、冯骥才小说的评话说书意味，与外国小说比较，让学生体会两者的不同。长篇小说与短篇小说也是不同的，教师也要有所指点。如阅读《红楼梦》，可以指导学生在阅读全书后研读前五回，体会前面几个章节对全书情节、人物等等的布局作用。再结合其他长篇的阅读，了解长篇小说的网状结构。通过对《项链》《最后的常春藤叶》《二十年后》《装在套子里的人》等作品的阅读，学生更能体会短篇小说的精巧构思。

　　同样是小说阅读，不同学段的任务群有不同的学习要求和目标。必修阶段，主要是理解性阅读，选择性必修与选修课程中的任务群分别是"作品研习"和"专题研讨"，这两类任务群有相同的作品精读要求，但也有不同。选择性必修中的任务群，属于作品"研习"，强调深度阅读，从理解到研究。选修中的任务群，则强调"研讨"，从某个或某些作品的研习到带有普遍性问题的研讨。如老舍的《断魂枪》，放在必修的"阅读"，重点是通过阅读体会小说的体裁特征和阅读方法，觅得小说阅读的津梁。阅读要关注情节的梳理、沙子龙等人物形象、小说的隐喻意味、精彩的描写等。在"作品研习"阶段，则应该是更高要求的作品精读，不仅仅是理解，还要强调深入体味，鉴赏评价。如果放在"专题研讨"阶段，就要从具体作品抽象到普遍性问题的思考、讨论和研究了。还是《断魂枪》，可以结合冯骥才的《神鞭》，同样是写武功，同样是写古老的中华文化的末世命运，表现历史震荡时期、文化嬗变时期作为中国文化承载者的复杂心态，作者的倾向有什么异同呢？还可以再结合师陀的《说书人》和高尔斯华绥的《品质》，这两篇小说在表现传承者的执着的同时，有没有反映出与《断魂枪》相同的问题呢？在不同的行业，甚至在不同的国度和民族，这样的问题是如何呈现的？在作者自觉或者不自觉的文字后面，我们能看到传统文化怎样的命运，又该如何面对呢？

再比如毛姆的《月亮和六便士》，这是一部不那么好读的小说。这部小说所表现的文学的隐喻，是一个很有现实意义、值得探讨的问题，即现实生活与理想的关系。遍地都是六便士，你是否要去找月亮？如何面对理想与现实的矛盾，是始终伴随人类生命而存在的永恒命题，在阅读小说后进入这个问题的思考和讨论，就是专题的"研讨"了。而类似这样的研讨，对学生来说是很有必要的，也是语文学习的重要内容。

总之，小说就是小说，小说有其特定的体裁特征，小说阅读有其特有的规律，小说教学自然应该遵规而行。但是对规律的认识是有变化和进步的，我们也要与时俱进。而在课程目标、课程内容和要求有变化的情况下，我们更要依照课程标准的要求去思考认识和实施小说教学。

理解数学核心素养 践行深度学习

付 丽[1] 孙京红[2]

2014年，教育部《关于全面深化课程改革 落实立德树人根本任务的意见》提出，"教育部将组织研究提出各学段学生发展核心素养体系，明确学生应具备的适应终身发展和社会发展需要的必备品格和关键能力"。随着核心素养的提出，一线教学也迅速做出反应，课堂教学发生了变化，"培养学生的核心素养"成为重要目标之一。在很多数学教学设计中，我们看到教师更加关注"运算能力""数感""空间观念""几何直观"等关键能力的培养。

将核心素养作为培养目标之一，是我们坚定不移的理念；切实理解和落实核心素养，是当前教学的首要任务。对数学核心素养的理解，需要将它的内涵和小学数学的实际特点相结合，只有这样，核心素养的落实才不是一句空话。借助海淀小学数学团队参与教育部基础教育课程教材发展中心的"深度学习"教学改进项目，我们尝试将对核心素养的研究与"深度学习"项目有机结合，围绕"运算能力""几何直观""数学建模""数感""符号意识""推理能力""数据分析观念""空间观念"等开展主题式教学研究。以下对海淀小学数学"深度学习"项目研究团队如何"基于核心素养，践行深度学习"做详细阐述。

---

[1] 付丽，北京市海淀区教师进修学校小学数学教研员。
[2] 孙京红，北京市海淀区教师进修学校小学数学教研室主任。

一、理解数学核心素养的内涵，架构主题框架

开展基于核心素养的主题设计之前，必不可少的是对核心素养的学习和理解。以"核心素养——运算能力"为例，在对其进行学习和研讨后，我们认为"运算能力"的内涵可以概括为"理解算理、发现算法"，并且运算能力有四个层次的要求，分别是：正确、合理、灵活、简洁，如图1所示。

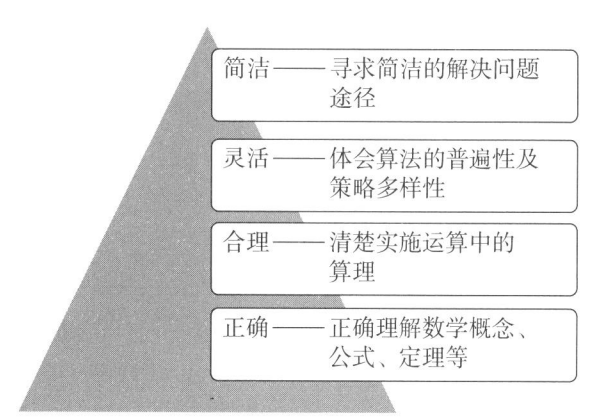

图1 运算能力四个层次的要求

- 简洁——寻求简洁的解决问题途径
- 灵活——体会算法的普遍性及策略多样性
- 合理——清楚实施运算中的算理
- 正确——正确理解数学概念、公式、定理等

有了对核心素养的内涵理解，小学数学学科在"核心素养"的大主题之下，开展整体设计。整体设计主要是基于主题的逐层分解，分为"核心素养（主题）—主要内容—知识板块"三级。教师最终教授的是"知识板块"，但教授这个"知识板块"的目标一定是帮助学生理解"知识板块"对应的"数学核心概念及其本质"，进而达到培养学生核心素养的目的。其具体结构如图2所示。

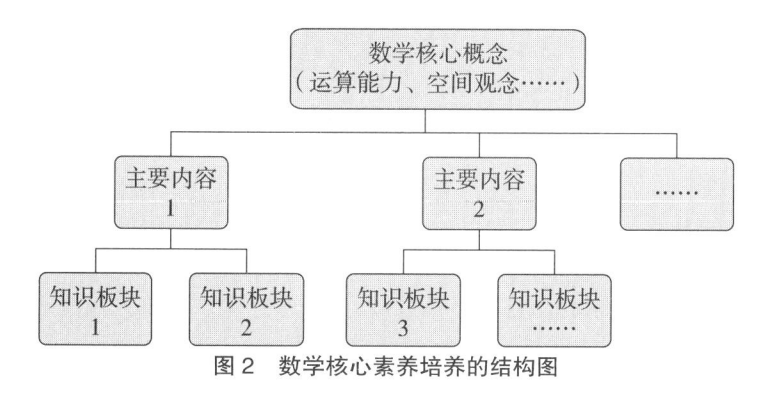

图2 数学核心素养培养的结构图

例如，在"运算能力"这个主题之下，整个主题单元的具体结构如图3所示。

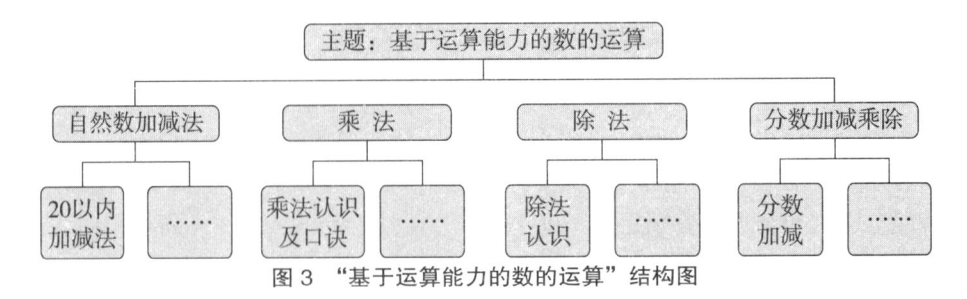

```
          主题：基于运算能力的数的运算
    ┌──────────┬──────────┬──────────┐
 自然数加减法   乘 法      除 法    分数加减乘除
  ┌────┬──┐  ┌────┬──┐  ┌────┬──┐  ┌────┬──┐
20以内  ……  乘法认识  ……  除法   ……  分数   ……
加减法       及口诀         认识        加减
```

图 3 "基于运算能力的数的运算"结构图

二、以数学核心素养为主题的教学设计及实施

以下以"核心素养——空间观念"为例，说明我们理解"空间观念"之后的教学设计及实施。小学阶段是培养学生空间观念的关键阶段，但是根据小学生的认知特点，还是应该通过操作实践和空间想象的途径，增强直观体验，发展空间观念。例如，对长方体认识的教学，应该让学生有看一看、摸一摸、数一数、比一比、想一想等经历，再精心设计如拼搭长方体等活动，引导学生认识长方体的面、棱、顶点的特征，并且对面、棱、顶点等之间的关系以及它们如何共同组成长方体有一定的理解和认识。心理学家皮亚杰说过，儿童的思维是从动作开始的，切断动作与思维的联系，思维就得不到发展。几何知识和空间观念的建立来源于实践活动，空间想象是必须依赖于学生从生活中获取大量感性材料之后再进行的一项高级思维活动。在教学中，我们要重视实践活动，引导学生经常运用图形的特征去想象，解决生活中的各种实际问题，发展学生的空间观念。

以"长方体认识"一课为例，基于培养学生空间观念的目标，我们设计了一个核心活动——制作长方体。我们给了学生丰富的可选素材，分别是"给一个牙膏设计长方体包装盒""给一个长方形补面形成长方体""用小棒拼搭长方体"，让学生先自主设计，再动手。最重要的是，学生不能只动手，还要写出"在制作长方体过程中，你的新发现"，借此希望对学生空间观念的培养不是停留在只想或只做，而是要把想象和动手相结合；对以长方体为代表的图形，也不仅要认识其"外貌"，还要知其"性格"。

基于"数学核心素养"的"深度学习"研究之路，我们走过了三个阶段：从理解核心素养，到解构核心素养与核心知识之间的联系，再到课堂实践。海淀小学数学"深度学习"的研究模式，概括如图 4 所示。这样的研究模式为大家提供一条可以将对核心素养的理解转化为课堂教学行为的路，只有核心素养真正落地了，我们的深度学习才能有实际意义。

第四章　指向核心素养的教学实践

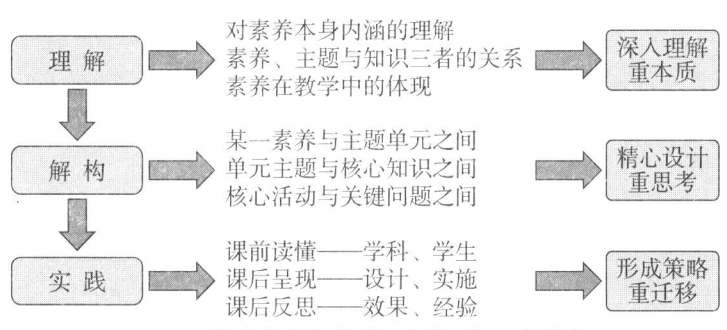

图4　海淀小学数学"深度学习"研究模式

三、基于数学核心素养的持续性评价的设计

"深度学习"教学改进项目提出了四个基本要素，它们分别是单元主题学习（中心任务）、深度学习目标（活动预期）、深度学习活动（学习过程）、持续性评价（达成反馈）。其中，"持续性评价"是必不可少的一个环节。实施了基于"核心素养"的主题式教学后，基于"核心素养"的教学评价也是十分必要的。我们不希望教学过程已经发生了变化，而评价还在"原地踏步"，因此，我们将对"核心素养"维度的理解融入到评价中，开拓了崭新的评价视角，开发了素养导向的评价试题。

以"核心素养——空间观念"的评价为例，要考查学生对图形本身的认知和理解，更重要的是考查学生对图形和其展开图在二维空间和三维空间的转换具有想象和推理能力。基于此，我们开发了这样一道题目，如图5所示。

4.李明沿右图中所示的粗实线和粗虚线剪开正方体纸盒，然后将纸盒各面向外展开，那么展开后得到的图形形状是（　　）。

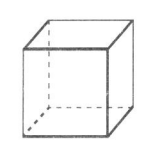

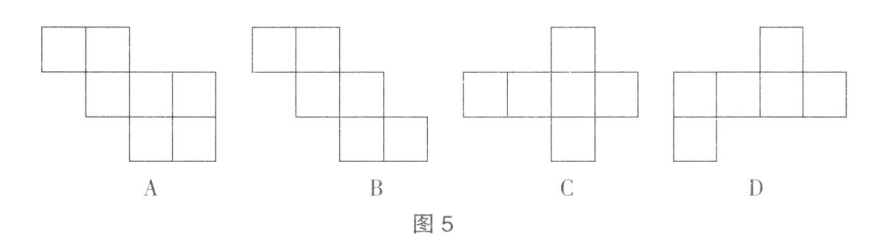

A　　B　　C　　D

图5

这个题目没有考查学生选择哪一个展开图能够围成正方体，因为在日常教学和课堂练习中这样的题目很多，而当学生只是记住哪种展开图可以围成

正方体后，空间观念的培养就被明显弱化了。而这个题目，学生确实需要想象或借助画一画、折一折等手段来解题，在这样的解决问题的过程中培养和考查了学生的空间观念。本题在测评中得分率92%，得分率较高，说明实施了基于"核心素养"的"深度学习"教学改进后，对于长、正方体这样的空间图形，学生对其特征把握较好，空间观念基本建立。

以上就是海淀小学数学项目研究团队"基于核心素养，践行深度学习"所做的一些尝试。我们深知，只有核心素养真正变成"深入的教学"，"深度学习"才能发生，我们将继续做有理论学习、有实践转化的"深度学习"项目研究。

历史与社会教学关键问题解决策略

牛学文[①]

教学关键问题是指在课程实施过程中，为发展学生核心素养需要研究解决的至关紧要的学科重点和学习难点问题（目标）。历史与社会教学关键问题，就是指历史与社会教学过程中，为发展学生核心素养或实现教学目标而必须解决的最基本、最紧要的教学问题（既是学科重点又是学习难点的问题）。[1]

基于历史与社会学科核心素养，结合《义务教育历史与社会课程标准（2011年版）》和教学实践，我们确定了如下教学关键问题（表1）。

表1　历史与社会学科教学关键问题

学科核心素养		教学关键问题
空间感知	区域认知	1. 如何借助地图和图表获取信息，描述地理事物，揭示历史和社会现象 2. 如何认识区域的自然、人文环境特征及其相互关系 3. 如何认识区域之间的差异和联系
	人地观念	4. 如何形成人口、资源、环境意识，确立可持续发展的理念

---

① 牛学文，浙江省教育厅教研室教研员，中学高级教师，教育部基础教育课程教材专家工作委员会委员。

（续表）

学科核心素养		教学关键问题
历史意识	历史理解	5. 如何运用常用时间术语或习惯用法表述历史与社会 6. 如何理解社会生产力的发展是推动社会进步的根本原因 7. 如何理解文化越来越成为综合国力竞争的重要因素 8. 如何梳理人类历史演进的基本脉络，认识历史发展的总体趋势
	历史评判	9. 如何运用不同的资料有理有据地分析论证问题 10. 如何评析历史事件和历史人物
	历史认同	11. 如何认识统一始终是中华民族历史发展的主流 12. 如何形成或增强国家认同和"道路自信" 13. 如何培育或认同社会主义核心价值观 14. 如何形成或增强社会责任感
综合思维	相关联系	15. 如何认识或感受传统文化对现实生活的影响 16. 如何理解中华文明与世界各区域文明之间交流互鉴的意义 17. 如何理解自然环境对早期区域文明或人类文明进程的影响 18. 如何在具体的时空条件下认识生活的区域和生活的变化
	整合创新	19. 如何采用分析、综合等方法，探究历史与现实问题
社会实践	实践取向	20. 如何形成乐于探究、勇于实践历史与社会相关问题的态度 21. 如何针对生活中的挑战和问题，学会独立思考，提高自主选择与决断的能力
	社会活动	22. 如何开展社会调查等实践活动，提高参与社会生活的能力

教学关键问题都具有综合性特征，所以解决这些问题要应用综合性学习策略。综合性学习既是一种课程形态，又是一种学习方式。[2] 具体说，综合性学习是指在课程目标的引导下，学生以综合性的学习内容为载体，通过自主、合作、探究等方式主动获取知识技能，发展综合能力，提高综合素质。

1. 图表运用策略。运用地图、地球仪、图表等各种认知工具，是学生增强空间感知等素养的基本途径。一方面要学习从地图和图表中获取信息，在识读地图和图表中获得空间感知能力；另一方面要学习运用地图和图表描述区域自然、人文环境特征，把握地理要素之间的联系，提高空间思维能力。

从地图和图表中获取信息。如教学"中国地形"中，要求学生阅读《中国地形图》，然后归纳中国的地形、地势特征；再如，在教学"新航路的开辟"时，要求学生阅读《新航路的开辟路线图》，然后根据图描述开辟新航路的简要过程。

用地图和图表描述区域自然、人文环境特征。如教学"图说诸暨"时，要求学生绘制经济发展、环境保护、资源利用三者关系的思维导图，用图呈现自然和人文环境要素的相互关系；再如，教学"走可持续发展之路"时，要求学生在学习了人口、资源、环境问题等基本内涵后，图示它们之间的关系。

2. 史料实证策略。以史料为证据认识和论证历史与现实问题，是学生形成历史意识等

素养的重要途径。教师首先要培养学生的证据意识，使史实建立在充分的证据基础之上（史由证来），如"不能忘却的记忆"教学中，让学生根据展示的大铁锅图片、老人口述视频和《抗日战争在富阳》图书，层层推进来佐证日军的侵略史实。其次，通过对历史叙述的解读，形成对历史的正确、客观的认识，如请学生从史料分析中得出结论，说明自己的观点以及支持此观点的理由（论从史出）。再次，通过"回到历史现场""神入""角色扮演"等方式，"从证据（结论）中重建过去"（史论结合）。如"辛亥革命"教学中，让学生围绕"为什么南京临时政府承认清政府与各国签订的不平等条约继续有效"展开讨论，结合当时国内外政治形势，"神入"孙中山的内心世界，分析做出这一决定的原因。

3. 议题活动策略。围绕争议性问题开展讨论、辩论等活动，是学生形成空间感知、历史意识等素养的重要途径。首先要科学选题，所选议题应符合重要性、探究性、开放性和生活化标准，否则就没有探究价值或无法探究。如"中国的人口问题是数量问题还是质量问题""新航路的开辟给人类带来了文明还是野蛮"等，就是很好的议题。其次，要合理分组、明确分工。一般以"组内异质、组间同质"为原则，小组人数不能过多，以4~6人为宜，每人都应有明确分工。再次，围绕议题自由交换意见或进行辩论，以分析、解决问题或生成新的问题。研讨的成果在全班展示，接受同学或教师的评判。

4. 综合探究策略。整合相关内容，综合分析和解决实际问题，是学生形成综合思维等素养的基本途径。综合探究应整合历史、地理及其他相关人文社会学科内容，围绕有关主题进行多角度、多层面的分析和判断，并提出解决问题的办法。一方面，从问题或现象、事物等出发，纵横联系、相互比较，把相关知识构建成网，以培养知识整合（迁移）能力。如教学"停滞的帝国"时，从马戛尔尼使华这一事件切入，把当时中国传统结构社会与英国工业文明社会的政治、经济、外交、科技等状况整合在一起。另一方面，理论联系实际，以培养知识运用能力。如在学习书本知识时，密切联系社会实际，把生动活泼的现实材料引进课堂；在认识古今中外历史与社会现象时，引导学生综合运用所学知识分析问题、解决问题，以提高综合运用能力。

5. 社会实践策略。设计活动方案，开展社会调查等实践活动，是学生形

成社会实践等素养的重要途径。教师应要求学生一方面要应用学过的知识与技能设计游学攻略、调查计划等方案（或提案），如"图说遂昌"教学中，设计"遂昌一日游"；另一方面，要在真实情境中开展活动，如暑期开展新西兰七日游等活动。然后，把所见所闻及活动体会通过调查报告、小论文或作品展示等形式介绍给大家。开展社会活动，要从生活经验出发，了解生活关切，并通过资源的开发与整合，丰富学习内容，加深对社会的认识与理解。

课型是课堂教学最具有操作性的教学结构和程序，是在一定教学思想或教学理论指导下建立起来的较为稳定的教学活动框架和活动程序。基于学科核心素养，我们开发了"以解决空间感知类、历史意识类、综合思维类、社会实践类教学关键问题为主的几种基本课型"[3]；基于综合性学习，我们开发了联系阅读、主动问答、自主讨论、自评互判等课型。[4]

课例是指真实而又典型且含有问题的教学实践案例，是对教学关键问题更形象、更具体的描述和阐释。在解决历史与社会教学关键问题的课堂实践中，我们开发了 30 余节成功的教学课例。这些课例一般都由背景描述、教学设计、课堂实录、课后反思（自我评价）、同伴或专家点评（相互评价）五部分组成。

微课是指以视频为主要载体，针对某一教学关键点，灵活、合理运用有关技术，在较短时间内解决学科重点和学习难点的数字化教学资源或手段。在解决历史与社会教学关键问题的实践研究中，我们开发了 112 段微课视频，包括说课微课、上课微课、反思微课和点评微课。[5]微课用于解决教学关键问题的"关键问题"。

参考文献：

[1] 牛学文. 初中历史与社会教学关键问题指导 [M]. 北京：高等教育出版社，2016.

[2] 牛学文. 中学社会学科教学论 [M]. 杭州：浙江教育出版社，2015.

[3] 金霞. 历史与社会教学关键问题解决课型研究 [J]. 教学月刊·中学版（政治教学），2016（4）：18-22.

[4] 牛学文. "浙江省中小学学科教学建议"案例解读——初中历史与社会 [M]. 杭州：浙江教育出版社，2015.

[5] 牛学文，向佐军. 初中历史与社会教学关键问题指导 [M]. 北京：高等教育出版社，2016.

高中历史"了解—理解—见解"学习模式实践探索

刘 强[①]

"了解—理解—见解"学习模式（简称"历史学习三步法"），是基于学生主体、学生本位的教育理念，依据高中学生的认知规律和历史学科核心素养的要求提出的一种有意义的学习模式。

"了解"，就是了解基本历史事实。历史事实总是置于特定的时空框架之中，了解历史就需要建构历史时空观，把握历史发展的线索，认识历史阶段特征，从多样化的史料中解读历史现象、认清历史真相，"究天人之际，通古今之变"。这个环节，学生在教师的引领下，自己阅读文本，研读史料，形成基本的时空观和历史感。

"理解"，主要是理解历史的因果关系，揭示历史的内在规律，在唯物史观的统领下，从不同视角关照历史。正如历史课程标准所阐释的："辩证、客观地理解历史事物，不仅要将其描述出来，还要揭示其表象背后的深层因果关系。"这一环节要求教师通过活动设计，指导、引领学生探究学习、合作学习，形成正确的历史理解。

"见解"，体现历史认识、历史启示，反映"史识"的特质，把历史和现实融合起来，以人文精神和人文情怀关注现实，形成历史使命感。诸如，对历史人物、历史现象的科学评价，汲取历史的经验教训，完善自己的学科品格和人文修养以达成"立德树人"教育要求。形成"历史见解"是发展学生创造力、想象力和批判性思维的主要途径，体现历史教育的创新意识和变革精神。

"了解—理解—见解"这三个环节是环环相扣、不可分离的整体（图1）。"了解历史"是历史学习的基础，是培养学生历史底蕴的前提；"理解历史"是历史学习、历史研究的深层要求，是培养学生历史思维的集中体现，是学生历史学习过程和方法的核心环节；形成"历史见解"是历史学习的育人目标，体现历史学科社会功能。"历史学习三步法"要求让自主学

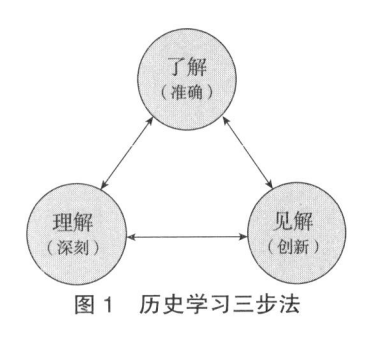

图1 历史学习三步法

[①] 刘强，江苏省锡山高级中学历史教师，中学高级教师。

习、合作学习、探究学习和开放式学习成为学生学习的常规方式。

第一步:"了解"——学生自主学习

"了解"是"历史学习三步法"的前提。学生通过自主阅读文本,熟知学习目标,圈点划批,勾勒要点,梳理大事,完成教师布置的知识性学习任务,为进一步学习做好铺垫。学生在这一步中要学会归纳、概括以及史料研读等方法。

1. 学生熟知学习目标,自主阅读教科书

教师展示经过科学叙写的学习目标,是学生"了解"历史的前提。为制订并叙写出清晰、简明、可操作、可量化的教学目标,我们对"了解""理解"和"见解"的目标要求和操作进行了具体阐释,"把目标陈述内在心理变化改为陈述学生行为的变化。"[1] 此外,在目标叙写上融入历史学科核心素养,把相关的核心素养分解到具体的学习目标中。

"了解"目标叙写常用行为动词,如,知道、写出或说出,制作大事年表或时间轴,编制结构示意图,等等。

"理解"目标叙写常用行为动词,如,研读史料、分析说明、合理解释、对史料进行研判,以及活动设计中的分组讨论、提炼观点、辨别真伪等。

"见解"的目标叙写常用行为动词,如,认识、启示、感悟、评价、说明等。此外,撰写历史小论文、制作历史习作、完成历史考察报告、创作历史剧本等也属于"见解"环节的目标要求。

2. 学生依托已有知识,自主完成学习任务

美国教育家奥苏贝尔提出,"影响学习的唯一最重要的因素,就是学生已经知道了什么。要探明这一点,并应据此进行教学"。"学生已经知道了什么"就是学生的基本学情,教师只有了解学生的知识程度,才能设计符合学生认知特点的教学流程,这样的学习才是有的放矢。以"毛泽东思想"一课为例,教师通过学情分析,让学生明确这节课的主题,毛泽东思想的灵魂就是"实事求是","毛泽东思想"一课的教学应当围绕学生的主要问题展开,即从学科能力与思维角度考虑,把"实事求是"作为另一条主线贯穿教学全过程。奥苏贝尔认为,有意义学习的实质是符号所代表的新知识与学习者认知结构中已有的适当观念建立实质性的、非人为的联系。基于学情分析然后进行教学设计,才能把学生的新旧知识贯通,建构新的知识体系。

第二步:"理解"——合作探究,学生理解性学习

"理解"是"历史学习三步法"的核心,学习方式为合作性、探究性学习。根据课型不同采取适宜的理解方式,或神入法,或故事运用,或人物中

心研讨,总之,要以史料研读为依托,以融会贯通为旨归。学生在这一步应当掌握历史研究的一些基本方法与技巧,掌握较为复杂的逻辑思维方法。

1. 神入历史,学生置身历史情境中体悟历史

"神入"(empathy)一词的本意是指"同情、同感、共鸣",引申为"感情移入",即"同情地了解,设身处地想象"。"神入历史"(historical empathy)要求学生在学习历史时把自己置身于特定的历史时空中,站在当时的时间视域与空间环境去揣摩、想象历史的动机,再现历史情境和回味历史现象发生的必然性和合理性。正如柯林武德提出的那样,要了解前人,最重要的就是要了解前人的想法;只有了解了历史事实背后的思想,才能算是真正了解了历史。[2]"神入历史"强调的是学生的"体悟"。

"悟性是一种直觉,是一种非理性的认识能力,是一种通过非归纳的方式,从瞬间感觉到、领悟到、'跳跃'到事物的未知部分的那种能力。"[3]体悟和神入,倡导用情境和问题的创设来调动学生思维与情感的参与,以设问与理答为基本手段,通过教师的导向使学生定向自悟,通过教师的启迪使学生有所体悟。"神入"的目标便是体悟,"体悟"的路径就是神入,两者交互渗透,最终让鲜活的历史渗入学生的灵魂。

在奥苏贝尔看来,学生能否习得新信

息,主要取决于他们认知结构中已有的有关观念,当新信息与学生认知结构中已有的有关观念相互作用时,就会导致新旧知识意义的同化,从而形成有意义的学习。通过神入历史,学生运用已有的经验和知识,把自己置于"历史"的场景中,可以更好地理解历史。神入过程中,学生心灵会有启悟,情感态度得以升华,价值观得以明晰。神入历史,可以调动学生历史学习的主动性,也可培养学生的创造思维,提高学生的研究能力。

2. 梳理人物线索,进行以"人物"为核心的课堂学习

人文主义史学观给历史教学的启迪就是在教学设计和课堂实践中应自觉彰显大写的"人",把"人物"放在教学的中心地位,用"人物"作为线索,把一个个零碎的史实串联成一个完成的整体。譬如,我在指导学生学习必修一第7课"美国联邦政府的建立"时,就是以华盛顿为线索,从华盛顿的困惑、努力、激动、担当等几个层次反映美国1787年宪法的制定过程。其设计构思是:华盛顿的忧虑:着重分析1787年宪法制定的背景和原因;

华盛顿的努力:侧重叙述1787年宪法的主要内容和特点;华盛顿的担当:交代华盛顿担任第一任总统和联邦共和政体的确立;华盛顿的缺憾:分析1787年宪法的局限和隐患。

以历史人物为线索的课堂教学，就是为了让历史"活"起来，让学生更能走进历史、神入历史、感受历史，也体验自己在历史中的担当，培养厚重的历史责任感和宏阔的国际视野，从而培养人文情怀。

3. 学生聆听历史故事，研讨教师设计的问题

有意义的历史学习要以激发学生的兴趣、激活学生的思维为基础，而历史教科书的语言具有学术化和概括性的特点，缺少生动的叙述，这时教师就要补充一些历史故事，使历史学习变得有趣、有意义。历史故事可用于课堂导入，激发学生兴趣；可作为问题探究，给学生提供生动鲜活的史料；也可用于课堂小结，让学生回味联想。当然，历史故事的运用当以"史料实证"核心素养培养为宗旨，对故事史料进行精心选择，精当处理，精细设计，以求历史学习有趣、有意义。

第三步："见解"——评价、感悟历史，学生开放式学习

形成"见解"是历史学习终极的目的。学生需要掌握基本历史评价方法，在唯物史观的统领下，运用一定的史观与史论，对历史人物和现象做出合乎逻辑的、适宜的价值观评价，对已有的历史结论形成共识与历史感。

1. 运用多种途径，促进学生历史"生成"，形成历史见解

高中历史课程标准提出：撰写历史习作是体现探究性学习成果的内容之一，也是历史学习评价的方式。通过撰写历史习作，重点考查学生的历史思维能力、语言表达能力、收集和处理信息的能力等。因此，要开展多种形式的历史习作，形成学生的历史认识。如，历史第一课组织学生到图书馆沐浴书香，探寻"历史是什么"，引发学生思考历史学科的本质；结合重大纪念日，让学生抒发历史感悟；开展史学名著阅读指导，提升学生历史学习的理论基础；为课本历史图片撰写人物对白，生成历史的体会；研读历史名画，把艺术欣赏与历史见解结合起来，体会历史的美感；开展历史创作活动，撰写身边的历史，创作历史剧，使历史学习上台阶、上层次。

此外，还可结合历史选修2中的"史学入门"和"史料研读"校本课程，指导学生专题学习，增强学生深入学习历史的能力与素养。

2. 校史乡情融入课堂，培养家国情怀，形成正确的价值观

乡土史料是学生可触摸到的鲜活的历史内容，生活处处有历史，历史就在生活中。我们学校地处无锡，无锡是我国重要的地域文化——吴文化的发源地，也是中国近代民族工业的发祥地，还是新时期改革开放江南模式的原发地。无锡文化璀璨，人杰地灵，是学生历史学习丰富的源头活水。充分发

掘这些鲜活的历史资源，不仅可以提升学生的家国情怀，还是培养学生"史料实证"和"历史解释"等核心素养最好的途径。认识乡情，了解校史，进而热爱家乡，升华到热爱国家，对形成学生正确的价值观有重要的意义。基于此，我们组织学生发现并撰写"身边的历史"，书写自己家庭、家族和社区、村落的历史；开设"口述历史"校本课程，把历史学科核心素养与身边的历史融为一体，运用独特的视角实现立德树人的教育目标。

总之，"历史学习三步法"，既彰显历史学科的核心素养，也便于学生进行有意义的历史学习，旨在从根本上改善学生历史学习的习惯与品质，凸显历史学科的人文教化功能，使历史学习与教学能够有效地落实社会主义核心价值观。

参考文献：

[1] 皮连生.教育心理学[M].第4版.上海：上海教育出版社，2011.

[2]（英）柯林武德著.历史的观念[M].何兆武，张文杰，译.北京：商务印书馆，2017.

[3] 萧功秦.人生经验与历史学者的悟性[J].历史教学，2006（6）：5-7.

以深度学习促核心素养发展的化学教学

胡久华 [①]

如何实现学生深度学习，促进核心素养发展，是当前基础教育教学急需攻坚的问题，具有重要的意义。实现深度学习能够促进学生学习方式的真正改变，落实学生核心素养的发展，促进新一轮课程改革在实践层面的有效推进。此外，实现深度学习还能够揭示信息化时代学习的本质和课堂教学的根本任务。

一、什么是化学学科深度学习

化学学科深度学习指的是在教师引领下，学生围绕具有挑战性的学习主题，开展以化学实验为主的多种探究活动，从宏微结合、变化守恒的视角，运用证据推理与模型认知的思维方式，解决综合复杂问题，获得结构化的化学核心知识，建立运用化学学科思想解决问题的思路方法，培养科学探究与

---

① 胡久华，北京师范大学化学学院教授。

创新意识、科学态度与社会责任，促进化学学科核心素养的发展。

化学学科深度学习旨在通过具有化学学科特色的挑战性任务，促进学生化学学科核心素养的发展。其学习目标更强调在获得化学核心知识的基础上，促进化学学科核心素养的发展；其学习过程强调化学学科特有的学习活动——以化学实验为主的多种探究活动，实现学生学习方式的改变，让学生完成挑战性任务，积极参与，产生情感共鸣；其学习结果更强调化学学科思想方法的理解与运用。

二、指向深度学习的化学教学设计

深度学习的发生需要条件，教师对学习目标、学习内容、学习过程、学习评价的设计是深度学习发生的保障。为了实现学生的深度学习，教师需要依据化学核心知识，确定单元学习主题，依据该单元学习主题的知识结构及其挑战性任务，设计整个教学过程。单元学习主题统领的教学是打通知识到素养的通道，通过让学生完成具有挑战性的任务促进对化学核心知识和学科思想方法的深刻理解，实现迁移应用，培养学生的关键能力、必备品格和正确价值观。

以单元学习主题统领的单元整体教学设计，具体包括：确定单元学习主题、确定单元学习目标、整体规划单元学习主题的教学、设计单元学习活动、设计持续性评价。

（一）确定单元学习主题

深度学习倡导单元学习主题教学，"单元学习主题"是课程实施的单元，以学科核心素养及其进阶为目标，对相关教学内容进行整合，体现学习目标、学习情境、学习活动和学习评价的一致性。

如何确定单元学习主题？确定单元学习主题时要考虑课程标准、化学核心知识结构和学生经验。单元学习主题可以是社会性议题或者热点问题，也可以是日常生产生活需要解决的问题，还可以是化学学科问题。学生身边需要解决的实际问题更具有驱动性，学生更有兴趣去解决。

确定单元学习主题是深度学习教学设计的首要问题，其思路流程如图1所示。

1. 明确核心知识，构建知识结构框架

通过研究化学课程标准和教材，以及对化学学科知识的理解，明确化学核心知识，构建知识的结构框架。例如，初中金属内容，如果关注的是金属本身的知识内容，构建的知识结构包含金属性质、金属应用、金属制备等内

基于核心素养教学改进的落地导引

```
┌─────────────────────────────────┐
│  明确核心知识，构建知识结构框架  │
└─────────────────────────────────┘
              ↕
┌─────────────────────────────────┐
│    挖掘知识承载的学科核心素养    │
└─────────────────────────────────┘
              ↕
┌─────────────────────────────────┐
│  寻找承载核心知识的实际问题或任务 │
└─────────────────────────────────┘
              ↕
┌─────────────────────────────────┐
│ 调研学情、学生需求，确定单元学习主题 │
└─────────────────────────────────┘
```

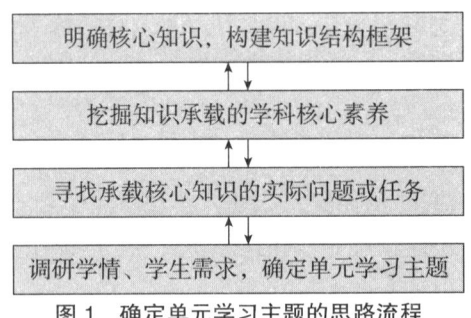

图1 确定单元学习主题的思路流程

容要素；如果整合与金属相关的内容，不仅考虑金属本身的结构框架，还考虑金属应用的材料领域的结构框架（材料的成分、性能、制备、使用），并且将材料的结构框架和金属知识的结构框架构建联系，就能构建更具整合性的知识结构框架，属于更高水平的知识框架。越高水平的知识框架，越能包含不同维度的内容，越能反映学科本质和学科思想方法。教师不仅要关注教科书中某节（课题）中的具体知识，更要关注整章（单元）的知识，挖掘不同节（课题）、章之间教学内容的关系，重视联系实际、科学探究与化学知识间的联系，关注与其相关的化学课程标准的其他内容专题，例如，化学与社会发展、科学探究等。

2. 挖掘知识承载的学科核心素养

深度学习的目标不仅仅是让学生获得核心知识，更要让学生获得学科核心素养的发展。也就是在知识学习的基础上，发挥知识的育人价值。核心知识是有功能的，能够承载化学学科核心素养，越是核心的知识，越具有教育价值。

如何挖掘知识的教育价值？需要知道学科核心素养有哪些，结合具体知识再进行深入分析。构建出的知识结构有助于挖掘知识的教育价值。例如，构建出初中金属主题的知识结构，有助于挖掘出金属内容承载的研究一类物质性质的思路方法，属于"科学探究与创新意识"核心素养的发展点。如果构建的知识结构包含了材料维度，就能进一步挖掘出金属性质与材料的关系，体现出材料问题分析的基本框架，体现出从化学视角分析金属材料选择和使用的思路方法。如果知识结构中整合了物质制备及其使用与环境、社会的关系，就能够挖掘出金属内容承载的"科学态度与社会责任"核心素养，通过分析金属矿物的开发和金属材料的使用对环境、人类健康、社会发展带来的影响，可以促使学生能够权衡利弊，分析实际问题时结合可持续发展价值观念，锻炼学生做出决策的能力。

3. 寻找承载核心知识的实际问题或任务

情境化的教学更能够培养学生的化学学科核心素养，体现知识的育人价值，也更能体现知识的应用价值，培养学生的问题解决能力，具有驱动力和挑战性。因此，明确知识结构，确立知识承载的学科核心素养之后，还需要寻找承载知识的问题或任务，特别是学生感兴趣的热点问题以及学生身边需要完成的实际任务。例如，金属相关的实际问题包括：易拉罐材料的选择与使用、不锈钢保温杯的选择与使用、合理使用金属制品等。

4. 调研学情、学习需求，确定单元学习主题

教师通过对学生的访谈或调查问卷，了解学生感兴趣的与核心知识相关的实际问题和任务，考虑学生的问题解决能力，进而确定单元学习主题。例如，结合日常生活中与金属材料密切相关、学生感兴趣的问题——易拉罐材料的选择和使用，进而确定单元学习主题——"为我的易拉罐材料代言"。这一主题属于实际问题解决类学习主题。实践表明，这类单元学习主题学生非常喜欢，主题名称彰显挑战性和驱动性。

如何诊断单元学习主题是否合适？好的单元学习主题往往涵盖核心知识，体现知识结构框架；有稳定的认识领域和研究对象，需要一定的认识角度和思路；有真实的客观存在或应用；与其他内容专题具有实质性联系，具有复杂性和综合性，承载全程持续学习；学生感兴趣，具有驱动性，可实施。好的单元学习主题名称彰显挑战性或体现化学学科核心素养，例如，"基于证据探索物质世界构成的奥秘""从化学视角分析解决环境问题——酸雨""基于模型系统分析电化学复杂问题"等。

（二）确定单元学习目标

深度学习的学习目标与常规学习目标的相同点是：知识目标符合化学课程标准和教材的基本要求，水平符合学生的已有基础。深度学习的学习目标，以核心知识为载体，指向学生对学科思想和方法的理解，指向迁移应用所学知识和方法解决问题的能力；关于学科思想方法和核心素养方面的目标，不是泛泛而谈，而是具体明确、可探查的；知识、方法、观念、能力等各维度是整合、紧密结合在一起的。一般通过主要活动或问题解决，获得核心知识，建立解决问题的思路方法，培养必备品格和正确的价值观念。

确定单元学习目标时，要将单元学习主题承载的化学学科核心素养具体化，要把知识、方法、能力、观念、态度等进行整合。思路流程如图2所示。

基于核心素养教学改进的落地导引

```
课程标准要求 ─┐
教科书教学内容 ├─依据→ 初步列出   ─结合→ 单元学习主题
化学知识承载的 ┘        单元学习目标
核心素养                    │
                            ↓ 深入分析学情，综合考虑
                              学生发展空间，多方论证
                            ↓
                        确定单元
                        学习目标
```

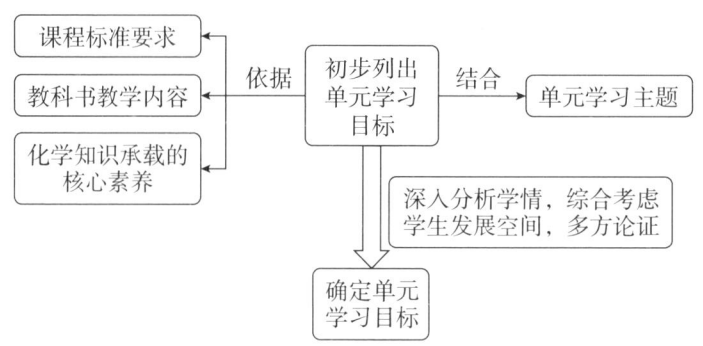

图2　确定单元学习目标的思路流程

1.依据课程标准要求和教材中的教学内容，依据化学知识承载的核心素养，结合单元学习主题，初步列出单元学习目标。化学课程标准中的内容标准规定了课程内容及其基本要求；教材给出了具体的教学内容，通过单元学习主题对教学内容进行了重组和整合，明确了需要落实的化学学科核心素养；结合单元学习主题，将核心素养具体化。教师要将课程标准、教材、单元学习主题三者相互结合，综合分析，初步列出单元学习目标，特别是化学学科核心素养层面的具体学习目标。

2.结合学情分析，综合考虑学生发展空间，多方论证，确定单元学习目标。由于深度学习非常强调学生在学科核心素养方面的发展，制订学习目标要明确具体的学科思想方法。这就需要了解学生的已有观念、方法、能力、素养水平，在此基础上，才能确定通过单元学习主题教学期望学生发展到的水平。由于以往教师更多关注的是学生在具体知识方面的学情，因此需要通过访谈、问卷等方法确定学生在观念、方法、能力、素养方面的已有基础。最后，再综合考虑学生发展空间，确定核心素养方面目标的具体内容及其水平，进而确定单元学习目标。

（三）整体规划单元学习主题的教学

确立单元学习主题和单元学习目标之后，教师要进行单元学习主题的整体规划，综合考虑问题解决过程、知识逻辑顺序、学生的认知发展、学生的能力发展。单元学习主题教学的整体规划一般分为三个阶段：设计问题；规划课时及其安排；系统审视、优化设计。如图3所示。

1.拆解任务，设计问题。包括确立主题的核心问题、驱动问题和内容问题，依据单元学习主题，拆解任务，确立核心问题，然后依据核心问题解决的基本框架、学生认识能力发展层级设计驱动问题。核心问题是主题的关键问题，驱动问题一般具有普适性和开放性，符合完成主题教学的基本思路和

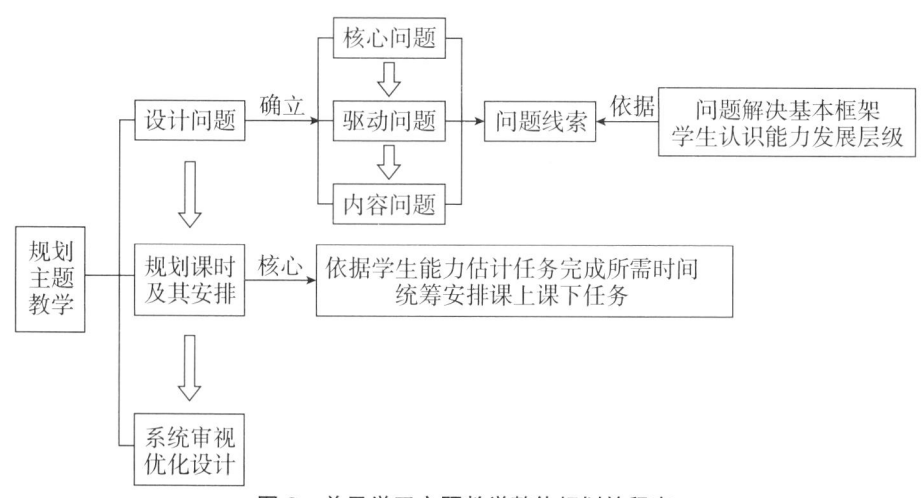

图3 单元学习主题教学整体规划的程序

框架，值得不断探究，能激发学生的好奇心，并且需要高层次思维。

2. 规划课时及其安排。首先依据学生能力估计任务完成所需的时间，进而规划每个任务的课时及其安排。尽可能通过单元学习主题涵盖主要的教学内容，实在无法进入主题中但需要掌握的零散知识点，可以在单元学习主题教学的不同阶段进行专门的梳理。然后，确定每课时需要完成的任务，明确具体问题、知识、活动、素材等。在该阶段需要统筹安排课上和课下任务，确保需要教师指导的核心活动在课上进行，学生可以自主完成的任务在课下完成。课下任务是课上任务的延伸或者为课上任务提供基础。

3. 系统审视，优化设计。再次检查确认：是否涵盖了化学核心知识；是否围绕单元学习主题合理设计了驱动问题；是否将教学内容与问题解决进行了较好的融合；是否体现了解决问题的思路和框架；是否提供了适用于学生化学学科核心素养发展的活动；课上课下任务安排是否合理且有可操性。根据发现的不足，进行教学设计的改进和优化。

（四）设计单元学习活动

设计单元学习活动，需要整体考虑问题解决过程，特别是驱动问题解决所需要的活动，让学生真正经历问题解决的过程，确保核心素养发展所必要的活动，注重活动的开放度。此外，还要尽量在整个单元学习活动中，让学生体验关键能力的不断进阶，从学习理解到实践应用，再到迁移创新。

1. 根据驱动问题和内容问题解决的需要设计活动

教师需要综合考虑驱动问题的需要和重要性（能否落实学生化学学科思想方法的建构和核心素养的发展）、学生的活动经验基础、教学时间安排等确定活动形式。越是需要学生建构问题解决能力的，越需要探究、研讨等活动形式，让学生经历自主解决问题的过程；越是重要的化学核心知识，越需要学生经历探究、研讨等活动形式，让学生亲自经历知识的建构过程或者问题解决过程。不要盲目地让学生查找资料或者汇报，需要分析资料查阅或者汇报的过程中学生能够收获什么。如果仅仅让学生获得事实性知识，就需要谨慎使用了。

2. 确保核心活动的重要地位和实施空间

由于教学时间有限，教师需要分析活动的主次，确保核心活动的重要地位和实施的空间，确保核心活动的开放度，避免学生的实践性和自主性过小。重要的、需要教师指导的活动在课堂上进行，给学生充足的时间，次要的、学生能够自主进行的活动课下进行。因为学科思想方法的获得，特别是化学学科核心素养的培育，需要学生真正自主进行活动，仅凭教师的阐述分析或总结提炼是不能将其直接内化为学生的能力或者行为的。

3. 统筹设计课上活动与课下任务

单元学习主题的活动设计，不仅要考虑不同课时间的活动关系，满足整个单元系统的问题解决框架或者学生认识能力发展的进阶，还要密切考虑课上活动与课下任务的统筹安排，满足课上活动的需要与课后的延伸。例如，分析铁、铜、铝材料的成本这一驱动问题，需要在课堂上进行深入的探讨分析，教师先让学生课下自主查找资料，分析从成本的角度看，更倾向选择铁、铜、铝中的哪种作为易拉罐的材料。该任务放在课下进行，既为课上研讨材料成本问题奠定了基础（学生初步具备了分析金属材料成本的基本角度），又让学生在查找资料解决问题的过程中获得了一些基本的化学知识（铁、铝、铜的制备方法等）。此外，也为课上的研讨提供了一些基本资料和认识。这种课下任务的设计既与学习目标一致，又具有驱动性，还能够服务于课上活动，增强课上活动学生参与的积极性和思维的深刻性，很符合深度学习活动的特点。

4. 结合多个方面综合考量活动的质量

为了确保活动的适宜性，需要对设计出来的活动从多个方面进一步考量：重要的活动是否与深度学习目标相契合；是否让学生参与了挑战性任务；重要活动是否给予了充足时间，是否让学生进行了充分实践或者完整体验；课上课下活动是否有机结合，分配和衔接是否合理；在整个单元学习主题中，学生是否经历了多样化的活动形式；每个活动的目的与内容、形式与组织、素材选取与使用是否匹配，例如，根据需要确定是否让学生进行资料的查阅和汇报，避免盲目地让学生活动。活动的目的是为了解决问题，需要根据问题的类型和解决问题的目的，选择适宜的活动形式。总之，应该讲解的时候，要讲解得清楚、到位；该指导示范的时候，要指导得清楚、示范得清晰；该让学生探究的时候，要让学生进行充分的探究。

（五）设计持续性评价

持续性评价是指整个单元学习主题教学过程都要进行评价，包括教学前、教学中的重要环节和教学后。持续性评价的内容既包括核心知识，又包括化学学科思想方法、问题解决能力、必备品格和价值观念等。在单元学习主题教学中，学生的发展是通过一系列的学习活动逐渐进阶的，教师通过持续性评价不仅要诊断学生的素养水平，还要通过活动中的过程性评价促进学生核心素养的进阶，并且依据学生的表现调整教学进程及其活动。要达成上述目的，需要对持续性评价进行整体规划，设计持续性评价方案，具体包括评价目标、评价标准、评价任务、评价方式与评价工具。单元学习评价方案设计的思路和流程如图 4 所示。

依据单元学习目标，确定评价目标 ⇒ 依据评价目标，确定评价标准 ⇒ 依据评价目标和标准，确定评价任务 ⇒ 依据评价目标、标准和任务，确定评价方式及其评价工具

图 4　单元学习评价方案设计的思路和流程

评价目标与单元学习主题学生化学学科核心素养发展目标要一致，评价标准指向化学学科核心素养具体内涵的活动表现，评价任务对应单元学习活动，评价方式要多样化，可以是教师和学生的即时点评，可以是教师的阶段性总结评价，也可以是依据评价工具的活动表现评价等。

针对核心活动的评价需要结合一定的评价工具——评价量表，可以是教师的观测量表，也可以是学生的自我检查清单。设计观测量表，要根据评价目标和评价标准进行等级细化，找到区分水平的行为表现差异点，确定等级指标，以便于观测评量。学生的自我检查清单的设计，需要遵循导向性和过程性原则，能够反映学生活动中的关键要素，引导学生积极的活动表现，促进学生自我反思。

在设计单元学习评价方案时，还要预设学生的表现，进一步设计指导反馈的内容。与活动相融合的评价，需要教师关注如何对学生进行即时的反馈和指导。既要通过评价反馈帮助学生概括问题解决的思路或者角度，还要通过追问引导他们发现自己思维或者问题，解决思路方法中存在的不足。在提前预设的基础上，教师应结合课堂上学生的真实表现，进行针对性的评价反馈。

三、指向深度学习的化学教学实施

教师在实施深度学习时，经常面对如下问题：即使设计了多样化的学习活动，但在实施时却变成了教师的启发讲解，没有让学生充分实践体验；由于让学生充分探究和体验，课上时间很紧张；学生呈现了丰富多彩的表现，教师不知如何对学生的表现给予反馈评价，课堂上出现了较多与预设不一样的情况，等等。面对这些问题，教师需要具备一些基本的应对策略，更需要通过教学实践，逐渐养成实施深度学习的教学观念和教学行为习惯。

（一）实现学生的充分实践体验，让学生亲历问题解决过程

教师需要思考是否让学生真的活动，是否提示问题解决的角度和思路，是否示范问题解决的角度和思路，这是教学开放度的重要指标。虽然教师在备课中已经对单元学习主题教学进行了规划，并不代表学生一定要按照教师规划的进行，教学要充分体现学生解决问题的自主性。

（二）充分预设与生成

教师要预设和捕捉学生核心素养的行为表现，根据学生的实际，及时调整教学活动。由于深度学习强调学生的自主体验实践，开放性比较大，与教学预设不一致的"意外"情况发生的频率较大。为了能够及时应对"意外"，顺利开展活动，在活动实施之前，教师需要做到精心备课，根据学生的知识和能力基础、思维发展水平，从学生视角分析核心活动，提前预设学生可能出现的问题，并想好对策。对于临时出现的"意外"，教师要分清主次，明确每个活动要达到的目标，将学生的行为与活动目标进行关联，做出应对，不要被"意外"牵着走。教师需要不断地积累和反思，丰富学科知识、总结实施开放性活动的经验，之后才能运用简明、学生能够理解的语言对超出范围的问题进行解释。

（三）实现深度互动

基于学科核心素养发展的需要，实现对话、追问和思维外显。应用信息技术提高交流的效率和深度，信息技术手段给学生提供了多样的展示方式和途径，学生可以运用PPT、视频、微信群、公众号等多种方式展示学习成果和作品，还可以实现生生之间的充分交流，深度研讨，甚至相互评价。单元学习主题教学中，需要丰富的学习资源，包括实际问题的素材、真实的场景

图片、问题解决需要的资料等，这些都可以通过信息技术手段更加有效地提供和呈现，可以运用 PPT、iPad、公众号等方式让学生更加直观地获得信息。教师还需要不断积累经验，明确如何开展针对性的追问和引导，外显学生问题解决的思维过程，外显关键能力。

（四）指导与讲解到位

教师要进行必要的示范，呈现相关的资料、证据，给予学生针对性的反馈评价，外显和提升解决问题的方法和思路。教师需要真正了解学生，明确学生在问题解决和学习过程中的障碍和困难，针对核心素养发展的需要，给学生提供问题解决的资料和方法支架，对学生在问题解决过程中的表现，给予针对性的评价反馈，让学生更好地了解自己的优势和存在的不足，促进学生核心素养的持续进阶。

深度学习强调以任务和问题解决为依托组织教学内容，以学生为主体开展教学活动，以多样化方式和策略展示学习成果。这些都要求教师熟悉问题解决教学、主题教学、项目式教学等教学方法，要求教师自身具有综合解决问题能力，具备创设学习环境、组织和管理课堂等各方面教学策略和教学行为。需要对教师在教学过程中的角色进行重新定位，教师不再仅是知识的传授者，更是活动开展的组织者、引导者、咨询者和评价者。教师固有的教学行为和习惯会在一定程度上影响深度学习的实施，这就需要教师在教学改进中，逐渐改变教学理念和教学行为，设计和实施真正促进学生核心素养发展的深度学习过程。

第五章

指向核心素养的评价改进

2017年版的普通高中课程标准依据中国学生发展核心素养框架体系和学科核心素养制定了各个课程的课程目标、课程结构、课程内容、学业质量标准等具体内容。各学科学业质量标准明确了学生完成本学科学习任务后，学科核心素养应该达到的水平。学科学业质量标准引导教学更加关注育人目的，更加注重培养学生核心素养，更加强调提高学生综合运用知识解决实际问题的能力，帮助教师和学生把握教与学的深度和广度，为阶段性评价、学业水平考试和升学考试命题提供重要依据，促进教、学、考有机衔接，形成育人合力。因此，学业质量标准就是指向核心素养的评价标准，是教学、评价、考试等环节的"方向标"。

统筹教学、评价、考试等环节，是核心素养落地的重要途径。2014年3月30日教育部发布的《关于全面深化课程改革落实立德树人根本任务的意见》明确指出："统筹课标、教材、教学、评价、考试等环节。全面发挥课程标准的统领作用，协同推进教材编写、教学实施、评价方式、考试命题等各环节的改革，使其有效配合，相互促进。"国务院办公厅颁发了《关于新时代推进普通高中育人方式改革的指导意见》，明确提出"统筹推进普通高中新课程改革和高考综合改革""规范学业水平考试""深化考试命题改革"，文件强调，考试命题要以普通高中课程标准和高校人才选拔要求为依据，内容突出立德树人导向，重点考查学生运用所学知识分析问题和解决问题的能力。试题形式加强情境设计，注重联系社会生活实际，增加综合性、开放性、应用性、探究性试题。

评价是教学实践的最后一个环节，也是最重要的关键环节。评价标准的正确导向会引领教学改进、引发育人方式变革，有助于整体课程改革的推进。应该说现阶段"教学评"正在走向融合，评价与教学环节的联系越来越紧密。

评价的导向与教学是一致的，都指向了核心素养。那么评价应该有哪些正确的导向？有哪些有效的方式？本章关注核心素养在评价改进方面的探索。

让考试评价走上育人之路

成尚荣[①]

立德树人是教育改革的根本任务，指向教育的方方面面，考试评价改革当然也不例外。

因其特殊性和历史与现实原因，中考、高考如何落实立德树人根本任务始终是一个重点、难点，也是关键。值得关注的是，2018年的中考、高考改革的力度加大，变化十分显著，其中一个重要方面是命题的内容和形式的改变，而在内容、形式的深处是方向、理念的明晰与端正。犹如柏拉图所说，世界上万事万物瞬息万变，唯有事物背后的本原——理念是完美的永恒存在。立德树人，正在中考、高考中进一步得到体现，并呈现良好的态势。

考试评价不只是检测、反馈、矫正、改进，不只是诊断、选拔、得出结论，更重要的是一个价值判断和引导的过程，是用价值育人的过程，是让考试评价育人与课程育人、教学育人、管理育人一致起来的过程，以形成育人系统。这一系统的建立、协调与统筹，能让立德树人根本任务真正落到实处。

换个角度看，中考、高考改革是从考试的性质、功能出发，逐步探索并建构育人的实现方式，总结规律，不断改进，让育人价值在考试评价中熠熠闪光，让考试评价在知识、能力的考查中，透射出时代新人成长的方向和方式。

发挥考试评价的育人导向，离不开学生发展核心素养的落实。课程标准中，学科核心素养的提出与实施，是我们教育理论的一大创新，这一理论创新必然带来考试评价理论、方法的创新。学科核心素养引领下的中考、高考改革，要着力学科大概念、学科结构、学科思想与方法、学科情境四大要素的综合性体现，其基本路径是学科活动。学科活动要体现实践性、思维性、教育性以及学科特质等。这样的认知和把握，同样应渗透在中考、高考命题及其他方面，体现在整个考试评价改革中。若此，育人的理念、原则、路径等都会逐步得以落实，育人范式就会建构、完善起来。

---

① 成尚荣，原江苏省教育科学研究所所长，国家督学。

我曾提出学科之魂、学科之眼、学科之法等概念，并由此去命题。我想，考试评价改革也应尝试一下，这样学科之魂、学科之眼、学科之法就会转化为考试评价之魂、之眼和之法。相信，中国考试评价改革的曙光就在前面。

制定学业质量标准，落实和测评学生学科核心素养形成和发展

王云生[①]

落实和评价学科教育中学科核心素养培养的达成，需要结合各学科内容制定不同学段、不同年级的学业质量标准。学业质量标准界定并描述了学生在完成各学段教育（或者结束基础教育阶段的教育）时，应该具备的各种基本素养所应该达到的水平。[1]学业质量标准是以基础教育阶段总体教育目标为导向，以跨越不同学科领域的学生发展核心素养模型和学科的核心素养模型为基础制定的规范性成就标准（表现标准）。学业质量标准，以学生面对某种复杂或难度水平较高的问题情境时，能做出的某种具体的行为表现，来反映学生学习特定的课程内容后，核心素养发展应达到的水平。即，以学生的学习结果（知道或能做什么）来表达教育活动所期望达到的核心素养发展水平。不同学习阶段的学业质量标准综合地反映特定学段（或年级）学科核心素养的预期的发展水平，以螺旋递进的方式反映学科素养不同发展水平之间的递进关系。

学科的学业质量标准不是孤立的知识或技能学习的质量标准，而是以学科核心素养水平为纲，以结构化的学科内容（领域）为目，具体化描述核心素养应达到的水平。特定课程内容的学业质量水平可以从以下四个方面整体反映学生在各学习阶段的学业质量特征和发展水平：相关学科知识和技能的结构化程度、学科观念和思维方式的发展程度、学科探究方法和技能的综合水平、所应对的问题情境的复杂和结构化程度。

新课程实施十多年来，基础教育领域确立了三维学习目标。基础知识、基本技能、科学方法基础、科学价值观、科学精神和科学态度相融合的学习目标的达成，是学科核心素养形成的基础。学业质量标准的达成，要求把学科基本观念的形成、学科价值的认识、科学精神和科学态度的培养、学科关键能力的形成，渗透在知识、技能的学习过程中，需要用科学的学习方式，

---

① 王云生，福建教育学院化学教学研究所研究员、特级教师。

在密切联系生产生活的情境中学习。不能把三维学习目标割裂开来、孤立地看待知识和技能的学习、知识形成过程和方法的了解、情感态度价值观的培养。仅仅掌握学科的基础知识、基本技能和科学方法，缺乏问题意识、缺少科学精神和对科学社会价值的认识，缺乏创新精神和创造能力，不了解、不认同科学技术伦理准则，缺乏社会责任感，不可能培养出具有学科素养的人才。

学科的学业质量标准的界定和描述，可以帮助教师具体了解学生在学习各个阶段学科核心素养预期达到的发展水平，确立培养学科核心素养的观念。学科的学业质量标准可以促使教师认真依据学习目标开展教学、落实学科核心素养的培养。学业质量标准，可以为学业评价和各级各类考试合理把握考试要求、正确划分学生的学业水平。

参考文献：

[1] 杨向东. 基础教育学业质量标准的研制 [J]. 全球教育展望，2012（5）：32-41.

核心素养视域下语文考试评价内容与方式的变革

李　倩[①]　辛　涛[②]

基于核心素养的课程开发是落实课程改革理念、提升育人质量的重要环节。2014年至2016年，我国核心素养框架及各学科普通高中课程标准的修订，明确了核心素养的内涵与构成要素，并为课程开发、教学实践与考试评价指明了方向。如何在学科课程与教学过程中落实发展必备品格与关键能力的根本目标，成为课程研究领域的核心问题。而考试与评价是联结课程内容、教学过程的关键环节，是判断课程和教学计划在多大程度上实现教育目标的重要依据。有鉴于此，本文立足语文学科本质特征，从评价理念、评价内容、评价形式等方面，探讨语文教育评价变革的理念与原则；同时以中高考试题为例，呈现具有参考价值的实施路径与策略。

---

① 李倩，北京师范大学中国基础教育质量监测协同创新中心讲师、教育学博士。
② 辛涛，北京师范大学中国基础教育质量监测协同创新中心教授、博士生导师。

> 基于核心素养教学改进的落地导引

一、评价理念：秉持以评促学原则，推动教学评一体化进程

新世纪课程改革以来，语文课程价值取向、知识观与学习观发生了根本性转变。在仅仅把培养学生扎实的语文基础知识与基本技能作为语文课程的根本目标理念下，语文学习成为学生被动接受知识并进行机械运用的过程，是否能够准确掌握语文知识成为衡量教学成果的唯一标准。与之相应，"为学习而评价"（Assessment of Learning）理念主导着语文教育评价实践，以"字、词、句、段、语、修、逻、文"为组织脉络的语文知识体系成为考试与评价的核心内容。但是，值得关注的是，考试评价是对课程内容、教学过程与学习成果互动过程的检验，强调测试内容的精度是教育评价与测量的重要原则。不论何种评价方式都始终无法掩盖其内在的关注焦点，即学生的学习过程。学生的"学"是以课程内容"点"的集合与"面"的拓展为基础，对学习结果单一的量化评价方式，弱化了课程内容与学生学习过程的丰富性，而对于标准答案的精确追求使得学生对于课程知识的理解与应用自然走向狭隘和生硬死板。

根据《普通高中语文课程标准（2017年版）》的要求，学生所具备的语文核心素养主要包括"语言建构与运用""思维发展与提升""审美鉴赏与创造""文化传承与理解"。其中，语言建构与运用是发展其他语文素养的基础，学生通过积累、阅读大量的语言材料，培养对汉语言文字的感性认知，总结并运用语言的基本原则与规律。在此基础上，语言实践能力、思维品质与情感价值观得以逐渐发展。与传统语文能力观不同的是，语文核心素养的内部构成要素并非处于相互独立、孑然分离的状态，而是相辅相成、互为表里的关系。具体来说，语文核心素养具有三个方面的特征。首先，整合性组织形态。汉语言文字是社会交集的重要媒介，是民族文化的关键载体，也是个体思维发展的外显形态。实际上，语言的学习是民族文化传承、语言实践表达、思维发展提升、文化审美的过程。从这个角度来看，上述四个要素是无法在语言实践活动中得到单向发展的。其次，实践性发展模式。无论是语言建构与运用，还是文化传承与理解，都不应该局限于静态语言文字材料的阅读，而是应该在相对开放的问题情境中，借助形式灵活多样的学习任务，给予学生展开思维过程的空间。最后，迁移性价值取向。核心素养借助学科学习活动得以发展，语文核心素养与其他学科核心素养是密切关联的，应该实现语文核心素养在不同情境、不同学科内容中的迁移应用。

变革考试评价制度和方案的基础与根本是教育评价理念的变革。近些年

来、后现代主义教育观念不断深入、对知识的内涵与获取方式的认识发生转变。教育评价领域兴起并倡导"为学习而评价"（Assessment for Learning）与"评价即学习（Assessment as Learning）"的理念。结合语文核心素养的特征，语文考试与评价应秉持"评价促进学习""教学评一体"的原则，设置真实而具体的情境与学习任务，评价学生批判性思维、问题解决等高阶认知能力。具体而言，从内涵与功能来看，考试与评价是以语文学习过程为核心，运用多种方式收集信息，并与教学、学习以及课程内容、教育政策等方面形成积极互动。[1]第一，从价值取向来看，考试评价指向语文学习过程本身，而不是对语文学习结果简单的价值判断；学生是评价的主体，评价过程亦可视作学习过程。第二，从内容层面来看，对语文课程知识的精准掌握并不是考试与评价最终目的，而是如何在具体的情境中，运用语言学习经验解决问题，展示自身语文核心素养的发展特征。第三，从主体层面来看，评价不是教师对学生的价值判断过程，而是师生、生生在相互评价的过程中，促进学习目标的调整与实现。因此，评价的主体多元化，强调的是学习共同体的评价功能，突出评价过程的动态性与评价结果的多样化。

二、评价内容：突出汉语言文化特色，加强内容整合与融通

通过教育考试和评价改革，促进核心素养的落地，是当前推进基于核心素养改革的关键环节。[2]在高中语文课程标准中，强调以语文学习任务为导向，采用学习项目与学习专题作为载体，整合学习情境、学习内容、学习方法和学习资源，引导学生在运用语言的过程中提升语文学习。[3]换言之，学习内容及其组织形态突破了传统的序列性知识体系，而这种变化也对考试与评价内容提出了新的要求。

1. 兼顾中华优秀传统的实用与文化价值

21世纪初，我国大陆地区正式启动了第八次基础教育语文课程改革，对课程理念、课程内容、学习方式、课程评价等方面提出了新的发展要求。具体而言，语文课程关注有生成价值的经典语言材料的阅读，突出优秀诗文与经典名著作为语文学习课程内容的重要价值。这一变革趋势不仅是对语文教育传统与汉语言文字学习本质规律的回归，更是对世界母语课程发展趋势的呼应。

《普通高中语文课程标准（2017年版）》指出，通过学习运用祖国语言文字，体会中华文化的博大精深、源远流长，体会中华文化的核心思想和人文精神。[3]从学生个体发展的角度来看，优秀诗文作为一个国家或民族文化传

统的重要组成部分，在感受与学习的过程中，学生不仅在体会传统文化的魅力，还可以从中不断汲取智慧和灵感。[4]但是，学生对于传统文化学习依旧存在不尽人意之处。例如，单纯注重传统文化学习资源的知识性教授与思想情感主题的概括分析，严重忽视学生个体经验与传统文化学习的有机融合，忽视民族文化传统与当下现实生活的内在关联。2014年颁布的《完善中华优秀传统文化教育指导纲要》，强调将中华优秀传统文化教育作为教育现代化监测评价指标体系的重要内容，增加中华优秀传统文化内容在中考、高考中的比重。因此，传统文化的评价标准与指标体系的探究，能够更为有效地实践语文课程在传承民族优秀文化的重要使命，有益于培养青少年的民族自信心与认同感。

在民族传统文化评价方面，各国均有探索，值得借鉴。以英国为例，莎士比亚文学剧作、诗歌、经典散文均为英国中学升学考试的核心模块。其实践方式为节选原著相对完整的片段，请学生结合整本书的阅读经验对典型人物、关键事件阐述个人观点，须有原文证据与推理过程。再如，北京市2017年中考语文现代文阅读试题中，一则试题为"请你从阅读过的文学作品中选择一个人物（文天祥除外），借这个人物说说你对'石可破也，而不可夺坚'的理解"。显然，这一题是将单篇阅读与整本书阅读相融合，请学生将整本书阅读感悟引入，作为阐述对文章主旨理解的重要证据，以此打破两种阅读形态之间的界限。

从上述试题能够发现，在民族文化学习过程中，语言材料是无法彼此孤立而存在的，而应结合学习者自身的背景知识、个体经验、社会情境等要素成为相互关联的内容单元。换言之，真正的学习不仅是获得知识、技能和理解，更重要的还包括行动，也就是发展学生"做事情"的综合能力；学习并不是知识或技能的层级化积累，而是意义化的连接建立和网络形成的过程，新的节点不断出现、编码并且与网络中的其他节点发生联系，从而促成学习的实现。[5]

2.采用内容整合与能力组元的组织策略

以何种逻辑作为考试与评价内容的组织脉络，是考试评价研究领域的核心议题。20世纪80、90年代至今，语文考试内容遵循语言知识的逻辑，以语言研究逻辑代替语言学习逻辑，强调字、词、句、篇的知识体系，并且以此作为依据，将语文考试内容设置为语言基础知识、语言运用、优秀诗文默写、阅读理解、书面表达等若干领域。按照语言知识内容组织评价内容，这意味着语文考试评价依旧遵循着知识与能力的训练逻辑，并且强调知识点与能力训练点的相互独立。近些年来，以统整策略来组织不同板块的评价内容，强调内容板块之间的关联，以"主题"与"问题"为组织脉络，逐渐成为语文考试与评价的发展趋势。

自高中语文新课标颁布以来，借助专题与主题型学习任务群发展语文学科核心素养已成为共识。因此，运用语言本体知识的逻辑框架难以框住中高考语文试卷，往往会出现的情况是，古诗文鉴赏融入文言文阅读，任务型写作融入现代文阅读等。而这样的变化趋势恰恰说明，语文考试评价改变细碎而全面的知识体系为问题与主题导向的整合性学习活动，注重评价内容的高度整合。以阅读理解测试为例，传统测试内容主要包括说明现代文阅读、文言文阅读、古诗词鉴赏等板块，而这种分类模式的依据是语言文体的历史发展特征。但是，越来越多的阅读理解测试突破了传统的语体与文体分类，而是采用能力组元与内容整合的组织策略。具体而言，根据不同主题与情境，选取不同阅读材料，考查不同内容领域；而能力组元策略，强调以能力发展为导向，主要通过设置阅读材料，重点考查学生不同类型的认知能力，而这些能力要素并不是相互独立的线性排序，而是相互关联的。

以阅读为例，不同类型文本可以通过问题与学习任务联系在一起。文本的组合意味着信息来源的多样化，来自不同文本与非文本的信息之间所产生的关系将是学生作答的难点。这种关系可能是联系，也可能是冲突。那么，学生如何处理多元信息，如何在多元信息中，根据特定的阅读目的与个人所关注的问题，恰当地运用信息解决问题，展开有效的理性思考，这可能是未来测试与评价所应该重点关注的内容。在国际阅读测试 PIRLS 中，阅读理解测试都是采用多文本组元的形式，可以围绕"太阳与星系""博物馆展览""信息技术"等不同类型的主题，在不同阅读文本之间建立逻辑关系，借助问题链考查学生不同类型的认知能力发展状况。内容整合与能力组元的评价策略会成为未来考试评价变革的必然趋势。

三、评价形式：创设真实情境与问题，关注思维过程与深度

近些年来，随着认知取向的心理学理论和建构主义教育哲学的发展，学习者自身的价值逐渐被认可。越来越多的教育评价研究者认为测试与评价存在两个方面的问题，一则为能力可分解性（decomposability），一则为脱离语境性（decontextualization）。[6] 联合国教科文组织（United Nations Education, Scientific and Cultural Organization，简称 UNESCO）专家报告指出，素养的提升离不开在特定情境和环境下的交流与学习。[7] 具体到语文学科来说，这种

测试形式的价值预设为语文素养是可以肢解的,并且其考查与测评是可以脱离真实的应用情境与生活体验的。因此,基于对教育评价发展历程的回顾与反思,有些学者指出学习过程是具有情境依赖性的,应该在测试题目所设置的任务、问题中关注情境的价值。

1. 创设贴合生活实际的测试情境

近些年来,教育测试评价项目的情境化发展趋势日渐增强。例如,设置博物馆主题的综合性实践活动,让学生能够运用语文课程所学习的内容,解决实际问题。这一测试形式的出现,也引发了诸多的讨论。有些学者认为,在考试评价中设置情境,是为了能够强化学生语言实践运用的意识,突出语文课程的实践性特征。更有学者强调,情境化的价值并非仅仅在于知识与技能的运用,其根本目的在于让教师与学生意识到语文学习发生的场所不应该局限于课堂,在真实的生活情境中,依旧存在大量的语文学习机会。大量的命题与测试实践积累,让语文学习与测试更贴近实际生活,探索语文学习的新路径。

以古诗文为例,为了增强民族传统文化的时代感,命题者往往易于借助真实的语境与现实生活中的问题,考查学生对于传统文化的感知与理解。但是,在实践的过程中,往往忽视了试题情境与核心问题之间的关系。换言之,情境设置并未发挥其根本价值,特别是在引导学生关注核心问题方面。例如,杨绛先生走完了她一个多世纪的人生历程,安然辞世。她丰厚的文学遗产和非凡的人格魅力,将永远滋养我们的精神世界,正所谓"_____,_____"(请选用龚自珍《己亥杂诗》中的诗句填写)。测试材料是文学家杨绛先生的人生经历描述,希望学生能够根据自己的体会,选取恰当的诗句来呈现自己对杨绛先生这一名家的理解与感悟。但是,值得关注的是,试题给出了具体的范围,其测试形式与古诗文直接默写并无差异。试题所给出的"情境"并不能抛掷出真实的问题,也并不能引发学生相对开放的思考空间。因此,情境材料并未发挥真正的引导价值。

在测试中,情境并不是为学生提供无声的背景音,而是真正的能跟问题编织在一起,能够将其作为学生解决问题所必需的参考变量。换言之,情境和问题是不能剥离开的,问题来源于真实的情境。情境之中包含了很多的要素,并且是非常重要的要素,那么这些要素都将成为学生建模、解决问题过程所必须考虑到的变量。

2. 设置带有思辨性质的开放问题

一直以来,知识取向的语文评价关注知识的确定性与准确度,并且强调答案的唯一性。以阅读为例，复杂而多样的信息之中，准确筛选出有效的信息，是当前阅读理解测试所关注的能力要素。但是，阅读理解的内涵不仅在于理解文本的表层语义信息，更重要的是能够探究文本背后的隐性信息，能够结合个体背景知识、社会现实情境对文本信息做出合理推论，甚至是运用文本信息去解决、探究一些思辨性的问题。非情境型测试题目，所能够得到的结果仅是答案的正误与否，而情境化的开放试题能够了解学生的思维水平的发展状况，依托情境为学生提供富有意义的问题。学生是问题的主宰者，学生根据给定的情境，能够感受到语言实践活动的真实感。换言之，试题作答是一个调动语言实践经验、语文积累的实践过程。而这种实践活动并非是语言知识的简单复述与输出，而是针对富有价值的问题，形成个性化的解决方案与个人观点。那么，如何设置具有开放度的问题？如何为学生提供呈现个性化思维过程的空间？

从问题设置来看，应关注问题内部结构与开放程度。真正的好问题不是让学生直接输出知识本体，而是让学生能够充分调动积累、选择策略方法，对现有的问题进行解构再结构，使学生能够基于不同的视角、采用不同的方法解决问题。在理解已知信息的基础上，学生借助试题所设置的情境，理解与问题相关的、以不同形式呈现的、相互之间有着错综关系的信息，自主建构问题模型。[8]国际测试项目 PISA 对全球 15 岁青少年的问题解决能力进行了评估，并对不同表现水平的学生表现进行了描述。其中对解决问题能力最高水平的描述对我们设置具有思辨性质的题目有参考价值。学生解决问题的过程是对一个系统问题建立大致的假设，对假设进行充分的测试，可以根据假设富有逻辑性地得到结论，或者认识到没有足够的信息可供得出结论。在必要的情况下，他们会在考虑了所有直接和间接的限制条件以后，调整解决问题的策略。[8]

此外，每个人解决问题的路径是不同的，阐述思维过程的差异性较大，并且所经历的环节与顺序更是千差万别。而这些差异正是区分不同思维品质学生的重要依据。因此，在语文考试评价中，测试题目须能够给予学生足够的空间展示自身的思维过程，而这种展示的机会是均等的，不同水平的学生都能够呈现自己的思考结果。真正的丰富多彩的学生作答，并不意味着没有合理而理性的解答，而仅仅是强调并非只有绝对且唯一的答案。真正的开放是思维过程的多样化所引发的学习结果的多元，是学生思维深度的多样化所产生的认识的分歧，而并不是由内容的绝对值来决定的。

参考文献：

[1] 徐斌艳，蔡金法. 关于数学素养测评及其践行 [J]. 全球教育展望，2017（9）：13-24.

[2] 辛涛，姜宇. 基于核心素养的基础教育评价改革 [J]. 中国教育学刊，2017（4）：12-15.

[3] 中华人民共和国教育部. 普通高中语文课程标准：2017年版 [M]. 北京：人民教育出版社，2018.

[4] 郑国民，李倩. 加强优秀诗文积累：语文课程价值取向的变革 [J]. 教育研究，2015（11）：98-102.

[5] 王志军，陈丽. 联通主义学习理论及其最新进展 [J]. 开放教育研究，2014（5）：11-28.

[6] Klassen，S.Contextual assessment in science education：Background，issues，and policy[J]. Science Education，2006（5）：820-851.

[7] UNESCO. Aspects of Literacy Assessment. Topics and Issues from the UNESCO Expert Meeting[R]. Paris：UNESCO，2006.

[8] 王洁，张民选. PISA2012基于计算机的问题解决测试：框架、上海学生表现及启示 [J]. 比较教育研究，2015（6）：21-29.

指向核心素养的小学科学质量监测试题命制

李佳涛[①]　崔鸿[②]

核心素养是个体在面对现实真实情境时，能够综合运用学科知识、思维能力、探究技能及正确的人生观和价值观，分析情境解决问题的综合素质。[1]可见，情境、探究、结构化知识、正确的科学态度是核心素养体现的关键。结合小学科学的学科特点与核心素养的内涵可以发现，要测试出学生的核心素养，需要创设多样化真实情境，综合考查学生对主要概念的学习水平，多角度测查学生的科学探究能力以及关注测查学生的科学精神及科学态度。

一、创设多样化的问题情境

从学科性质的角度看，科学与生活，科学与社会，科学与技术，科学与环境有着密切的关系，这些是科学情境多样化的来源；从学习本质看，学习具有情境性；从学习过程来看，教材编写、教学活动设计都是力求通过让学

---

① 李佳涛，浙江省杭州师范大学东城小学教科室主任，科学教师。

② 崔鸿，华中师范大学生命科学学院教授。

生在与情境交往、与同学和老师对话的过程中促进知识的建构;在情境中学习,在情境中评价是符合学习本质的教学与评价方式,也是测试学生核心素养的基本要求。

首先,情境创设源于生活中的科学。科学与生活有着天然的联系,科学的生活化倾向正是体现科学本质的价值追求。设置生活化试题情境,有利于发挥评价的导向作用,实现通过评价引导学生关注生活中的科学问题。科学在生活中无处不在,命题者需要挖掘生活中的科学问题,将其与科学概念的理解、解释和应用联系起来。

第二,情境创设源于科学发现及其发展过程。科学的发现往往伴随着一些科学家的经典实验或者调查发现,这些实验具有典型性。一方面,它具有普适性的道理,可以迁移到解释生活中的现象,另一方面,设计实验得出结论的科学探究方法是可以用来探究未知事物的。此外,科学的发展过程中包含着大量的科学史料,科学史发展过程中的某些阶段也反映了当时人类对科学的认知水平,这在很大程度上也与现代人的认知过程类似。

第三,情境创设源于科学、技术、社会与环境的关系。随着社会的发展,科学、技术、社会和环境的关系越来越密切,当代科技新进展、科技发展给人类生活带来的影响、人类生产生活与环境的关系、科技发展前沿及科学发展与技术的转化等,都是命题素材的好来源。

二、突出对主要概念高阶认知的测试

《义务教育小学科学课程标准》(以下简称"《课标》")提出了物质科学、生命科学、地球与宇宙、科学与工程4个领域共18个主要概念,整个课程设计也围绕主要概念,包括核心概念、大概念或跨领域概念展开,相应的评价也应围绕主要概念设计。[2]主要概念是学科知识结构的骨架部分,指向主要概念的测查有利于实现学科知识结构建构的价值导向,也有利于学生在不同情境中实现知识的迁移。[3]研究还发现,国际质量监测试题呈现从知识维度偏向考查概念性知识及程序性知识,从认知维度侧重知识的理解和应用层次的趋势。

可见,监测试题应围绕主要概念进行问题设计,避免大量事实性知识测查和对科学概念的简单记忆性考查,注重测查学生识别情境中的科学问题和科学概念的能力,用科学概念解释和解决情境中的科学现象及科学问题。如"自制小花园"这个试题,题干先给出用土壤、植物和玻璃碗制作一个迷你花园的步骤,其中一步用塑料膜把碗做的迷你花园盖住,第一问让学生说出植物从土壤中吸收水的器官名称;第二问要求说出水变化成为水蒸气这一过程的科学名称;第三问要求解释当碗密封好的时候,迷你花园中不需要再次浇水的原因;第四问要求根据观察到迷你花园中所有水循环过程中的变化,解释实际生活中水循环的过程。可以发现,整个问题设置围绕"水循环"这个核心概念,测试学生是否认识水循环和是否能解释水循环现象,前面三个问题都在慢慢引导学生加深对花园中水循环的理解,第四问就将认知层级的考查提升到应用层级,要求学生利用前三问认识的花园中的水循环现象来解释和说明自然界中的水循环过程,从而体现了试题编制层次分明、难度逐级递进、慢慢深入的特点。

三、体现测试题的综合性

一方面,科学课程是一门综合性课程,综合性是课程性质也是课程本质观的体现。另一方面,自然现象或生活中的科学问题往往具有较强的综合性,我们解释科学现象和解决科学问题往往要运用多个领域或多个学科的知识。此外,试题综合性也是实现融合不同科学概念、联系不同领域概念、指向真实科学问题解决的重要途径。试题综合性取向也是实现综合性内容学习,如STEM、STSE等的评价途径。从试题命制角度看,试题的综合性可以借助情境,通过领域内不同学习主题间的综合、领域间的综合、科学与数学或其他学科的综合来体现。如,命制物质科学领域试题时,会同时涉及力、热、光、电等多个主题的学习内容;考查生命科学领域知识时,涉及物质科学或地球与宇宙科学领域内容;考查技术与工程领域内容时,涉及数学模型建立、艺术设计等不同学科内容。

如某一试题创设了"校园表演"这一生活化情境,围绕校园表演,分别测查了依据表演者实物电路画出电路图的连接方式;提出能让小灯泡更亮的方案;说出光从表演者传播到观众眼中的路线;说出表演者敲击金属三角铁后声音从表演者传播到表演者耳朵的原理,最后解释观众距离三角铁远近是如何影响观众听到音量大小的。通过一系列问题的设置,测查内容涉及电路的连接、光的传播及声音的产生和传播三个学习主题的综合。

另一例是以"饮用水"为主题,创设了山里人从河里获得饮用水要经过处理才能安全饮用这一生活情境,考查生命科学领域与物质科学领域的相关知识。第一问要求识别分离水与动物的工具,第二问解释要将动物放回原处的原因,第三问要求解释滤纸如何将泥土和水分离,第四问要求预测人们喝了含有微生物的水会怎样,第五问要求从给出的选项中选择将水烧开的办法,第六问要求选出水沸腾的温度。从整个问题的设置来看，第一、三、五、六问都是关于物质的过滤、水沸腾等物质科学领域方面的内容，第二、四问则穿插着考察了动物保护、微生物及健康等生命科学领域的内容。

四、多角度测试学生的科学探究能力

从科学探究要素看，科学探究包括提出问题、作出假设、制定计划、搜集证据、处理信息、得出结论、表达交流、反思评价八个要素；从探究思维能力方面分包括比较、分析、分类、归纳、概括、总结、推理、类比等。[2] 从测查角度，学生的科学探究能力体现在对科学探究的看法，提出科学问题，表述科学问题，根据经验或者现有的证据提出猜想，作出假设，设计探究实验，确定对比实验的改变条件和不变条件，用柱状图、折线图或饼状图等形式整理收集的数据，根据证据分析概括得出结论并进行科学表述，反思探究实施的过程，对比数据与预测及其他小组数据间的相关性及一致性。

如，测试题中设计了学生探究不同类型的土壤对水的吸收情况是否相同这一情境。测试题给出了学生利用图中所示的实验，做了对比实验，并得出了两种土壤对水吸收能力的折线图。第一问要求根据现有的不同土壤吸水情况折线图，预测30秒之后，土壤B管道里水的高度；第二问要求根据折线图中的数据得出实验结论，判断哪种土壤吸水能力强；第三问要求说出分离土壤不同成分工具的名称；第四问要求根据饼状图比较、判断两种土壤中不同大小颗粒的多少比例。可以看出，学生根据现有数据预测一段时间后管道里水的高度，分析数据里隐含的科学道理，得出研究结论，这一系列的测试都是围绕科学探究的要素、多角度进行探究能力的考查。

五、关注科学精神和科学态度的测查

立德树人是教育的根本任务，科学态度和科学精神是学科育人目标的重要体现。《课标》从探究兴趣、实事求是、追求创新、合作分享四个维度描述了科学态度，从科学、技术、社会与环境方面对科学技术的研究和使用及与科学、社会、环境方面关系的认识提出了要求。如，能正确看待科学、技术、社会和环境发展之间的关系，热爱自然、珍爱生命，具有保护环境的意识和社会责任感。

科学态度的测查是质量监测试题命制过程中容易被忽视的部分，但却是学生核心素养体现和立德树人教育目标实现的关键内容。因此，监测试题应与生活紧密联系，以多样化真实情境的创设为载体，测试学生在关注自然、健康生活、关心科技发展、参与社会科学事件等方面的决策和持有的态度，

如涉及人体器官的相关内容时可以涉及人体保健方面的内容；基于证据敢于质疑，让学生基于已有的证据判断是否同意其他同学得出的结论；通过改进实验材料或改进实验设计考查学生探究的创新意识等。

参考文献：

[1] 杨向东. 以科学探究为例看素养与知识的关系 [J]. 基础教育课程 .2018（2）：19–23.

[2] 中华人民共和国教育部. 义务教育小学科学课程标准 [M]. 北京：北京师范大学出版社，2017.

[3] 李佳涛，王静，崔鸿. 以"学习进阶"方式统整的美国科学教育课程——基于《K–12 科学教育框架》的分析 [J]. 外国教育研究，2013（5）：20–26.

高中物理新课标中学业质量水平体系的构建与实施

曹宝龙[①]

一、基于学科核心素养构建学业质量水平体系

1. 学业质量

学业质量需要用水平体系来表达，本质是一种质量标准。质量标准是做一件事或做一个物件在"量"与"质"两个维度上的规定和要求。例如，制造业对各种产品的标准主要是规定产品的尺度、材料和加工精度等，尺度体现量的要求，材料和精度是质的要求。学业质量水平就是对学校实施学业教育的水平要求，同样也规定量与质两个方面的要求。

教学过程是教师对学生学习活动有序组织的过程，其本质是教师组织与指导的学生学习活动，是学与教的统一。从教师教的角度来说，教学质量是指教师教学过程组织与指导策略的合理性与对学生产生效果的质量，即教师组织教学活动的质量，但这并不是教学目标所反映的教学质量，因为它本质上反映了"教师教得怎样"。教学的根本目的是让学生的学习过程与学习结果具有较好的效果，即教学质量应该反映的是"学生学得怎样"，即关注的应该是学生的学习过程所获得的情况。因此，学业质量不完全等同于一般意义上

[①] 曹宝龙，教育部基础教育课程教材专家工作委员会委员，普通高中物理课程标准修订组核心成员，杭州市基础教育研究室主任。

的教学质量,学业质量是指学生学业水平、学业成就的一个质量集合体,指向学生全面成长与自主发展。[1]学业质量的衡量标准可以用学业质量水平来表达,它全面反映学生的学业发展水平。

学业质量水平的测评对象是学生,因此,如果要全面反映学生的学业状况,我们可以从学生全面素养发展的角度来考虑学生的学业水平。依据中国学生发展核心素养的模型,核心素养是学生适应个人终身发展和未来社会发展所需要的必备品格和关键能力,因此核心素养关注的是品格和能力两个方面,考查学生在能力与品格两方面的发展状况,是反映学生学业水平的根本依据,这样的质量水平反映了对学生品格与能力方面全面成长的关注,具有综合性。

要考察一个学生某一学科的学业状况,就必须制定学科课程的学业质量水平体系。学科学业质量水平应该以学科核心素养发展为质量测评的依据。因此,物理课程的学业质量水平体系要反映学生通过物理课程的学习后学生物理学科素养的发展状况。显然,物理学科的学业质量水平应该以物理学科核心素养为构建的依据。

2. 学业质量水平体系的功能与作用

学业质量水平为学校的教学、学校对学科的评价、学科对教师的评价、教育主管部门对学校的评价和各种形式的考试等提供依据,因此,学业质量水平体系具有以下功能与作用:

(1) 为日常教学提供科学与规范的依据

长期以来,我国的基础教育只有教学大纲或课程标准所规定的学习内容(其实此前的课程标准中只有内容标准没有质量表达体系),而缺乏必要的关于课程学习内容所对应的学业质量水平,致使学校教学出现大量无效的超内容范围和超学习要求的现象,也出现了大量的重复操练现象,这是加重学生学业负担的主要原因。因此,规范制定学业质量水平体系可以从客观上减少这些无序低效的教学现象。

(2) 为学校或地区的教学质量监测提供依据

普通高中学校事实存在区域性的教学质量监测,这些监测可为学校改进教学和区域改进教育管理提供反馈依据,也是学校教育决策的依据。如果没有规范的学业质量水平体系,大规模考试的依据就不存在,或出现地区性考试大纲不规范的现象,这就会影响质量监测的科学性和可靠性,从而影响监测后反馈信息的科学性与合理性。当然,这也会影响学校和地区教育管理决策的科学性,影响学校的学科教学的基本导向。

（3）为选拔性考试提供依据

长期以来，我国的惯例是教育行政部门制定教学大纲或课程标准（主要是内容标准），而招生考试部门制定考试内容范围与具体能级要求，即教学工作的要求与选拔考试的要求出自于两个渠道。这就会造成两个标准并不完全一致，或者教师对两套标准的理解错位等情况，导致日常教学混乱、效率低下，也会增加学生不必要的学业负担。学业质量水平体系可以把日常教学、考试评价（包括质量监测和选拔性考试）等功能融合起来，提高教育评价的系统效能。

3. 物理学科学业质量水平体系的理论构建

（1）学科核心素养是学业质量水平制定的基础

普通高中物理学科中学生应该形成的必备品格与关键能力是"物理观念""科学思维""科学探究"和"科学态度与责任"等四个方面，即四大学科核心素养。物理学科核心素养是课程标准制定的依据，也是物理学科学业质量水平的依据，当然也是学业评价的依据，在具体的课程实施中也应该成为制定和实施课堂目标的依据，如图1所示。

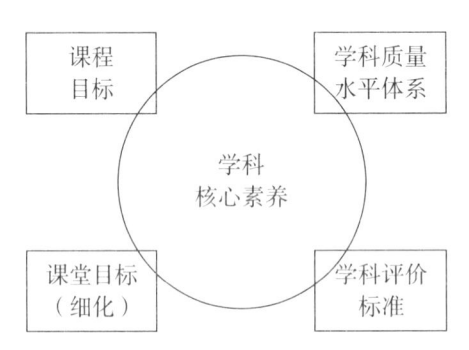

图1 物理学科核心素养的核心作用

（2）学业质量水平是评价学生的学科核心素养的依据

学生学业质量水平是学生获得学科核心素养学业表现的测量标准。理解物理学科的学业质量水平的关键是理解物理学科的核心素养，因为学业质量水平是把物理学科的核心素养的学科关键能力与必备品格的表现用几个恰当的维度表达的。

（3）学科能力是评价学业质量水平的核心

学科核心素养的核心表现是什么？我们可以这样来理解这个问题：学科核心素养是学科关键能力和学科必备品格的融合，而学科关键能力又是学科核心素养中更容易测量的那部分素养,因此,学科能力是评价学业质量水平的核心。

4. 学业质量水平的体系建构

(1) 学业质量是学科能力的表达

学生的学业质量如何测量?其等级如何表达?这是学业质量水平所要解决的核心问题。学生学业质量的测量方法主要看学生学科能力的表现,而不是知识掌握的熟练程度。学习者的知识获得结果其实是非稳定的心理结构,随着时间与环境的变化,这种以知识掌握为基础的认知结构就会变得不稳定或消失;而通过知识的学习过程所获得的能力(或认知结构)具有稳定的心理特征。所以学业质量主要是测量学生的学科核心能力,学业质量的表达也是基于学科能力的结构或框架的。

(2) 以问题解决能力表达的学科能力观

能力是人在某种环境中所表现出来的适应性行为。因此,能力的本质是对环境的适应。学科能力其实是学习者对体现学科本质的真实问题情境下的适应能力,即解决真实情境问题的能力。测量学生的学科能力就是测量学生适应怎样的学科问题情境,即学生能够解决怎样的情境下的问题。

(3) 真实情境问题的难度

如图2所示,表达影响问题复杂性程度的几种因素包括:①问题情境的复杂性程度 x。情境的复杂性是指问题所指的情境因子的多少,相互之间的融合交叉性程度,学生对情境的熟悉程度等。如果一个问题所涉及的情境因子越多,各因子之间相互交叉融合的程度越高,学生对情境的熟悉程度越低,说明情境的复杂性程度越高。②内容的抽象性程度 y。内容抽象性程度是指问题所表达内容的言语的清晰性、内容承载对象的具体性或抽象性等因子。如果表达问题的言语越抽象、问题研究的对象与情境越抽象,则问题的抽象性程度越高,问题难度就越大。③应用的综合性程度 z。应用的综合性程度是指问题所涉及的知识内容因子的多少,解决问题所需要的知识的综合性程度和所涉及的知识之间的交叉与融合的程度。如果问题涉及的知识内容越多,知识的综合性程度越高,知识之间的交叉与融合的程度越高,则应用的综合性综合程度就越高。图2中,如果问题性质所表达的影响问题的三个维度值越大,则由问题性质三维度交点 P 所对应的长方体的体积就越大,这样我们可以用此长方体的体积的大小来描述问题的综合复杂性程度,一般来说,这也是问题的难度,即问题的难度 $D=x_0 y_0 z_0$。

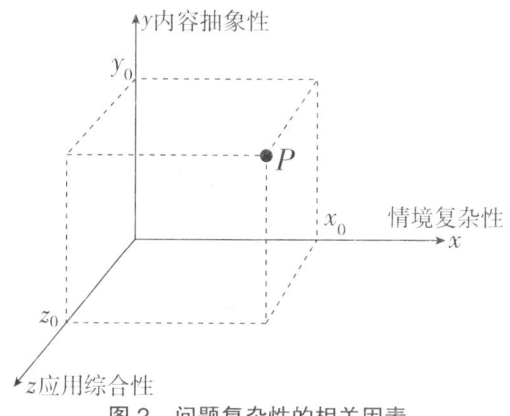

图2 问题复杂性的相关因素

（4）学业质量的等级表达

学业质量是以学科核心素养为依据来表达的，因此分成"物理观念""科学思维""科学探究""科学态度与责任"等四个维度，考虑到学科素养水平五等级划分，我们可以依据表1来理解学业水平的五个等级。

表1 核心素养的等级水平要求

等级水平	等级水平的基本要求
P	学生有学习物理的意愿与兴趣，但其学业水平处于向学业合格的水平发展之中
2	通过必修课程的学习，达到了高中学业水平考试合格的要求
3	超了学业水平考试的要求，但还没有具备高等学校相关专业学习的要求
4	通过必修与选修I模块的学习，达到高等学校相关专业学习应达到的水平要求
5	达到了全国一流大学相关专业学习的要求

当然，等级是相对的，我们不可能把一个学生的学业处于何种水平区分得非常清晰，而且学业质量的某种等级水平与学业水平合格水平或高校招生的要求并不可能完全等同，因为事实情况并没有假设的那么简单。

二、以素养观改革物理教学，有效实施学业质量水平体系

1.建立正确的学业质量观

（1）建立学业质量的学科素养观

基础教育界实际存在着对学业质量的各种不同的基本理解。长期以来，"以知识为核心"的学业质量观在学校的影响非常深。其实，知识只是学生的素养（或能力）发展的载体，知识学习的目的不仅仅是掌握或记住某些东西，更重要的是通过知识学习发展学生的素养（或能力）。改变我们的教育观，首先是要从"以知识为核心"的学业质量观转变到"学科素养为核心"的学业

质量观上来。因此，我们要建立以素养（能力）为核心的学科教育的观念，树立学科育人的理念，摒弃"为获得知识而教育"的理念，确立"为素养发展而教育"的教育观。

（2）以"学科素养为核心"的学业质量观改革教学

建立以"学科核心素养为核心"的学业质量观[1]要着力以下三点：①由"抽象知识"转向"具体情境"，注重营造学习情境的真实性；②由"知识中心"转向"能力（素养）中心"，培养学生形成高于学科知识的学科素养；③由"教师中心"转向"学生中心"，促进学生主动学习和合作学习的意识与能力。素养（或能力）主要是从学生自主学习活动中获得的，因此建立学科核心素养为基础的教育理念要求我们倡导自主学习的课堂模式。

2. 发挥学业质量水平的规范作用，改革物理教学

学业质量水平体系是教学与评价的基础，我们可以运用学业质量水平来规范教学目标、教学过程、教学评价和学生作业与考试体系。因此，教师要重视用质量标准来指导和改进自己的教学。我们以课程标准中《教学与评价案例2：探究感应电流产生的条件》为例，说明学业质量水平体系对物理教学的改进。

（1）以学业质量水平表达教学目标

利用学业质量水平可对物理教学的课堂进行有效的监控。学业质量水平是对学科核心素养的学业要求的定义，我们可以利用学业质量水平的定义来确立课堂教学目标。如《探究感应电流产生的条件》的教学目标可以这样来确定，如表2所示。

表2 《探究感应电流产生的条件》的教学目标与质量水平

序列	教学目标	对应学业质量水平	学业质量水平解释
1	能够从分析归纳感应电流产生的条件(普适性条件)建立磁通量的概念，并形成"磁生电"的认识：穿过闭合电路的磁通量发生变化，回路上就产生感应电流	"物理观念"水平4：理解所学的物理概念和规律及其相互关系，能正确描述和解释自然现象，综合应用所学的物理知识解决实际问题	理解磁通量概念的建立过程；形成"回路磁通量变化是产生感应电流的原因"的物理观念与认识
2	会运用产生感应电流的条件判断分析具体实例		对于实际的案例，能用回路中磁通量是否发生变化这个根本条件来判断是否产生感应电流

（续表）

序列	教学目标	对应学业质量水平	学业质量水平解释
3	从有序设计的系列递进实验，用归纳思维得出产生感应电流的一般性条件	"科学思维"水平4：能将实际问题中的对象和过程转换成物理模型；能对综合性物理问题进行分析和推理，获得结论并做出解释；能恰当使用证据证明物理结论；能对已有结论提出有依据的质疑，采用不同方式分析解决物理问题	对一系列的实验得出的结论用归纳思维的方法来建立一个物理模型：磁通量。用磁通量是否变化的概念来解释感应电流产生的条件
4	能进行分组分层自主合作实验，并综合分析各组信息，得出产生感应电流的条件	"科学探究"水平4：能分析相关事实或结论，提出并准确表述可探究的物理问题，做出有依据的假设；能制订科学探究方案，选用合适的器材获得数据；能分析数据，发现其中规律，形成合理的结论，用已有物理知识进行解释；能撰写完整的实验报告，对科学探究过程与结果进行交流和反思	能够针对任务进行实验探究，并对自己的实验小组和其他各组得出的实验结论进行综合分析，并发现其中的共同特征，得出实验探究的结论
5	通过基于本组实验的证据和逻辑推理发表自己的见解	"科学态度与责任"水平4：认识到物理研究是一种对自然现象进行抽象和理想化的创造性的工作；有学习和研究物理的内在动机，坚持实事求是，在合作中既能坚持观点又能修正错误；能依据普遍接受的伦理道德规范认识和评价物理研究与应用，具有保护环境、节约资源、促进可持续发展的责任感	在实验过程中很好地保持交流与合作，关键是要敢于发表自己对探究过程与实验结论的理解或想法，并且能正确表达自己的观点

当然，教师在备课时的教学目标设计并不需要用这种表格形式，但要在设定教学目标时，清晰地界定质量水平的等级，即教学目标的设计要有素养和水平两个维度。这里有一个重要说明：实际教学方案设计时，要根据学生的学习能力设定素养的等级要求，新课教学时，大部分目标不可能一步到位。

（2）以学业质量水平体系改进教学过程

教学过程中如何培养学生的学科核心素养是物理教师的主要研究任务。教师要运用学业质量水平来确立课堂教学基于核心素养的教学质量价值观，在课堂教学的学习与探究过程中，落实物理学科核心素养的培养任务。以《探究感应电流产生的条件》的教学过程为例，教学思路应该主要体现以下几个方面：①让学生从初中电磁感应所学习的"切割磁感线产生感应电流"的认识发展成"磁通量变化产生感应电流"的更一般性的物理观念，并且让学生用真实的物理情境问题来解释产生感应电流的原理；②让学生在分析实验结果的过程中，充分感受到需要引入一个新物理量，即磁通量来解释几种情形的实验结果；③让学生感受、理解并解释几种实验情形的结果，用归纳思维创立磁通量模型来解释所有实验现象；④用实际问题（如"门发电"，分组实验1、2、3等）进行应用性的解释，培养学生对实际情境问题的解释能力。

3. 以学业质量观改革课堂评价与作业体系

（1）以学业质量水平改革课堂评价对学生学业水平的评价不能用知识掌握这个标准，而应该用学科核心素养或学科能力的标准评价。学生学科能力应该用诸如"学生理解了什么""学生会做什么""学生会解释或解决哪些问题"等这样的标准来评价。例如，《探究感应电流产生的条件》的教学评价可以从以下几个方面来考虑：①学生是否能用初中学到感应电流产生的条件来解释前几个实验？②学生能否用归纳的方法来概括出统一解释实验结果的方法？③学生是否感受到了需要用新的物理模型（磁通量）来解释新的实验结果？④学生能否用感应电流产生的一般条件来解释相关的实际问题。

对学生的评价需要用学生发展的观点来考查。学生的学习结果应该在物理观念上有发展，在科学思维上有进步，科学探究的方法得当，并且从学习过程中体会学习内容所涵盖的科学态度与责任。当然，从学生立场来说，学业水平应该体现在学习过程与学业结果两方面。

（2）以学业质量观引导学生作业改革。学生写作业是让学生回顾学习过程并应用已有的知识来解决问题。因此作业有两个作用：一是知识的巩固练习，二是知识的应用与实践。作业既有知识巩固的功能，也有进一步学习的功能。从我国目前基础教育的现状来看，巩固练习的功能太强，大量的练习用来让学生重复操练。重复操练的作用是让学生少犯错误，考试时获得更高的分数，如从90分提高到95分，或从95分提高到更高的分数。由于边际产出效应，学生在高分段上再向上提升1分或2分所需要付出的代价很大，需要用大量的重复练习来提高练习的熟练程度。这种重复操练所带来的副作用很多：学生思维的定式效应增强，创新思维的意识与能力下降；对新知识探究的意识和能力下降；学生学习内驱力逐步下降。因此，通过过度的重复练习来提高考试成绩对学生核心素养的发展不仅没有促进，反而会起相反的作用。

改革作业是目前学科教育改革的重要任务。学科作业改革的方向可以考虑以下措施：①减少重复操练的作业量，增加作业的新颖性；②减少脱离实际的抽象性练习题，增加实际问题或原始问题；③减少封闭式的良好结构问题，增加开放式的不良结构问题；④减少机械性应答问题，增加来自于实际的探究问题;⑤减少单独完成的作业,适当增加基于合作探究的任务型作业;⑥减少机械统一的作业,增加自主选择的分层分类作业;⑦减少零散型的作业,增加系统性的有助于学生知识建构的作业;⑧减少书面作业,增加口头表达、动手实践作业。因此,作业改革关键是要让作业对发展学生核心素养有更高的教育价值。学科素养的培养应该更注重学生对真实情境问题的解决能力,注重作业过程的合作与探究,注重作业过程中学生科学思维和科学探究能力的培养。

参考文献:

[1] 郭元祥,马友平.学科能力表现:意义、要素与类型[J].教育发展研究,2012(Z2):29-34.

思想政治理论课主观性试题评价指标优化探索

王小叶[1]

习近平总书记在学校思想政治理论课教师座谈会上强调,办好思想政治理论课,要贯彻党的教育方针,落实立德树人根本任务,培养德智体美劳全面发展的社会主义建设者和接班人。初中道德与法治学科作为思想政治理论课的重要组成部分,在落实立德树人根本任务上责任重大。从提升初中道德与法治学科教育教学质量看,改进学业评价水平至关重要,本文正是立足道德与法治学科纸笔测试,尝试从表现性评价视角,为改进学科主观性试题评价提供一些思考。

一、表现性评价视域下主观性试题评价指标重构的源起

建立核心素养视野下的主观性试题评价,使评价更聚焦人的成长价值,凸显"反馈、导向、预见、改进"的功能,是当前落实立德树人、全面提升学生素养的需要。这就需要对原有的评价指标进行重构,使学科评价从单纯关注知识掌握程度向综合素质转变,把学科素养与基于本学科学习中形成的一般性学习素养,如阅读、科学思维、书面表达等元素结合起来,统筹考虑,确定多样化、多元化的评价指标。

---

[1] 王小叶,江苏省南京市教学研究室中学政治教研员,高级教师。

当前初中道德与法治学科主观性试题评价大致分为三种：一是采意得分，即根据学生答案的意思与标准答案的符合程度进行评分。这一评分方式因指标不具体，导致评分差异过大，影响考试信度，同时也导致学科性知识（观点）的淡化。二是采点得分，即根据学生答案中运用学科知识观点的数量和质量与标准答案中的吻合程度进行评分。

这一评分方式能够突出学科性特征，减少评分主观性，故而被普遍运用。但采点得分导致学生之间的学业差距主要表现为考试中反映出知识观点的多少，忽略了学生思考、组织、表达等主观性试题所关注特殊领域的情况。三是采意与采点相结合，即兼顾采点与采意的长处。但从具体实践来看，这一方式主要指标还是注重知识层面考查，容易造成对学科学习要求的窄化。面对这一局面，就必须构建较为全面、系统、科学的评价方案。

表现性评价试图构建一个真实或模拟的生活情境，以观察学生处理问题的能力，更加关注学生的情感态度价值观，以及在处理问题时所表现出多方面的能力情况。笔者在参与表现性评价课题研究中，逐步认识到表现性评价的基本思路和要求可以引入到纸笔测试的主观性试题评价中，根据立德树人的课程教学追求和主观性试题、学生答题过程和结果的特征，依据表现性评价一般要求，系统设计评价指标，将评价指标融入试题中虚拟的情境任务，通过对学生答案的多维度分析，形成相对科学的评价结论，从而使主观性试题评价更加客观全面、科学，也更加显性化。

二、表现性评价视域下主观性试题评价指标的构建与实施例析

表现性评价视域下主观性试题评价指标的构建，是表现性评价理念在具体学科纸笔测试中运用的有益尝试。该指标立足全面体现课程特征和课程学习真实图景，全面评价学科和学习素养的情况，立足立德树人，促进学生可持续发展，优化道德与法治主观性试题评价体系，促进主观性试题的命制与科学评分的不断改进。

（一）主观性试题表现性评价的基本方案

从学科素养和一般性学习素养的关系看，学科素养和一般性学习素养是相互统一的。学科素养提高，有利于一般性学习素养的培养；一般性学习素养提高了，能够促进学科素养的提升，这两个方面能比较客观地还原学生的学习过程，符合学科培养人的基本要求。要全面、科学地评价学习情况，离不开这两个主要领域。

要从技术角度使评价结果更为科学，评价体系需要兼顾学科素养评价和

一般性学习素养的评价，借助表现性评价技术，可以将这两个领域具体化为可观察的指标，在具体实践中，我们提炼形成了"两个领域、三个维度、七个核心指标"的系统表现性评价方案（表1）。这些具体指标具有学科特征和主观性试题的特征，抓住了科学评价体系中最重要的内容，是对以往评价方案的继承和发展，实现了从传统评价中只重视学科性指标向兼顾学科性素养指标和一般性学习素养指标的超越。

表1 道德与法治学科主观题表现性评价方案

评价领域	评价维度	核心指标	具体要求
学科素养	A.学科性学习情况	A1 知识（观点）应用	基于情境任务调用学科主干知识的情况（适切、适量）
		A2 科学思维	完成情境任务中学科思维运用情况（角度适宜、过程合理）
		A3 价值观	完成情境任务中表现出的情感、态度和价值观的情况（政治性、政策性、基本价值判断）
学习素养	B.情境任务理解情况	B1 针对性	对情境任务理解的准确程度
		B2 完整性	对情境任务中各项具体要求的完成情况
	C.书面表达情况	C1 规范表述	书面表述的规范清晰程度
		C2 内容简明、条理	表述内容的条理简明程度

（二）主观性试题的表现性评价内容指标解析

基于表现性评价视域形成的初中道德与法治学科主观性试题答案评价方案中的"两个领域、三个维度、七个核心指标"是一个有机统一的系统，具体内容指标既相对独立又相互关联，从而能较为全面地评价学生学业情况。

1.关于评价领域的确定。初中道德与法治主观题表现性评价方案中评价领域包括学科素养和学习素养两个方面。学科素养领域指向学生学科性学习情况；学习素养领域指向基于学科性学习所形成的一般性学习素养情况。这样确定评价领域，一是依据主观性试题考查需要和特征，二是依据全面客观评价学生学业状况，促进学生持续发展的需要。这样确定可以把复杂的评价内容进行合理归类，清晰地划分为两大领域，这既便于厘清评价内容，突出重点,也便于教师理解和实际操作。

2.关于评价维度的确定。在确定评价领域的基础上,我们根据不同评价领域所应关注的内容和重点,结合初中道德与法治主观题考查的重点指标,形成了学科性学习情况、情境任务理解情况、书面表达情况等三个评价维度。

学科性学习情况归属于学科素养领域(因初中道德与法治学科未形成学科核心素养,故而现阶段界定为学科性学习情况,未来可替换为核心素养达成情况)。这一维度主要评价学生学科性课程内容要求的学习情况,主要评价学生答案中所表现出的日常学科学习中所获得的知识观点和思维方法等成果,是确保考试评价中道德与法治学科性特征的关键,在三个维度中占有较重位置和较大权重,在实际操作中约占60%的权重。

情境任务理解情况和书面表达情况这两个维度归属于学习素养领域。其中情境任务理解情况维度主要关注学生对试题所呈现的情境任务的解读和完成情况,即"问什么、答什么,怎么问、怎么答"等任务完成的情况。这一基本学习素养既是跨学科的,同时不同学科也有其具体要求,这一维度要求也是学生在现在和未来学科学习中必备的,故而不可或缺。这一维度是评价学生答案的首要维度,答必切问是基本要求。在具体操作中,我们赋予这一维度约20%的权重。书面表达维度主要关注学生答案中学科性书面表达的情况,即是否规范、清晰、有条理等。书面表达这一一般性学习素养,不同学科也有不同要求,也应成为道德与法治学科主观性试题答案评价的必备内容。学生学科性学习和情境任务理解等情况最终是以书面表达的方式呈现,因而是学生答题情况的重要组成部分,应予以客观评价。在实际操作中,我们赋予这一维度约20%的权重。

以上三个评价维度是道德与法治学科主观性试题答案的三个最主要表征。它的确定一是对两大评价领域的进一步具体化;二是对主观性试题评价内容重点的进一步清晰;三是明确了学生答案表现性评价的维度和权重,更便于实际操作。三个维度各有归属,各有侧重,相对独立,同时又相互关联、相互交融于学生具体答案中。不同维度的赋分权重可根据具体题目的要求及所要达到的考试目的、教学导向等因素进行调整。

3.关于核心指标和具体要求的确定。根据不同维度的评价要求和重点,结合主观性试题答案的一般特征,我们提炼形成了七个表现性评价的核心指标。

学科性学习情况维度,主要突出学科性知识(观点)应用、学科性科学思维和内容蕴含的价值观三个核心指标，分别指向学生学科性课程内容学习的三个主要维度。其中，学科知识（观点）应用指标，一是关注知识（观点）是否适切，即知识（观点）运用的恰当性和精准性；二是关注知识（观点）是否适量，即答案中知识（观点）的数量是否适中。学科性科学思维的指标主要评价学生答案所表现出的解决情境任务时的学科思维情况，这一指标里，一是关注思维角度是否适宜，及思维角度选择的科学性；二是关注思维过程是否合理，及思维方法选择和应用情况。在实际操作中，因学科知识（观点）应用和学科性科学思维两个核心指标难以分割，可以合并评价。内容蕴含价值观指标主要评价学生完成情境任务所表现出的情感、态度和价值观，以及关注国家意志的实现情况。这一指标中一是关注政治性，即学生答案中是否存在政治性、方向性、立场等方面的偏差；二是关注政策性，即学生答案中是否存在与现行党和国家大政方针相左的情况；三是关注基本价值判断，即学生答案中应有的是非、善恶、对错、好坏等基本价值判断是否正确。这一核心指标的确定为探索纸笔测试中，科学评价学生情感、态度和价值观情况提供了有益的尝试。

　　情境任务理解情况维度主要突出学生完成情境任务（答案）中的针对性和完整性两个核心指标。这两个核心指标主要评价学生答案中是否做到了问什么、答什么、怎么问、怎么答。其中针对性这一核心指标具体要求是评价学生答案中所表现出的对情境任务理解的准确程度，即能否把握情境任务的核心和关键要求，主要关注答案与情境任务的匹配程度；完整性这一核心指标主要评价学生答案是否完整地完成了情境任务中的具体不同要求，即完成不同情境任务要求的程度，主要关注学生回答问题的完整度。

　　书面表达情况维度主要突出学生书面表达的规范清晰程度和内容条理简明程度等两个核心指标。这两个核心指标主要指向评价道德与法治学科主观性试题书面表达的基本要求。其中，表达的规范清晰程度是书面表达的基础性指标，具体要求是评价学生书面表达形式层面是否做到了书写规范清晰、易于阅读；内容条理简明程度主要指向评价学生答案是否有条理、简明表达观点、阐述问题等，这是带有鲜明的道德与法治学科特征的基础性学习素养，具体要求是评价学生答案是否有条理、表达是否流畅、是否简明扼要等。确定上述两个核心指标旨在引导和培育学生形成科学的学科性表达素养，防止和减少以往答题中呈现出的书写潦草、逻辑混乱、东拉西扯、胡乱堆砌等书面表达方面的问题。

（三）主观性试题表现性评价的实施例析

从实践看，表现性评价视域下主观题评价指标的确定，不仅要考虑指标的科学性、评价结果的精准度，还需要立足于学生在纸笔测试中出现的问题。笔者以2019年南京市道德与法治中考试卷第17题和评分细则及其实践操作为例，对该评价设计的具体操作做进一步说明。

原题再现：

【17题第1问】中国特色社会主义进入了新时代，展现在世界面前的是一个奋进的中国、温暖的中国……

温暖人物

从青春岁月到耄耋之年，甘祖昌夫妇用无言的行动践行自己平凡的誓言：活着就要为国家做事情，做不了大事就做小事。1957年8月，开国将军甘祖昌主动辞去领导职务，回乡务农，夫人龚全珍相随而归。他们生活上十分节俭，把大部分的收入用来修水利、建校舍、捐款救灾、资助贫困学生……

温暖班组

"158"雷锋服务站，点亮一盏灯、照亮一大片，从一个站走向一座城。

"158"就是"义务帮"的意思。在南京站活跃着一群热心的"158"年轻人，他们为独行老人买票，扶残障人士上车，送走失儿童回家，帮重病患者送药。他们利用休息时间，苦练服务本领，学习急救互助常识……

问题：针对上述榜样的共同之处，运用所学知识，简析他们心中坚守的道德准则。（要求：找出三个共同之处，逐一简析即可）

评分说明：本题共9分，其中学科性学习情况6分，以学科素养分呈现；情境任务理解和书面表达情况3分，以综合评价分呈现，具体评分要求见以下细则（表2）。

评阅结果：在这次中考评卷过程中，我们还利用较为常用的评价工具记分法，将该表现性评价方案设计呈现于纸笔测试中。以下是该题运用上述评分方案进行网络阅卷的实测结果（图1）：

原题再现：

【17题第2问】习近平在谈到社会主义核心价值观时指出：核心价值观，其实就是一种德，既是个人的德，也是一种大德，就是国家的德、社会的德。

问题：请简要联系自身实际，谈谈我们践行社会主义核心价值观的意义。（要求：从个人成长和国家发展两个角度阐述即可）

表2 2019年南京市道德与法治中考17题（1）评分细则

评分细则（本题共9分）			
学科素养（6分）	A.学科性学习情况	A1 知识（观点）应用	A1、A2合计6分：能够基于情境任务精准调用学科主干知识；能够准确运用学科思维完成情境任务
^	^	A2 科学思维	就本题来说，答案要能运用所学知识合理分析共同之处，每点2分，最多6分 只是正确运用所学知识孤立分析两者行为，未指出共同之处，每点1分，最多3分 结合共同之处，但运用知识不精准、不具体，每点得1分，最多3分 如果没有运用知识，但合理运用自己的经验来阐述共同之处，每点得1分，最多3分 特别提醒：本题具有开放性，除参考答案中所给知识、观点角度外，还可以从"活出生命的精彩、尊重他人、传递情感正能量、践行社会主义核心价值观"等角度回答
^	^	A3 价值观	能够表现出对榜样认同、赞扬的态度。如出现价值观不正确的情况扣除1~2分
学习素养（3分）	B.情境任务理解情况	B1 针对性	B1、B2合计2分：紧扣设问明确说明道德准则，答出一条得1分，最多2分
^	^	B2 完整性	^
^	C.书面表达情况	C1 规范表述	表述简明、清晰、有条理1分（回答简明，超过规定知识点之外3个扣1分；分析过于烦琐或字迹过于潦草扣1分）
^	^	C2 内容简明、条理	^

评分说明：根据上述评价方案，对本题进行评价时分别从两个领域、三个维度入手：（1）学科素养领域，能够从社会主义核心价值观相关知识出发，能够分别从个人成长和国家发展两个角度，简要阐述即可达成"知识（观点）应用、学科科学思维"两个核心指标；考生在阐述过程中未出现不正确价值观，即达成"价值观"指标，如果出现价值观不正确情况，则需扣除1分。本领域共4分，以学科素养分呈现。（2）学习素养领域，考生如果可以对照试题问题中"联系自身实际""践行的意义"等任务指令，准确按照问题中的任务指令进行作答，即达成"针对性""完整性"指标；如考生如阐述过于繁琐，则认定其不符合指标中"简洁"的要求；书写表达方面，如果条理不清、字迹潦草、不易辨认，则认定其不符合指标中"有条理、清晰"的要求。本领域共2分，以综合评价分呈现，其中情境任务理解和书面表达各1分。

评阅结果（图2）：

本次网络阅卷采用2+1评卷模式，试卷随机发放，共40多人参与本大题批阅，前后历时6天，在实际操作中教师普遍反映这一评分方案较以往的评

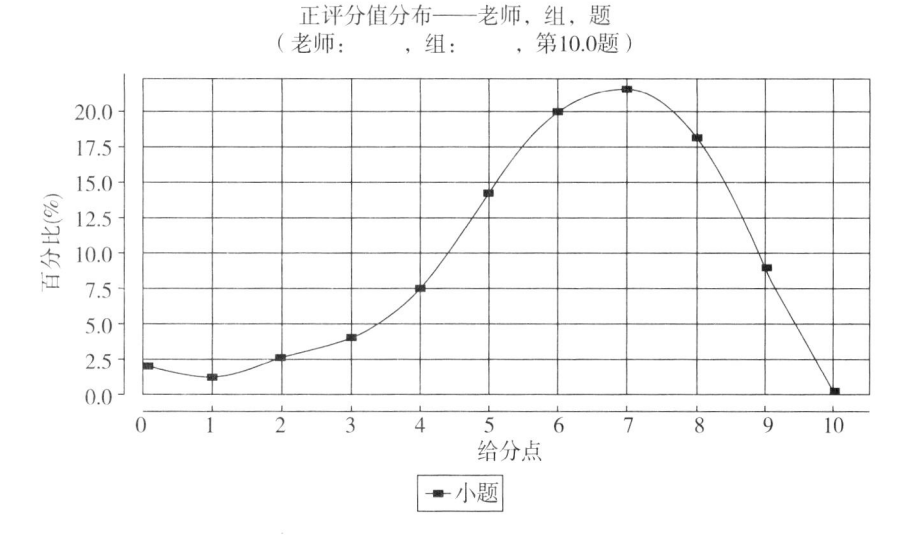

正评分值分布——老师、组、题
（老师：　　，组：　　，第10.0题）

	0.0	1.0	2.0	3.0	4.0	5.0	6.0	7.0	8.0	9.0	10.0
小题(%)	2	1.3	2.6	3.9	7.59	14.3	19.89	21.39	18.09	8.9	0

小题和给分点均分			
类型	小题（给分点）	平均分（含零）	平均分（除零）
小题	17（1）	6.15	6.27
给分点	17（1）学科素养	3.91	3.99
给分点	17（1）综合评价	2.25	2.3

图1　2019年南京市道德与法治中考试卷第17题（1）评阅结果

分更加科学全面，对今后学科教学改进有明确的指引价值，同时评分方案标准清晰、便于把握，在评阅中能够较好实现公正性，大大减少了教师主观性带来的误差，同时笔者从评阅情况后台控制看，教师评阅标准把握较以往有明显提高，评分误差率大大降低，进入3评的试卷率极低，几天评阅中分值基本稳定，这样就极大地提高了评分结果的信度和效度。

本题两问的评价具体实施都对学科素养和学习素养两个领域下的每个具体指标进行了详细的描述，这些指标便于观察，操作性强。把评价指标学习情况与素养提升、全面发展相关联，利用可观测的数据采集、整理、加工，构建起学生认知图谱，关注学生得出正确答案的步骤和思维过程，实现评价多重功能的释放，弥补了传统纸笔测评只能测评学习结果的不足。同时，透过评分结果，可以清晰地明确考生在不同领域中的表现情况，为后续进行系统质量分析提供了准确的数据支撑和分析工具，分析结果更全面、更科学，这也必将为初中道德与法治学科教学改进提供方向。我们在中考中采用这一

基于核心素养教学改进的落地导引

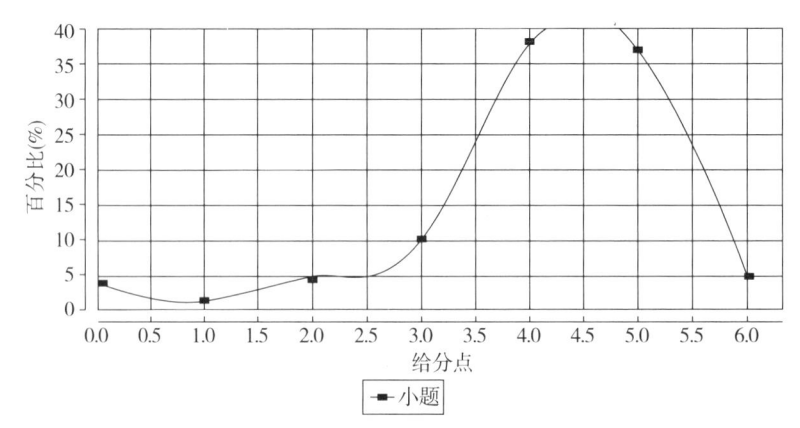

正评分值分布——老师，组，题
（老师：　　，组：　　，第11.0题）

	0.0	1.0	2.0	3.0	4.0	5.0	6.0
小题(%)	3.59	1.3	4.5	10	38.7	37.4	4.59

小题和给分点均分			
类型	小题（给分点）	平均分（含零）	平均分（除零）
小题	17（2）	4.1	4.25
给分点	17（2）学科素养	2.37	2.46
给分点	17（2）综合评价	1.75	1.83

图2　2019年南京市道德与法治中考试卷第17题（2）评阅结果

表现性评价方案的目的是引导教师在日常评测中也采用上述评价方案，并能引导学生通过不断与评价标准的对照实现自我校正，明确自己改进的方向，积极向更高标准迈进，在反思和改进中不断调整自己的学习状态、不断成长。

三、表现性评价视域下主观性试题评价教学指引功能的发挥

（一）致力于学科素养培育的价值追求

重构的主观题表现性评价指标指向深度学习，将促使教学活动由过去零散、浅层的转变成为培养学科素养的深层次活动，即教学活动要关注学生思维进阶，让学生在真实情境中分析、解决问题，提升能力素养；在问题的分析、解决过程中澄清错误认识，形成正确价值观，提升情感素养。

深度学习要求教师在教学活动中把握如下环节：一是要搜集真实情境，而不是只强调核心知识"是什么"。这种真实的情境可以是学生基于核心知识真实的问题、学生身边发生的真实事件、学生关注的社会热点、学生普遍的认识误区，还可以是学生在课堂上新生成的问题。二是要科学地设置学习任

务，而不是简单告诉学生该"怎么做"。表现性评价鼓励学生通过主动构建知识来完成学习任务，设置的学习任务一定要具有综合性，便于学生将零散的知识整合，形成完整的知识体系。三是要完善评价标准，而不是以罗列核心知识的多少作为评价依据。运用多维评分工具能够对学生的思维和情感进行比较精准地评价。综合看来，评价指标让教学活动模式发生变化，也正体现了学科教学的价值追求正逐步走向立足学生全面素养的培养。

（二）统筹学科性素养与一般性学习素养的培养

在原有评价方案下，教学活动中呈现的是不断强化知识对应材料的训练，将材料碎片化，对应碎片化材料的知识似乎越多越好。这其中暴露出的最主要问题就是教师只注重窄化的学科性素养的培养，而忽略了学生一般性学习素养的培养。

对重构后表现性评价指标分析，教师会发现这样的评价既是对学科素养的评价，也是对学生一般学习素养的评价。不难看出，此评价过程实际上也是对学生学习过程的关注，是对学生综合学习能力的评价过程。这种综合学习能力包括阅读能力、逻辑分析能力、条理性书面表达能力等。基于表现性评价下确定主观性试题评价指标，对传统纸笔测试无法评价的部分做了补充，也为教师在教学活动中培养学生一般性学习能力提供了可靠支撑。

从教的角度看，只有深度教学才能引导深度学习。反之，开展深度学习也要求教师进行深度教学，要把学科性素养培养与一般性学习素养培养结合起来。教师的教学设计应该引导学生：（1）明确任务要求，可以让学生口头回答任务的含义，解释任务中的相关概念，理解任务中的具体内容和要求。（2）建构核心知识与任务之间的联系，确定完成任务的路径与方法，针对性回答问题。（3）条理清晰地进行书面表述，将个人的思考或口头表述内容用规范、完整的语言在书面上表达出来。

（三）推动初中阶段学科教学的系统化设计

不论是学科性素养的培养还是一般性学习素养的培养都指向核心素养的培养。一方面，道德与法治学科是落实品德教育和社会主义核心价值观；另一方面，学科主观题表现性评价指标的重新构建，都要求学科教学进行系统化设计。教师应从初中三年的整体视角，将"需要学生持久理解的'大观念'"分解到不同学段，再通过主题式或项目式的设计，形成学段任务间的系统性联系。

对学科教学进行系统化设计，确定不同学段的教学主题或项目是关键，学科教研组全体教师协作落实是保证。正如前文所述，主观题评价融入表现性评价指标，如学生完成主观题任务需要审读设问和材料，然后完成作答，这就需要培育学生的阅读能力和书面表述能力。从系统设计看，初一学段的教学主题可以是口头回答问题，学生的回答要针对教师的问题，不能乱答；初二学段的教学主题可以是以建构知识基础上的口头回答问题，学生要有学科特征地回答问题，不能错答；初三阶段的教学主题可以是规范、有条理的书面表达，要求学生能将口头回答的内容完整地书写下来。

（四）促进学科评价的优化与完善

表现性评价作为传统纸笔测试评价形式的有效补充，常表现为活动形式的评价，而基于表现性评价视域下主观题评价指标的优化，为传统纸笔测试和表现性评价的融合提供了可能。从道德与法治学科角度看，这样的尝试正是对学科评价形式的完善，也充分体现了学科的德育性特征。这除了体现在形式上的完善，还体现在对学科评价量规上的补充。道德与法治学科传统的评分量规主要包括采点给分、采意给分等。主观题表现性评价方案中的两个维度和七个核心指标的确定，特别是其中关于价值观情况、情境任务理解、书面表达等在表现性评价中具备特定功能量规的提出，丰富了道德与法治学科纸笔测试中的评价量规，丰富的评分量规必将会提升评价结果的信度和效度。

重视表现性评价，推动素养导向的教学

齐 华[①]

落实素养导向的教学，首先要研究的是学业评价。从"对学习的评价"走向"为学习的评价"已经成为学业评价的共识。如何使学业评价从为了学习进而指向核心素养的培育？本文主要从表现性评价"为什么能"，以及"怎样"促进素养导向的教学两个角度来探讨表现性评价的意义与操作。

一、表现性评价为什么有助于促进素养导向的教学？

有怎样的评价就会有怎样的教学。教学与评价是共生的关系。从理论层面看，不同的评价方式匹配不同的学习目标（图1）。如，传统的纸笔测试针对的是学习结果中的知识技能，判断的是学了"多少"，指向的是内容驱动的教学；表现性评价针对的是需要持久理解的目标，更多关注的是学习过程中

[①] 齐华，河南省郑州市二七区教研室主任，特级教师。

习得的素养，判断的是学生学得有"多好"，指向的是素养导向的教学。

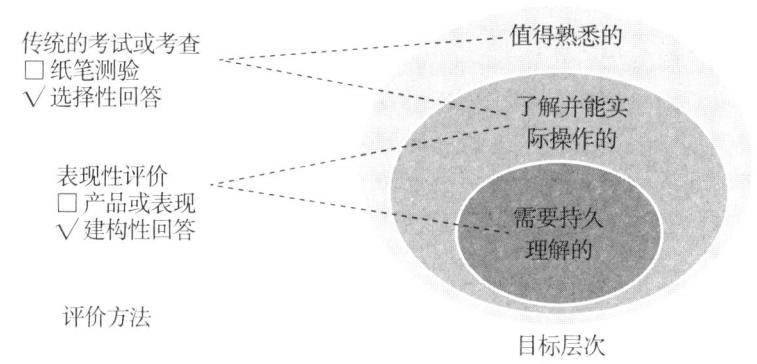

图 1　目标与评价方法关系图[1]

从实践层面看，教师做的教学决策很大程度上受考试评价的影响。传统考试考的是单纯记忆的知识和技能，所以教师教学只关注机械的记忆与训练；而当我们改变了评价的指向，更加关注真实情境中的问题解决能力与学科核心素养时，教师自然就会调转教学的方向。

素养导向的教学是对学习价值的再回应，是对基于课程标准教学的深化。其强调以素养为目标，以真实情境下的问题解决为方式，一致性地设计为什么教、教什么、怎么教和教到什么程度。而表现性评价与之关系紧密：

1. 表现性评价细化阐明了以学科核心素养为依据的学习目标。表现任务、评价量规必须与学习目标相匹配，尤其是评价量规是在分解学科核心素养的基础上，对学习目标的进一步细化，是对目标达成表现的具体阐释。这样一来，对于教学的引领作用是不言而喻的。

2. 表现性评价本身就是一种以素养为导向的教学活动，对学生而言是一次学习的经历，学习的过程就是完成表现性评价的过程。这种教学活动，是基于评分标准与规则的问题解决过程，以提升学生核心素养为导向，促使教师围绕目标教，使得学生真正自主、合作、探究地学习。

3. 表现性评价的结果表现与运用，指向的是素养导向的质量观。即：不是知识的简单选择，而是素养的综合运用；不是在题海机械训练获得熟练度，而是注重培养学生高层次思维能力与解决问题能力；不是教师控制下的结果甄别，而是注重学生在学习中通过反思与反馈进行学习的自我建构。这些也是素养导向教学的价值追求。

二、怎样以表现性评价促进素养导向教学？

在对表现性评价的研究中，我们于 2016 年先从音乐、美术学科起步，当时认为这些技能型学科能更好设计表现型任务，更有利于体现"表现"。但是后来发现，我们自以为一些表现性的评价活动并不是表现性评价。如，音乐教学评价，学生每人上台唱首歌，教师给每个学生打分；习作评价，教师把原来的打分改为了划等级；小学的期末学业自主评价，形式活泼，学生乐于参与，拿到的是盖满了小花的报告单……这样的评价与教学是脱离的，仍然是针对结果的评价。2017 年，我们在做课题"基于项目式学习的课程统整研究"的过程中发现，项目式学习很适合以表现性评价来引领学习的进程，表现性评价的任务能够与项目式学习中的项目自然嵌合。随着深入的研究，我们又发现，其实学术型学科课程也非常适用表现性评价，如小学语文学科做的"提升小学语文教师习作评价能力的实践研究"，聚焦作文评改的表现标准，改变了作文批改无针对性、无学生学习参与的现状；小学数学学科正在研究"嵌入单元整体设计的表现性评价"，从具体的教学设计入手，探讨表现性评价与单元整体教学的关系。

经过实践，我们认为，以表现性评价促进素养导向的教学，要落实好以下几点：

（一）以素养为轴，设计教学目标与评价任务

有效的教学是教、学、评一体的，教学评共同指向的是素养。以素养为轴，设计教学目标与评价任务就要从人的视角来界定通过学习获得的关键能力和必备品格。因此，目标与评价任务要超越知识与能力的双基设计，进一步整合三维目标，把学科核心素养分解到每一个教学任务中。

（二）以表现性任务为核心，重构教学结构

素养导向的教学强调整体化、情境化、活动化，这就要求教学结构必须要发生一致性的改变。也就是说，没有正确的过程，再正确的知识也形成不了素养。教学结构的改变并不是教学元素的简单调序、更换，而要基于目标与评价，进行逻辑层面的教学活动重组，就要设计表现性任务。

例如，大象版五年级下册科学第三单元的主题为"玩具总动员"。一般做法是按照四个课时的内容依次开展顺次教学，若以表现性任务来引领学习的进程，就可以设计成一个大的项目式学习：在下个月即将召开的学校科学运动会上（情境），五年级将进行电动玩具制作与展示（目标），参展队是班级每个小组（角色），设计制作后在全校（受众）进行玩具展示与发布（表现）。

重组后的教学结构，打破了时空的限制，摒弃了教师讲一讲、学生练一练的控制式教学，在学生创新设计、尝试操作、交流互动的过程中，科学观念与应用、科学思维与创新、科学探究与交流、科学态度与责任这些科学学科核心素养得以初步形成。

因此，表现性任务的设计与实施，打破了原有教学结构，使得教学方式、进程、结果的表现等不得不做出改变。大的表现性任务，可以匹配单元教学、主题教学、项目式学习的结构；小的表现性任务，可以匹配一个具体的教学活动。

（三）以表现量规为载体，建立新型教学文化

教学不是告诉与被告诉的问题，而是主动的建设性过程。这是素养导向的教学最应该建立的教学文化。教学文化指引教学行为，但常常因没有合适的抓手而沦为口号，表现性评价提出表现量规的设计与使用，恰恰是建立新型教学文化的适合载体。表现量规关注的不仅仅是最后的答案，更加关注学生寻找、完成答案的步骤和过程。它既是教师教的工具，也是学生学的工具，更是师生围绕教学目标共同对话、协商解决问题的依据。

例：人教版六年级上册数学第六单元的"百分率"。

学习目标：

1. 感受百分率产生的必要性，理解生活中的百分率。

2. 掌握把分数、小数化成百分数的方法，学会百分率的计算方法。

传统的教学思路是按照教材中的例题，掌握化为百分数的方法，总结计算规律，说出生活中的百分率。练习是教材、教师给的，方法是教师教的，过程是教师引的，结果是教师设定的。这是典型的"教"的文化。

陇西小学郭玉姣老师是这样设计的：

任务情境：10月12日，郑州日报推出一则信息：未来几年内，郑州将建43个郊野公园，其中我们二七区也有一个。消息一出，许多绿化公司纷纷表示希望承接这个公园的树木移植工程，现有五家公司提交了申请资料。区政府要求：施工工期一年，工程资金5000万，一家公司独立完成。你会建议区政府选择哪一家公司呢？

具体要求：

1. 认真阅读五家公司提供的资料和区政府的要求，提取有用信息。

2. 明确应该比什么才能选出最优秀的那个公司。

3. 有步骤地解释选择公司的思考过程。要有必要的计算过程。（允许借助计算器）

4. 推选代表展示小组学习成果。

学习之前，给出评分规则（表1），让学生在读懂评分规则的基础上开展学习。然后展示汇报、小组自评互评。接着以百分率的形式收集评价信息，结合评分规则反思。最后，寻找生活中的百分率。

表1 "百分率"学习任务评分规则

评价维度 \ 表现程度	做得好	也不错	再努力
分析和解决问题的能力	思路清晰，能结合五家公司基本参数信息，选择合理、恰当的方法进行比较，比较结果能帮助解决最终问题	思路基本清晰，但比较方法有异议或只适用部分公司，或有比较思路但不能完整地实施	思路不清晰，进行了比较，但比较结果不能为选择提供帮助
计算能力	能灵活运用计算方法，并在结果对比中总结规律，找到便捷的计算方法，计算结果正确	能正确计算、比较	在同伴的帮助下，计算正确
表达能力	根据所列算式有条理归纳出计算方法及解决问题的过程。计算方法总结准确	能根据所列算式大致说出计算方法及解决问题的过程。但不能完整总结出计算方法	不能根据所列算式说出计算方法及解决问题的过程

对比可见，评分规则既是学习的方向，也是学习评价的依据，还是学生对自我学习的反思。学习过程中，师生还针对评分规则的表述时时核对、调整学习。这体现的正是以学生自我建构为主的"学"的文化。

表现量规中的评分规则是学科核心素养在一个学程中的具体呈现，是学业质量标准的细化分解。设计和使用评分规则是推进学科核心素养落地的关键，也是表现性评价中的一个操作难点。为此，必须落实"三个关注"。

1.评分规则的设计，要关注学情。评分规则包含了评价任务、对表现水平的描述、评价维度及成就水平。教师在设计时，思考的不仅是教学的内容，还有不同思维及能力水平的表现具体应该是什么样的。而这些表现标准，就是对学生学习的深入分析。如六年级的学生，适用于对成就水平的细致划分、描述具体评分规则；而小学低年级学生，识字量小，注意力时间与理解能力有限，评价维度应少，就不要面面俱到，需要抓重点，语言简短清晰。

2.评分规则的使用，要关注学习全过程。学习开始前使用评分规则，相当于让学生明确学习目标和标准，知道我要去哪里；学习过程中使用，随时进行比照、自我评价，知道我现在哪里；学习结束后使用，便于进行教师反馈、自我反思，对教学情况做诊断，便于下一步的改进。

3. 评分规则的讨论与制定，要关注师生的共同参与。评分规则除了教师设计制定，有时也可以将评分规则的研发作为学习内容之一，由学生讨论或师生共研。这样，就使得学生也参与到评价中，参与到对学习方法、内容、进程的设计中，从而改变了教师给、学生被动接受的教学关系。当学生对学习的目标、进程了然于心，把学习变成自己的事，学习的效果一定差不了。

三、值得进一步做的研究与实践

1. 建立表现性评价任务库。表现任务的设计是表现性评价实施的关键，但对教师的专业水平也提出了很高的要求。国际上虽然也有一些专业机构分享了表现性评价的诸多案例，但因课程内容、目标等差异，联合更多的区域、整合更多的资源，建立我们自己的表现性任务库，让教师可以按需使用，是非常有前景并有意义的事情。

2. 建立通用型的表现性评价量规。设计表现性评价量规时，不一定一个任务就要设计一个特定的，也可以有通用型的，比如针对语文口语交际和作文，因为是国家课程标准、国家教材，所以量规完全可以做成通用型的，每个学校具体运用时做微调即可。

3. 开展针对性培训，提升教师评价素养。这是师范教育缺失但又必须弥补的一课。不仅是要设计评价任务与量规，更重要的是如何科学使用量规，确保评价的准确性、可靠性，这是表现性评价亟待解决的问题。

总之，表现性评价并不是一种全新的变革，而是对基于标准教学的一种深入推进，是对教学质量的精细化管理与实施，是落实学科核心素养、提升教学质量的有力抓手。

参考文献：
[1] 周文叶. 中小学表现性评价的理论与技术 [M]. 上海：华东师范大学出版社，2014.